Fale Tudo em Alemão!

VEJA
COMO ACESSAR
O ÁUDIO
p.341

CB014213

CORINE STANDERSKI

Projeto e coordenação editorial: José Roberto A. Igreja

Fale Tudo em Alemão!

Tudo o que você precisa para se comunicar no dia a dia, em viagens, reuniões de negócios, eventos sociais, entrevistas, recepção de estrangeiros etc.

6ª reimpressão

DISAL EDITORA

© 2009 Corine Standerski

Projeto e coordenação editorial
José Roberto A. Igreja

Preparação de texto
Flávia Yacubian/Verba Editorial

Revisão
Adriana Moretto

Capa e projeto gráfico
Paula Astiz

Editoração eletrônica
Laura Lotufo/Paula Astiz Design

Ilustrações
Carlos Cunha

Dados Internacionais de Catalogação na Publicação (CIP)
(Câmara Brasileira do Livro, SP, Brasil)

Standerski, Corine
    Fale tudo em alemão! : tudo o que você precisa para se comunicar no dia
a dia, em viagens, reuniões de negócios, eventos sociais, entrevistas, recepção
de estrangeiros etc./Corine Standerski. – Barueri, SP : DISAL, 2009.

    ISBN 978-85-7844-034-3

    1. Alemão – Vocabulários e manuais de conversação – Português
2. Português – Vocabulários e manuais de conversação – Alemão I. Título.

09-08046   CDD-438.24

Índices para catálogo sistemático:

    1. Alemão : Guia de conversação : Linguística   438.24
    2. Guia de conversação : Alemão : Linguística   438.24

DISAL
EDITORA

Todos os direitos reservados em nome de:
Bantim, Canato e Guazzelli Editora Ltda.

Alameda Mamoré 911 – cj. 107
Alphaville – BARUERI – SP
CEP: 06454-040
Tel./Fax: (11) 4195-2811
Visite nosso site: www.disaleditora.com.br
Televendas: (11) 3226-3111

Fax gratuito: 0800 7707 105/106
e-mail para pedidos: comercialdisal@disal.com.br

Nenhuma parte desta publicação pode ser reproduzida, arquivada ou transmitida de nenhuma forma ou meio sem permissão expressa e por escrito da Editora.

SUMÁRIO GERAL

APRESENTAÇÃO

Bem-vindo a **Fale tudo em alemão!** – **Guia de conversação**, um livro abrangente de apoio e referência a todos que estudam ou já estudaram alemão, cuidadosamente planejado para auxiliar na utilização desse idioma em variadas situações.

Fale tudo em alemão! – **Guia de conversação** é um livro prático e objetivo que reúne frases e diálogos essenciais e recorrentes da conversação cotidiana, sendo altamente recomendado para todos que desejam:

» revisar e consolidar conceitos já estudados;

» preparar-se para uma viagem a um país de língua alemã;

» preparar-se para reuniões, apresentações e entrevistas em alemão, como é o caso das entrevistas de emprego;

» receber visitantes estrangeiros na empresa;

» relembrar frases e vocabulário-chave e tirar dúvidas;

» praticar e melhorar a compreensão auditiva sobre variados assuntos (o livro traz um áudio com 61 diálogos variados gravados em alemão standard (**Hochdeutsch**);

» compreender e responder e-mails em alemão com mais facilidade e de forma mais adequada;

» preparar-se para um dos exames de proficiência do idioma alemão como língua estrangeira (DaF – **Deutsch als Fremdsprache**) conforme os níveis do Quadro Europeu Comum de Referência para as Línguas (QECR): A1, A2, B1, B2, C1, C2. Dentre eles pode-se mencionar o **Zertifikat Deutsch** (B1), reconhecido na Alemanha, Áustria e Suíça; o **Deutsches Sprachdiplom** da **Kultusministerkonferenz** (DSD I, II da KMK) prestado em escolas alemãs no final do ensino médio; e o DSH (**Deutsche Sprachprüfung für den Hochschulzugang ausländischer Studienbewerber**), prova para acessar o ensino superior para estudantes estrangeiros tanto na Alemanha como na Suíça, nível B2/C1. Na Áustria as provas são conhecidas como **Österreichisches Sprachdiplom Deutsch** (ÖSD) que abrange igualmente os seis níveis do QECR, em alemão GER – **Gemeinsamer europäischer Referenzrahmen**.

O conjunto de todas a seções do livro (veja abaixo o item "As seções do livro") o torna uma ferramenta útil e indispensável a todos que necessitam se comunicar, oralmente ou por escrito, em alemão, seja qual for a situação. Dessa forma, **Fale tudo em alemão!** – **Guia de conversação** é um livro ideal para se ter em casa, no escritório e levar em viagens, uma vez que auxilia você a se preparar para as situações de conversação que poderá vivenciar.

AS SEÇÕES DO LIVRO

Diálogos situacionais (situationsbedingte Dialoge)

Fale tudo em alemão! – **Guia de conversação** reúne 61 diálogos situacionais que abrangem os principais tópicos da conversação cotidiana. As situações abordadas nos diálogos incluem:

» Fazer reserva em um hotel
» Alugar um carro
» Sair para se divertir
» Comprar roupas
» Fazer o check-in no aeroporto
» Pegar um táxi do aeroporto para o hotel
» Fazer uma entrevista de emprego
» Fazer ligações telefônicas
» Frequentar um restaurante
» Pedir desculpas
» Aconselhar e pedir conselhos
» Usar computadores

Uma das principais preocupações na criação dos diálogos foi retratar com naturalidade e fidelidade a realidade linguística dos falantes nativos e não-nativos. Dessa forma, o áudio que acompanha o livro, com a gravação dos diálogos situacionais na voz nativa e não-nativa, é um excelente material para você praticar e melhorar a compreensão auditiva do idioma alemão em variados contextos. O material também o prepara para entrar em contato com falantes nativos, tanto em reuniões de negócios como em situações informais ou em viagens ao exterior. (Veja também o item "Como tirar melhor proveito de **Fale tudo em alemão!** – **Guia de conversação**".)

A versão em português dos diálogos foi propositalmente inserida no fim do livro, para que você procure, em um primeiro momento, compreender os diálogos em alemão sem o auxílio e a interferência do português. Essa será uma prática interessante, em especial para os leitores que têm um nível mais avançado de conhecimento do idioma.

Frases-chave (Redewendungen)

Fale tudo em alemão! – **Guia de conversação** apresenta todas as frases e perguntas-chave utilizadas nos mais variados contextos de conversação. Pedir desculpas, dar conselhos, emitir opinião, convidar alguém para fazer algo, descrever as características físicas e os traços de personalidade de alguém, falar com o atendente de check-in no aeroporto, pedir informações, falar de sua rotina diária, entre outras situações. Você poderá facilmente visualizar, nessa seção bilíngue, o que precisa dizer.

Um dos destaques dessa seção é que não se trata de uma mera tradução de frases. É sabido que cada idioma possui características e formas próprias e que muitas vezes não é possível fazer uma tradução literal do português para o alemão mantendo o mesmo significado da frase original. **Fale tudo em alemão!** – **Guia de conversação** apresenta frases-chave para diversas situações da maneira como são expressas pelos falantes nativos de alemão.

Vocabulário ativo (Aktiver Wortschatz)

Para se falar um idioma com fluência é preciso saber empregar o vocabulário da forma mais natural e adequada possível. A seção "Vocabulário ativo" apresenta uma seleção de palavras fundamentais pertencentes a diversos contextos de conversação. Todas essas palavras são apresentadas em frases contextualizadas. Essa seção retrata de uma forma realista o uso do vocabulário nos contextos mais usuais de conversação. Os tópicos abordados na seção "Vocabulário ativo" incluem:

» viagem aérea;
» pegar um táxi;
» manter-se em forma;
» afazeres domésticos;
» trabalho e carreira;
» uma reunião de negócios;
» ligações telefônicas;
» namoro;
» amor, romance e sexo.

Um dos destaques dessa seção é o tópico "Usando computadores", com vocabulário atualizado de termos usados no mundo da informática.

Dicas culturais (Landeskundliche Tipps)

É fato que língua e cultura são inseparáveis. Há momentos em que é praticamente impossível comunicar-se ou compreender com clareza sem o prévio conhecimento de dados culturais. **Fale tudo em alemão! – Guia de conversação** apresenta 36 dados culturais relevantes, relativos a contextos variados, como por exemplo:

» o uso do pronome de tratamento formal **Sie** ou do **du** informal;
» as tabelas para soletrar ao telefone;
» as rodovias alemãs sem limite de velocidade, alugar um carro, socorro mecânico;
» o sistema monetário europeu e o euro;
» as comidas típicas (batatas, tipos de linguiças e salsichas, lanches comuns), bebidas (cerveja) e locais para consumo: cervejarias, lanchonetes, restaurantes, bares;
» os horários de abertura do comércio;
» a tradição das feiras e exposições comerciais;
» festas e costumes típicos dos países de língua alemã, como o Natal;
» paquera e despedida de solteiro.

Vocabulário (Wortschatz)

Essa seção foi planejada para você localizar rapidamente o vocabulário que precisa empregar em variadas situações de conversação. Ela complementa e interage com todas as outras seções do livro, em especial a seção "Frases-chave", já que frequentemente uma frase-chave pode ser alterada com a variação do vocabulário. Dessa forma, o "Vocabulário" potencializa e expande o horizonte linguístico contido na seção "Frases-chave". Também foram incluídas algumas variantes regionais do alemão do Sul da Alemanha, da Áustria e da Suíça com as seguintes indicações respectivamente: (süddt.), (A) (CH). Quando não há indicação, o termo é de uso comum. Os assuntos apresentados no "Vocabulário" incluem:

» relações familiares;
» números e frações;
» ocupações;
» vocabulário comercial;
» artigos de drogaria;
» o automóvel;
» o corpo humano;
» esportes;
» comida;
» ditados e provérbios.

Guia de referência gramatical (Leitfaden der Grammatik)

Esta seção foi cuidadosamente planejada para você revisar de forma rápida, fácil e objetiva conceitos gramaticais fundamentais do idioma. Esses conceitos podem estar um pouco "esquecidos" para muitos que já concluíram um curso de alemão no passado e também para um grande número de pessoas que já iniciaram um curso e pararam. Ao relembrar conceitos importantes do funcionamento da estrutura do idioma alemão você vai perceber que a compreensão e aplicação de todas as frases do livro se tornarão mais fáceis. Lembre-se que a estrutura gramatical de qualquer língua é o esqueleto que dá sustentação a todas as frases e diálogos no idioma.

Destaques dessa seção são os itens que abordam os três gêneros dos substantivos, com os anexos sobre sufixos e os plurais dos substantivos, as três declinações dos artigos e adjetivos e seus graus – um dos pontos mais difíceis da língua alemã. Essa seção traz ainda uma lista de verbos regulares e irregulares, indicando sua regência verbal, os tempos e tradução para o português.

COMO TIRAR MELHOR PROVEITO DE FALE TUDO EM ALEMÃO!
- GUIA DE CONVERSAÇÃO

Fale tudo em alemão! – Guia de conversação foi planejado para ser utilizado por pessoas de diferentes níveis de conhecimento do alemão. Se o seu conhecimento atual do idioma for do pós-intermediário (B2) em diante, uma excelente maneira de explorar esse material é ouvir primeiramente o áudio, tentando compreender as variadas situações apresentadas nos diálogos. É possível que em alguns momentos haja palavras ou frases que você não conseguirá captar com clareza. Nesse caso, ouça o áudio pela segunda vez, tentando avançar na compreensão. Se após mais algumas audições você ainda não conseguir captar tudo o que é falado, poderá recorrer ao diálogo em alemão contido no livro e indicado no "Conteúdo de Áudio: Faixa e Página". O conteúdo de todas as seções do livro servirá de apoio e referência para os momentos em que você precisar tirar dúvidas ou se preparar para situações de conversação, como viagens ao exterior, reuniões, apresentações, entrevistas etc.

Para as pessoas que possuem um nível básico de conhecimento do idioma, uma boa forma de explorar o material é iniciar com a leitura da seção "Guia de referência gramatical", para revisar a estrutura de funcionamento do idioma. Essa seção é apresentada de forma progressiva: à medida que você avançar até o item 11, terá oportunidade de compreender melhor como elaborar perguntas e frases afirmativas nos diferentes tempos verbais (presente, passado, futuro e condicional), entender os significados e a aplicação dos verbos modais e ter uma visão geral dos principais itens que compõem a estrutura da frase alemã (posição do verbo, declinações de artigos, pronomes e adjetivos, preposições de lugar e tempo, e as principais conjunções). Você poderá então consultar as seções de "Frases-chave" para se familiarizar com as perguntas e frases usuais em vários contextos de conversação, aprender novas palavras nas seções de "Vocabulário ativo" e ouvir os diálogos acompanhando o texto no livro. À medida que você progredir no estudo do idioma (independentemente da escola em que faz o curso), você vai notar que o conteúdo de todas as seções do livro complementará e facilitará o seu desenvolvimento de forma significativa.

I. DIÁLOGOS SITUACIONAIS E FRASES-CHAVE
SITUATIONSBEDINGTE DIALOGE UND REDEWENDUNGEN

1. QUEBRANDO O GELO - DAS EIS BRECHEN

1.1 Quebrando o gelo (Diálogo) - Das Eis brechen (Dialog)

🎧 **Faixa 1**

Herr Wolf: Was für eine Hitze heute!
Frau Spitz: Das kann man wohl sagen! So eine Hitze bin ich gar nicht gewöhnt.
Herr Wolf: Sie sind also nicht aus dieser Gegend?
Frau Spitz: Nein, ich komme aus Hamburg. Dort ist es wesentlich frischer als hier in München.
Herr Wolf: Entschuldigung, ich habe mich noch nicht vorgestellt. Mein Name ist Hans Wolf.
Frau Spitz: Freut mich! Ich heiße[1] Ursula Spitz. Sie stammen also aus Bayern?
Herr Wolf: Nein, ich bin in Sachsen geboren, aber ich bin hier aufgewachsen. Meine Familie ist nach Würzburg umgezogen, als ich gerade drei Jahre alt war.
Frau Spitz: Sie haben aber Glück! Es lässt sich gut in Bayern leben. Und was machen Sie?
Herr Wolf: Ich arbeite mit Versicherungen.
» Veja a tradução desse diálogo na p. 303.

1.2 Quebrando o gelo (Frases-chave) - Das Eis brechen (Redewendungen)

QUEBRANDO O GELO (A) - DAS EIS BRECHEN (A)

Eine wunderbare Aussicht meinen Sie* nicht? - Que bela vista, não é mesmo?
Wie gefällt Ihnen die Party/die Vorstellung/der Vortrag? - Está gostando da festa/da apresentação/da palestra?

---

1. β: Na Alemanha e na Áustria emprega-se esta letra, que se pronuncia "esstssét", no lugar de dois "s" após ditongos e vogais longas. Observe o verbo **wissen** (saber): **ich weiß** mas **ich wusste**. Na Suíça escreve-se sempre com dois "s", portanto: **ich weiss**.

Eine tolle Party/Show/ein toller Vortrag meinen Sie nicht? – Uma festa/um show/uma palestra ótima(o), não acha?

Ich habe mich schon lange nicht so gut/so köstlich amüsiert/so viel Spaß gehabt! – Não me divirto assim há muito tempo.

Sie scheinen viel Spaß zu haben! – O(A) sr/a. parece estar se divertindo muito.

Sie scheinen glücklich/einsam/traurig. – O(A) sr/a. parece contente/solitário(a)/triste.

Ist hier noch frei? – Este lugar ainda está livre?

Ist der Platz/der Stuhl besetzt? – Este(a) lugar/cadeira está ocupado(a)?

» ***Sie**: Veja Dicas culturais 1, 35 e 36 p. 18, 131 e 138 , Guia de referência gramatical 4.1 Pronomes pessoais p. 229.

QUEBRANDO O GELO (B) – DAS EIS BRECHEN (B)

» Veja Vocabulário 1: Profissões e ocupações p. 163.

Sie kommen mir bekannt vor... – O(A) sr.(a) me parece conhecido(a)/familiar...

Haben wir uns nicht schon einmal getroffen/gesehen? – Nós já não nos encontramos/vimos alguma vez?

Was sind Sie von Beruf? – Qual é sua profissão?

Was machen Sie beruflich? – O que o(a) sr.(a) faz?

Woher kommen Sie?/Sind Sie von hier? – De onde o(a) sr.(a) vem?/O(A) sr.(a) é daqui?

Wohnen Sie in München/Berlin/usw.? – O(A) sr.(a) mora em Munique/Berlim/etc.?

Kommen Sie oft hierher? – O(A) sr.(a) vem aqui com frequência?

QUEBRANDO O GELO (C) – DAS EIS BRECHEN (C)

» Veja 1.13 Falando sobre o tempo - Frases-chave: Como está o tempo (B) p. 26.

Heute ist es mal wieder warm/heiß/kalt! – Hoje está calor/muito quente/frio de novo.

Es ist warm/heiß/kalt/frisch/kühl hier drin. – Está calor/muito quente/frio/fresquinho/friozinho aqui dentro.

Das Wetter ist super. – O tempo está ótimo.

Ich liebe sonnige Tage/dieses Wetter! – Eu adoro dias ensolarados/este tempo.

Entschuldigen Sie, wissen Sie, wie spät es ist? – Com licença, o(a) sr.(a) sabe que horas são?

Entschuldigen Sie, hätten Sie bitte eine Zigarette? – Com licença, o(a) sr.(a) teria um cigarro, por favor?

Hätten Sie Feuer, bitte? – O(A) sr.(a) teria fogo, por favor?

Es tut mir leid, ich rauche nicht. – Sinto muito, não fumo.

Stört es Sie, wenn ich rauche?/Darf ich rauchen? – Incomoda se eu fumar?/Posso fumar?

Darf ich das Fenster öffnen/schließen? – Posso abrir/fechar a janela?

1.3 Acho que você ainda não conhece minha amiga (Diálogo)
– Ich glaube, du kennst meine Freundin noch nicht (Dialog)

🎧 **Faixa 2**

Dieter: Hallo Markus, schon lange nicht gesehen!

Markus: Dieter! Schön dich wieder zu sehen, und wie geht's?

Dieter: Alles in Ordnung. Ich glaube, du kennst meine Freundin Inge noch nicht?

Markus: Noch nicht. Freut mich!

Inge: Freut mich auch!

Markus: Studierst[1] du hier in Heidelberg an der Uni?

Inge: Ich? Nein, nein. Ich bin hier nur zu Besuch. Ich bin aus Dresden.

Markus: Tatsächlich? Ich habe eine Tante, die in Dresden wohnt. Ich war schon einmal dort.

Inge: Wirklich? Ich hoffe, dass die Stadt dir gut gefallen hat.

Markus: Ja, es ist eine sehr schöne Stadt.

Dieter: Du, Markus, ich möchte nicht unterbrechen, aber wir müssen los. Ich muss noch zur WG[2] zurück, um ein paar Bücher für das nächste Seminar zu holen.

Markus: Na klar! Ich hab's auch eilig. Also bis später!

Inge: Hat mich gefreut.

Markus: Ebenfalls! Bis bald. Macht's gut!

» Veja a tradução desse diálogo na p. 303.

---

1. **studieren**: só é empregado para o estudo universitário, enquanto **lernen** (estudar) é usado para estudar na escola ou em geral, fora do contexto universitário. Por isso distingue-se **der Student**, estudante universitário, de **der Schüler**, estudante escolar.

2. **WG**: Abreviação para **Wohngemeinschaft**, alojamento particular do tipo "república", muito usual entre estudantes universitários.

DICA CULTURAL 1: O(A) SR.(A) OU VOCÊ? – LANDESKUNDLICHER TIPP 1: SIE ODER DU?

Embora o uso do **du** esteja cada vez mais comum entre colegas de trabalho, especialmente na Suíça, o uso do **Sie** num primeiro contato continua sendo aconselhável. Nesse diálogo entre universitários, por exemplo, acontece o primeiro contato entre eles e por serem estudantes o tratamento pode ser informal mesmo no primeiro encontro. Por volta dos 15/16 anos alunos colegiais passam a ser chamados por **Sie** por seus professores, antes disso são tratados por **du**, mas os alunos sempre tratam seus professores por **Sie** e pelo sobrenome. Para dirigir-se a uma pessoa pelo sobrenome usa-se **Herr** (sr.) ou **Frau** (sra.) antes do sobrenome: **Herr Momsen, Frau Kraus.**

Após um tempo variável e conforme a empatia, convida-se a outra pessoa para usar o **du**, com uma pergunta do tipo: **Dürfen wir uns duzen?** (Podemos dizer tu/você?). Geralmente o convite parte da pessoa mais velha ou hierarquicamente superior. Por outro lado também é comum que mesmo entre pessoas que se conheçam de longa data e sejam amigas mantenha-se o uso do **Sie** por uma questão de respeito mútuo. Esse formalismo nos é estranho, porém é culturalmente importantíssimo e por esse motivo o pronome de tratamento **Sie** será traduzido por **o(a) sr.(a)**, eventualmente por **os srs**. O pronome **du** pode ser escrito com maiúscula em cartas e e-mails, mas a maiúscula não é obrigatória.

» Veja também Dicas culturais 35 e 36 p. 131 e 138, Guia de referência gramatical 4.1 Pronomes pessoais p. 229

1.4 **Cumprimentos (Frases-chave)** – Begrüßungen (Redewendungen)

CUMPRIMENTOS (A) – BEGRÜßUNGEN (A) (FORMAL)

Guten Morgen!/Morgen![1] – Bom dia!
Guten Tag!/('n) Tag! – Bom dia!
Guten Abend! ('n) Abend! – Boa noite!
Gute Nacht![2] – Boa noite!

DICA CULTURAL 2: CUMPRIMENTAR – LANDESKUNDLICHER TIPP 2: BEGRÜßEN

Ao nos dirigirmos a alguém para pedir uma informação ou um serviço é necessário cumprimentar a(s) pessoa(s) antes de fazermos nossa pergunta ou pedido. É uma praxe tão difundida que ao entrar numa padaria ou farmácia, por exemplo, mesmo havendo uma fila de pessoas, cumprimenta-se de forma geral todos os presentes, com um simples **Guten Tag!**, que seja audível. Em cidades pequenas cumprimentam-se estranhos até na rua, o que cria uma clima de cordialidade, porém sem intimidade.

1. **Guten Morgen!** é usado de manhã cedo até aproximadamente 9 ou 9h30, depois usa-se **Guten Tag** para o resto do dia até o final da tarde. Os cumprimentos variam regionalmente: no norte da Alemanha usa-se **Moin!** ou **Moin moin!**, no sul e na Áustria **Grüß Gott!, Grüß dich!** ou **Servus!** (ao chegar ou partir) e na Suíça fala-se **Grüezi!**
2. **Gute Nacht!** é usado ao se retirar antes de dormir à noite.

CUMPRIMENTOS (B) – BEGRÜßUNGEN (B)

Wie geht es Ihnen? – Como está?/Como vai?
Mir geht's super/gut, danke. Und Ihnen/dir? – Estou ótimo/bem, obrigado. E o(a) sr.(a)/você?
Gut, danke. Und Ihnen/dir? – Bem, obrigado. E o(a) sr.(a)/você?
Sehr gut. Und Ihnen/dir? – Muito bem. E o(a) sr.(a)/você?

CUMPRIMENTOS: INFORMAL – BEGRÜßUNGEN: INFORMELL

Hallo! – Olá!/Oi!
Grüß dich! – Olá! (Saudações!)
Servus! (süddt., A) – Olá!/Tchau!
Ciao/Tchau! – Olá!
Schon lange nicht gesehen! – Há quanto tempo a gente não se vê!
Wie geht's?/Wie geht es dir/euch? – Como vai?/Como vai você/vão vocês?
Na, wie stehts? – Então como está?
Wie geht's denn so?/Wie geht's sonst? – Como estão indo as coisas?
Was macht so das Leben? – Como está a vida?
Wie läuft's?/Na, wie läuft's denn so? – Como estão as coisas?
Na, was gibt's Neues? – E aí, o que há de novo?
Was ist los? – O que está acontecendo?
Grüß Paul schön von mir. – Mande um abraço para o Paul.
Manfred lässt (dich) grüßen. – Manfred mandou um abraço para você.

1.5 Despedindo-se (Frases-chave) – Sich verabschieden (Redewendungen)

DESPEDINDO-SE (A) – SICH VERABSCHIEDEN (A)

Auf Wiedersehen!/Wiedersehen! – Até logo!
Auf Wiederhören!/Wiederhören![1] – Até logo!
(Ich wünsche Ihnen/dir/euch) Einen schönen Tag noch! – Tenha um bom dia!
Tschüß, wir sehen uns dann morgen! – Tchau, a gente se vê amanhã!
Servus! (süddt., A) – Tchau!
Ciao/Tchau! – Tchau!
Bis später! – Até mais tarde!
Bis morgen! – Até amanhã!
Bis zum nächsten Mal! – Até a próxima vez!
Bis bald/demnächst! – Até breve/mais!
Wir sprechen uns später, tschüß! – Depois conversamos, tchau!

---

1. **Auf Wiederhören!** é usado ao final de uma conversa telefônica formal.

DESPEDINDO-SE (B) – SICH VERABSCHIEDEN (B)

Alles Gute! – Tudo de bom!
Mach's gut! – Tudo de bom para você!
Macht's gut! – Tudo de bom para vocês!
Kommen Sie/Komm/Kommt gut nach Hause! – Boa volta para casa!
Wir sehen uns also morgen, tschüß! – Então nos vemos amanhã, tchau!
Alles klar, wir sehen uns später! – Tudo certo/O.k., nos vemos mais tarde!
Ich wünsche Ihnen/dir/euch einen sehr schönen Tag, auf Wiedersehen/tschüß! – Tenha um ótimo dia, até logo/tchau!
Guten Unterricht/Gute Sitzung/Party/usw. – Boa aula/reunião/festa/etc.

1.6 Conhecendo alguém (Frases-chave) – Jemanden kennen lernen (Redewendungen)

Ich freue mich (sehr), Sie kennen zu lernen![1] – (Muito) Prazer em conhecê-lo!
(Es) Freut mich Sie kennen zu lernen! – (Muito) Prazer em conhecê-lo!
Sehr angenehm! – Muito prazer!/Prazer em conhecê-lo!
Angenehm! – Muito prazer!/Prazer em conhecê-lo!
Sehr erfreut! – Muito prazer!/Prazer em conhecê-lo!
Freut mich! – (Muito) Prazer!
Es war ein Vergnügen, Herr Mayer. – Foi um prazer conhecê-lo, sr. Mayer.
Schön Sie kennen gelernt zu haben. – Foi um prazer conhecê-lo/la.
Es hat mich auch gefreut. – Foi um prazer também!
Freut mich auch! – O prazer é meu!
Ebenfalls. – Igualmente.

1.7 Apresentando a si mesmo e outras pessoas (Frases-chave) – Sich selbst und andere vorstellen (Redewendungen)

» Veja Vocabulário 5: Membros da família p. 174.
Mein Name ist... – Meu nome é...
Ich bin/heiße... – Eu sou/me chamo...
Ich glaube, wir kennen uns noch nicht, mein Name ist... – Acho que ainda não nos conhecemos, meu nome é...
Darf ich mich vorstellen, ich bin... – Posso me apresentar, eu sou...
Darf ich Ihnen meinen Freund/Kollegen vorstellen? – Gostaria de apresentar-lhe meu amigo/colega...

1. Mais formal.

Ich glaube, Sie kennen meine Freundin/Kollegin noch nicht... – Acho que o(a) sr.(a) ainda não conhece minha amiga/colega.

Das ist mein Freund/Bruder/Nachbar. – Este é meu amigo/irmão/vizinho.

1.8 Perguntando por dados pessoais (Frases-chave)
– Nach persönlichen Daten fragen (Redewendungen)

PERGUNTANDO POR DADOS PESSOAIS (A) – NACH PERSÖNLICHEN DATEN FRAGEN (A)

» Veja Vocabulário 2: Países e nacionalidades p. 166.

Wie ist Ihr (Familien)Name?/Wie heißen Sie? – Qual é o seu (sobre)nome?/Como o(a) sr.(a) se chama?

Wie war noch Ihr (Familien)Name bitte? – Como era seu (sobre)nome mesmo? (também ao telefone)

Wie ist Ihr Familienname? – Qual é o seu sobrenome?

Was sind Sie (noch) von Beruf? – Qual é (mesmo) a sua profissão?

Was machen Sie beruflich? – O que o(a) sr.(a) faz profissionalmente?

Was machen Sie? – O que o(a) sr.(a) faz?

Wovon lebt er?/Womit verdient er sein Brot? – Do que ele vive?/Qual é o ganha-pão dele?

Woher kommen Sie?/Wo kommen Sie her? – De onde o(a) sr.(a) é?

Welche ist Ihre Staatsangehörigkeit?/Sind Sie Schweizer? – Qual é a sua nacionalidade?/O(A) sr.(a) é suíço(a)?

Wo sind Sie geboren? – Onde o(a) sr.(a) nasceu?

Wie alt sind Sie? – Quantos anos o(a) sr.(a) tem?/Qual é a sua idade?

Wo wohnen Sie? – Onde o(a) sr.(a) mora?

Wo haben Sie die Realschule/das Gymnasium besucht? – Onde o(a) sr.(a) fez o colégio técnico/o Ensino Médio?

Welchen Abschluss haben Sie gemacht? – Que diploma o(a) sr.(a) tem?

Welchen Hochschulabschluss haben Sie gemacht? – Que curso de faculdade o(a) sr.(a) fez?

Welche Universität haben Sie besucht? – Qual universidade o(a) sr.(a) frequentou?

PERGUNTANDO POR INFORMAÇÕES PESSOAIS (B) – NACH PERSÖNLICHEN ANGELEGENHEITEN FRAGEN (B)

» Veja 4.2 Sair e divertir-se – Frases-chave: Atividades de lazer (B) p. 62, e Vocabulário 10: Esportes p. 179.

Was machen Sie gern in Ihrer Freizeit? – O que o(a) sr.(a) gosta de fazer no seu lazer?

Haben Sie ein Hobby? – O(A) sr.(a) tem um hobby?

Wer ist Ihr Lieblingssänger[1]/-schauspieler/-autor usw.? – Qual é o seu cantor/ator/autor/etc. preferido?

---

1. **Liebling, Lieblings-:** Der Liebling significa "o queridinho/preferido", por ex: **der Liebling des Publikums** (o(a) preferido(a) do público). Também é muito usado para expressar meu/minha querido(a): **mein Liebling**. A ideia de "preferido" pode ser associado a outro termo, acrescentando-se um -s- entre as palavras: **die Lieblingsfarbe** (a cor preferida), **der Lieblingsfilm** (o filme preferido) etc.

Was ist Ihr Sternzeichen? – Qual é o seu signo?

Welcher ist Ihr Familienstand? – Qual é o seu estado civil?

Sind Sie verheiratet/ledig/verwitwet? – O(A) sr.(a) é casado(a)/solteiro(a)/viúvo(a)?

Haben Sie Kinder? – O(A) sr.(a) tem filhos?

Haben Sie eine Freundin/einen Freund? – O(A) sr.(a) tem namorada/o?

Wo wohnen/leben Sie? – Onde o(a) sr.(a) mora/vive?

» Veja Guia de referência gramatical 5.5.6 Formas irregulares, *Gostos e preferências: gern, lieber, am liebsten p. 243.

Obs.: As perguntas acima podem ocorrer em situações de check-in em hotéis, na alfândega, ao registrar o domicílio junto à polícia, ou ainda ao inscrever-se para um curso, por exemplo. Portanto é preciso contextualizar estas perguntas e fazê-las com o cuidado necessário quando for o caso.

1.9 **Falando de si mesmo (Frases-chave)** – **Von sich selbst erzählen (Redewendungen)**

FALANDO DE SI MESMO (A) – VON SICH SELBST ERZÄHLEN (A)

» Veja Vocabulário 1: Profissões e ocupações p. 163, Vocabulário 2: Países e nacionalidades p. 166, Vocabulário 3: Números p. 169.

Mein Name/Familienname ist... – Meu nome/sobrenome é...

Ich bin Lehrer/Rechtsanwalt/Arzt/usw. (von Beruf). – Eu sou professor/advogado/médico/etc.

Ich bin Buchhalter bei... (Firmenname) – Eu sou contador na empresa...

Ich bin als Versicherungsvertreter/in der Werbung/im Vertrieb tätig. – Trabalho/Atuo como representante de seguros/com propaganda/com vendas.

Ich komme aus Brasilien/usw. – Eu sou do Brasil/etc.

Ich bin Brasilianer/usw. – Eu sou brasileiro/etc.

Ich bin in Brasilien geboren/usw. – Eu nasci no Brasil/etc.

Ich bin in Brasilien aufgewachsen/usw. – Eu cresci no Brasil/etc.

Ich lebe/wohne in... – Eu vivo/moro em...

Ich bin einunddreißig Jahre alt. – Tenho trinta e um anos de idade.

Ich habe das Gymnasiun in... besucht. – Eu fiz o colegial em...

Ich habe eine Fachhochschulausbildung in... gemacht. – Eu fiz uma faculdade de...

FALANDO DE SI MESMO (B) – VON SICH SELBST ERZÄHLEN (B)

» Veja 4.2 Sair e divertir-se - Frases-chave: Atividades de lazer (B) p. 62, Vocabulário 10: Esportes p. 179, Vocabulário 5: Membros da família p. 174.

Ich spiele gern* Klavier. – Eu gosto de tocar piano.

Ich treffe gern meine Freunde/usw. – Eu gosto de encontrar meus amigos/etc.

Ich gehe gern ins Theater. – Gosto de ir ao teatro.

Ich gehe sehr gern aus./Ich liebe ausgehen. – Eu adoro sair.

Es macht mir Spaß ins Kino zu gehen. – Me divirto indo ao cinema.

Griechisches Essen gefällt mir (sehr). – Comida grega me agrada (muito).

Obst und Gemüse habe ich (nicht) gern. – (Não) Gosto de frutas e legumes.

Ich treibe (sehr) gern Sport. – Gosto (muito) de praticar esporte.

Ich sammle Briefmarken/alte Münzen/usw. – Eu coleciono selos/moedas antigas/etc.

Mein Lieblingssänger/-schauspieler/-autor/usw. ist... – Meu cantor/ator/autor/etc. preferido é...

Ich bin Widder/Löwe/Schütze/Fische/Waage/Jungfrau/Steinbock/Skorpion/Krebs/ Wassermann/Stier/Zwillinge. – Eu sou capricorniano/leonino/sagitariano/pisciano/libriano/ virginiano/ariano/escorpiano/canceriano/aquariano/tourino/geminiano.

Ich bin verheiratet. – Sou casado(a).

Ich bin ledig. – Sou solteiro(a).

Ich bin geschieden. – Sou divorciado(a).

Ich bin getrennt. – Sou separado(a).

Ich bin verlobt. – Sou noivo(a).

Ich bin verwitwet. – Sou viúvo(a).

Ich habe zwei Kinder. – Eu tenho dois filhos.

Ich habe eine Tochter und einen Sohn. – Tenho uma filha e um filho.

Ich habe eine Freundin/einen Freund. – Tenho namorada/namorado.

Ich wohne bei meinen Eltern. – Eu moro com meus pais.

Ich wohne mit meiner Frau und meinen Kindern. – Moro com minha esposa e meus filhos.

Ich wohne allein. – Eu moro sozinho.

Entschuldigung, die Frage ist mir zu persönlich! – Desculpe, a pergunta é pessoal demais!

» Veja Guia de referência gramatical 5.5.6 Formas irregulares, *Gostos e preferências: gern, lieber, am liebsten p. 243.

1.10 Falando sobre a sua família (Frases-chave) – Über die eigene Familie sprechen (Redewendungen)

FALANDO SOBRE SUA FAMÍLIA (A) – ÜBER DIE EIGENE FAMILIE SPRECHEN (A)

» Veja Vocabulário 5: Membros da família p. 174, Vocabulário 1: Profissões e ocupações p. 163.

Ich habe eine große/kleine Familie. – Eu tenho uma família grande/pequena.

Ich habe zwei Brüder und eine Schwester. – Tenho dois irmãos e uma irmã.

Ich habe eine jüngere Schwester und einen älteren Bruder. – Eu tenho uma irmã mais nova e um irmão mais velho.

Ich habe eine(n) Zwillingsschwester/-bruder. – Tenho um(a) irmã/irmão gêmeo(a).

Ich bin Einzelkind. – Sou filho(a) único(a).

Mein Vater/Vati/Papa ist ... – Meu pai/papai é...

Mein Vater ist Rentner. – Meu pai é aposentado.

Meine Mutter/Mutti/Mama ist Hausfrau/Rechtsanwältin... – Minha mãe é dona de casa/ advogada...

Meine Eltern wohnen in... – Meus pais moram em...

Meine Eltern sind geschieden. – Meus pais são divorciados.

FALANDO SOBRE SUA FAMÍLIA (B) – ÜBER DIE EIGENE FAMILIE SPRECHEN (B)

» Veja Vocabulário 1: Profissões e ocupações p. 163, 8.3 Descrevendo traços de personalidade
 - Frases-chave p. 125, Vocabulário 5: Membros da familía p. 174.

Meine Frau ist... – Minha esposa é...
Mein Mann ist... – Meu marido é...
Meine Schwester ist kontaktfreudig. – Minha irmã é extrovertida.
Mein jüngerer Bruder ist lustig/witzig. – Meu irmão mais novo é engraçado.
Mein Vater ist ernst. – Meu pai é sério.
Meine Eltern sind freundlich/nett/sympatisch. – Meus pais são amigáveis/legais/simpáticos.
Ich komme gut mit meinen Eltern aus. – Eu me dou bem com meus pais.
Wir gehören nicht zur gleichen Familie. – Nós não somos da mesma família.
Wir sind nicht verwandt. – Não somos parentes.
Wie sind Sie mit ihm/ihr eng/entfernt verwandt? – Qual o seu grau de parentesco com ele/ela?

1.11 Ruídos na comunicação (Frases-chave) – Kommunikationsstörungen (Redewendungen)

RUÍDOS NA COMUNICAÇÃO (A) – KOMMUNIKATIONSSTÖRUNGEN (A)

Wie bitte? – Como? (pedindo para repetir)
Entschuldigung, wie bitte? – Desculpe, como? (pedindo para repetir)
Tut mir leid, können Sie das bitte wiederholen? – Sinto muito, o(a) sr/a. pode repetir, por favor?
Könnten/Können Sie bitte langsam sprechen? – O(A) sr.(a) poderia/pode falar devagar, por favor?
Könnten/Können Sie das bitte wiederholen? – O(A) sr.(a) poderia/pode repetir isso, por favor?
Es tut mir leid, ich habe Sie nicht verstanden... – Sinto muito, não entendi...
Entschuldigung, ich habe das nicht verstanden. – Desculpe, não entendi isso.
Könnten Sie das bitte noch einmal erklären? – O(A) sr.(a) poderia explicar isso mais uma vez, por favor?

RUÍDOS NA COMUNICAÇÃO (B) – KOMMUNIKATIONSSTÖRUNGEN (B)

Wie schreibt man das bitte? Können Sie das bitte buchstabieren? – Como se escreve isso, por favor? O(A) sr.(a) pode soletrar, por favor?
Wie sagt man das auf Deutsch? (auf etwas hinzeigend) – Como se chama isto em alemão? (mostrando algo)
Noch einmal, bitte. – Mais uma vez, por favor.
Wie war Ihr Name, bitte? – Como é seu nome mesmo?
Ich habe nicht richtig verstanden, was Sie gesagt haben. – Não entendi direito o que o(a) sr.(a) disse.
Es tut mir leid, aber ich habe keine Ahnung, wovon Sie sprechen – Desculpe, mas não tenho a mínima ideia do que o(a) sr.(a) está falando.

1.12 **Falando sobre o tempo (Diálogo)** – Über das Wetter sprechen (Dialog)

🎧 **Faixa 3**

Bettina: Hast du die Wettervorhersage für das Wochenende gehört?
Melanie: Ja, der Wetterbericht hat für Samstag sonniges Wetter angesagt, aber am Sonntag kann es vielleicht ein bisschen regnen.
Bettina: Ich hasse regnerisches Wetter. Ich fühle mich immer etwas depressiv, wenn es regnet.
Melanie: Ich kann dich verstehen. Also dann hast du den Sommer lieber, stimmt's?
Bettina: Na klar! Das ist meine Lieblingsjahreszeit! Da kann man vieles draußen unternehmen!
Melanie: Und hast du schon etwas für das Wochenende vor?
Bettina: Also vielleicht mache ich eine Wanderung im Freien. Kommst du mit?

» Veja a tradução desse diálogo na p. 303.

DICA CULTURAL 3: FORA, AO AR LIVRE, NA NATUREZA!
LANDESKUNDLICHER TIPP 3: DRAUßEN, IM FREIEN, IN DER NATUR!

Após os longos meses de inverno, frios e cinzentos, quando a natureza como que num passe de mágica acorda, as pessoas abandonam seus espaços fechados, suas roupas pesadas e tomam de assalto as ruas, os jardins, as praças, os parques, enfim todos os espaços ao ar livre. Assim que as temperaturas o permitem, as pessoas fazem tudo que for possível fora, ao ar livre: ler, estudar, caminhar, passear, bater papo, tomar banho de sol no parque, fazer piqueniques, churrascos, praticar esportes, brincar com os filhos, tomar sorvete, cerveja... Quando no verão as temperaturas sobem acima de 28 graus, o que ocorre raramente, as crianças são dispensadas das aulas e vão aos parques com os professores! Junho, julho e agosto são os meses mais quentes, e quando o calor e o tempo bom se prolongam pelo outono (setembro) fala-se em **Altweibersommer**, o que corresponde ao nosso "veranico". O oposto deste conceito é o **Aprilwetter** (tempo de abril), com muitas chuvas e vento, daí o ditado: **April, April, der macht, was er will!** (Abril, abril, faz o que bem entende!).

1.13 Falando sobre o tempo (Frases-chave) – Über das Wetter sprechen (Redewendungen)

COMO ESTÁ O TEMPO? (A) – WIE IST DAS WETTER? (A)

Wie ist das Wetter heute? – Como está o tempo hoje?
Es ist warm/kalt. – Está calor/frio.
Es ist sonnig. – Está ensolarado.
Es ist wolkig. – Está nublado.
Es ist regnerisch. – Está chuvoso.
Es ist etwas regnerisch. – Está meio chuvoso.
Es ist windig. – Está ventando.
Es schneit. – Está nevando.
Es ist etwas/ziemlich bewölkt. – Está meio/bastante nublado.
Es ist kühl. – Está friozinho.
Es ist frisch. – Está fresco.
Es ist heiß. – Está quente.
Es ist mild. – Está ameno.
Es ist heiter. – O céu está claro.

COMO ESTÁ O TEMPO? (B) – WIE IST DAS WETTER? (B)

Es ist zwanzig Grad Celsius. – Está vinte graus Celsius.
Es ist minus fünf Grad Celsius. – Está menos cinco graus centígrados.
Es ist zwei Grad unter null. – Está dois graus abaixo de zero.
Es sieht nach Regen aus. – Parece que vai chover.
Es sieht so aus, als ob es bald regnen wird. – Parece que vai chover logo.
Es regnet. – Está chovendo.
Es gießt in Strömen! – Está caindo um pé-d'água!
Es nieselt. – Está garoando.
Es ist eiskalt! – Está gelado!

A PREVISÃO DO TEMPO – DIE WETTERVORHERSAGE

Wie ist die Vorhersage für heute/das Wochenende? – Qual é a previsão para hoje/o fim de semana?
Heute wird es warm. – Hoje vai fazer calor.
Am Nachmittag regnet es/kann es regnen. – À tarde vai chover/pode chover...
Es sieht so aus, als ob es ein sonniger/regnerischer Tag wird. – Parece que o dia será ensolarado/chuvoso.
Das Wochenende wird sonnig. – O fim de semana vai ser ensolarado.
Die Wettervorhersage kündigt ein sonniges/regenerisches Wochenende an. – A previsão do tempo anuncia um fim de semana ensolarado/chuvoso.
Die Temperatur steigt. – A temperatura está subindo.
Die Temperatur sinkt. – A temperatura está caindo.

SEU TIPO PREFERIDO DE TEMPO – WELCHES WETTER HABEN SIE AM LIEBSTEN?

Welches Wetter gefällt Ihnen/dir am besten? – Qual é o seu tipo de tempo preferido?
Ich habe warmes Wetter gern. – Gosto de calor.
Ich habe lieber sonnige Tage. – Prefiro dias ensolarados.
Sonnige Tage gefallen mir besser. – Dias ensolarados me agradam mais.
Ich habe regnerische Tage nicht gern. – Não gosto de dias chuvosos.
Ich hasse regnerisches Wetter. – Detesto tempo chuvoso.
Welche Jahreszeit gefällt Ihnen/dir am besten? – Qual é a estação do ano que lhe agrada mais?
Ich habe den Sommer/den Herbst/den Winter/den Frühling am liebsten. – Prefiro o verão/o outono/o inverno/a primavera.
Mir gefällt der Sommer/der Winter am besten. – O verão/o inverno me agrada mais.

FALANDO SOBRE O TEMPO NO SEU PAÍS – ÜBER DAS WETTER IN IHREM LAND SPRECHEN

Wie ist das Wetter in Ihrem/deinem Land? – Como é o tempo no seu país?
Ich komme aus einem tropischen Land, deshalb ist es meistens warm/heiß. – Eu sou de um país tropical, por isso geralmente faz calor/é quente.
Es ist meistens sonnig. – Faz sol a maior parte do tempo.
Die Temperatur beträgt ungefähr... – A temperatura fica em torno de...
Die Temperatur ist mild. – A temperatura é amena.
Regnet es oft hier? – Chove muito por aqui?
Seit Monaten hat es nicht geregnet. – Não chove há meses.
Sind diese Kleidungsstücke für das Wetter geeignet? – Estas roupas são adequadas para o tempo?
Es ist sehr kalt im Winter. – Faz muito frio no inverno.
Es schneit im Winter. – Neva no inverno.
Es ist sehr heiß im Sommer. – É muito quente no verão.
Schneit es im Winter? – Neva no inverno?

ESTÁ QUENTE/FRIO DEMAIS PARA... – ES IST ZU HEIß/KALT, UM....

» Veja Dicas culturais 3 e 17 p. 25 e 68.
Ist es warm genug, um draußen/im Biergarten/auf der Terrasse zu sitzen? – Está quente o suficiente para sentar fora/no Biergarten/no terraço?
Es ist zu kalt zum Spazierengehen. – Está frio demais para passear.
Heute ist es zu frisch, um draußen zu bleiben. – Hoje está friozinho demais para ficar fora.
Es ist zu windig, um jetzt/heute am See spazieren zu gehen. – Está ventando demais para ir passear no lago agora/hoje.

O TEMPO: COMO A GENTE SE SENTE – DAS WETTER: WIE MAN SICH FÜHLT

Es ist mir kalt. – Estou com frio.
Ich friere. – Estou sentindo frio.
Es ist mir eiskalt. – Estou morrendo de frio.
Bald erfriere ich. – Daqui a pouco vou congelar.

Es ist mir zu warm/heiß. – Estou com calor demais.
Mir ist es füchterlich/schrecklich warm! – Estou sentindo um calor insuportável.
Ich bin völlig nass geschwitzt. – Estou todo suado.

2. VIAGEM PARA O EXTERIOR (PARTE 1)
- REISE INS AUSLAND (TEIL 1)
2.1 Reserva no hotel (Diálogo) - Reservierung im Hotel (Dialog)

🎧 **Faixa 4**

(ein Telefon klingelt)

Rezeption: Hotel Zum Goldenen Bär, Meier, Guten Tag. Was kann ich für Sie tun?

Herr Schultze: Hier Schultze, guten Tag. Hätten Sie ein Doppelzimmer frei für die 20. Kalenderwoche von Freitag bis Sonntag.

Rezeption: Einen Augenblick, bitte. Ich schaue mal nach... Ja, ein Doppelzimmer ist noch frei.

Herr Schultze: Gut! Und was kostet die Übernachtung?

Rezeption: Die kostet € 130, mit Frühstück inklusive.

Herr Schultze: Schön, dann möchte ich das Zimmer für drei Nächte vom 15. bis zum 17. Mai reservieren.

Rezeption: Aber gern. Kommen Sie zur Garten Messe?

Herr Schultze: Nein, nein. Wir besuchen unsere Tochter in Stuttgart.

Rezeption: Sehr schön. Also auf welchen Namen soll ich das Doppelzimmer buchen?

Herr Schultze: Auf den Namen Jan Schultze. Ich buchstabiere Julius Anton Nordpol, SCHule Ulrich Ludwig Theodor Zeppelin Emil

Rezeption: Ja, und Ihre Telefonnummer...

» Veja a tradução desse diálogo na p. 304.
» Veja Vocabulário 3: Números p. 169, Dicas culturais 4, 5, 6, 7 p.30 e 42.

DICA CULTURAL 4: NÚMERO DA SEMANA-CALENDÁRIO
LANDESKUNDLICHER TIPP 4: NUMMER DER KALENDERWOCHE

Ao agendar uma reunião, uma consulta ou outro compromisso com data menciona-se o número da semana do ano, a semana-calendário. Assim 15 de maio de 2009 cai na 20ª semana-calendário de 2009. Há normas que definem, p. ex., que toda semana-calendário se inicie numa segunda-feira e que a primeira semana do ano tenha pelo menos quatro dias em janeiro. Assim todo ano-calendário possui de 52 a 53 semanas com os últimos dias de dezembro ($\leq$ 3) fazendo parte da primeira semana-calendário do ano seguinte ou os primeiros dias de janeiro ($\leq$ 3) pertencendo à última semana-calendário do ano anterior. Toda agenda impressa alemã vem com a numeração das semanas-calendário.

DICA CULTURAL 5: FEIRAS ESPECIALIZADAS E EXPOSIÇÕES
LANDESKUNDLICHER TIPP 5: FACHMESSEN UND AUSTELLUNGEN

Um calendário intenso de feiras e exposições setorizadas coloca a Alemanha entre os líderes do circuito mundial das feiras internacionais, com aproximadamente 10 milhões de visitantes por ano. Das principais cidades expositoras destacam-se Düsseldorf (interpack, boot, Igedo), Frankfurt am Main (Feira de Livros, Salão do Automóvel), Hannover (Feira da Indústria, CeBIT), Munique (Aerospace, Oktoberfest), Colônia (Anuga), Berlim (ITB, Grüne Woche) e Leipzig (agra, AMI/AMITEC), entre muitas outras como Hamburgo, Stuttgart, Nuremberg etc. Frankfurt am Main e Leipzig disputam o título de feira mais antiga, sendo que Leipzig se autodenomina a mais antiga em função de uma autorização para exposições que recebera em 1165! Por conta do número elevado de visitantes a rede hoteleira dessas cidades encontra-se muitas vezes sobrecarregada. Uma das opções é ficar em cidades vizinhas e utilizar os trens intermunicipais para visitar as sedes das feiras.

DICA CULTURAL 6: TABELAS PARA SOLETRAR
LANDESKUNDLICHER TIPP 6: BUCHSTABIERTAFELN

Para soletrar ao telefone usam-se nomes próprios para facilitar o entendimento. Consulte no Anexo 1 as tabelas para a Alemanha, a Áustria e a Suíça, além da usada internacionalmente.

2.2 Reservando um quarto (Frases-chave) – Ein Zimmer reservieren (Redewendungen)

RESERVANDO UM QUARTO (A) – EIN ZIMMER RESERVIEREN (A)

Ich möchte ein Einzel-/Doppelzimmer für die Kalenderwoche 35 reservieren. – Gostaria de reservar um quarto simples/duplo para a semana-calendário 35.

Ich möchte ein Zimmer für drei Nächte buchen. – Gostaria de reservar um quarto para três noites.

Haben Sie noch freie Zimmer für die zweite Juliwoche? – O(A) sr.(a) ainda tem quartos disponíveis para a segunda semana de julho?

Was kostet die Übernachtung für ein Doppel-/Einzelzimmer? – Quanto é a diária para um quarto duplo/simples?

Mit oder ohne Frühstück? – Com ou sem café da manhã?

Akzeptieren Sie alle Kreditkarten? – Os srs. aceitam todos cartões de crédito?

Können Sie bitte ein anderes Hotel in Ihrer Nähe empfehlen? – O(A) sr.(a) pode recomendar algum outro hotel por perto?

Wissen Sie, ob es eine Jugendherberge in der Stadt gibt? – O(A) sr.(a) sabe se há um albergue da juventude na cidade?

RESERVANDO NUM HOTEL (B) – RESERVIERUNG IM HOTEL (B)

» Veja Dica cultural 14 p. 56.

Kann ich Ihnen helfen? – Em que posso ajudá-lo?

Es tut uns leid, wir sind ausgebucht. – Sinto muito, estamos lotados.

Die Übernachtung für ein Doppel-/Einzelzimmer beträgt/kostet... – A diária para um quarto duplo/simples é...

Das Frühstück ist inbegriffen. – O café da manhã está incluído.

Wir nehmen Visa und Mastercard an. – Aceitamos Visa e Mastercard.

2.3 Check-in no aeroporto (Diálogo) – Am Abfertigungsschalter am Flughafen (Dialog)

∩ Faixa 5

Check-in-Angestellte: Kann ich Ihnen helfen?

Passagierin: Ja, bitte. (händigt den Flugschein und den Reisepass der Check-in Angestellten)

Check-in-Angestellte: Möchten Sie lieber einen Sitz am Fenster oder am Gang?

Passagierin: Einen Sitzplatz am Gang, bitte. Ich muss während des Fluges aufstehen, um meine Beine zu strecken, da es ja ein Langstreckenflug ist.

Check-in-Angestellte: Das stimmt, also einen Sitzplatz am Gang. Können Sie bitte Ihr Gepäck auf das Förderband stellen?

Passagierin: Sicherlich. Ich habe nur den Koffer. Darf ich ihn als Handgepäck behalten?

Check-in-Angestellte: Natürlich. Sie können es oben ins Gepäckfach der Kabine legen. Hier ist Ihre Bordkarte. Sie gehen an Bord am Flugsteig 12. Ich wünsche Ihnen einen angenehmen Flug.

Passagierin: Vielen Dank, auf Wiedersehen!

» Veja a tradução desse diálogo na p. 304.

2.4 Check-in no aeroporto (Frases-chave) – Am Abfertigungsschalter am Flughafen (Redewendungen)

FRASES DO ATENDENTE DE CHECK-IN – SÄTZE DES CHECK-IN-ANGESTELLTEN

» Veja 3.2 Vocabulário ativo: Viagem aérea p. 43.

Ihren Pass und Flugschein bitte.– Seu passaporte e passagem, por favor.

Wie viele Gepäckstücke checken Sie ein? – Quantas malas o(a) sr/a. está levando?

Würden Sie bitte Ihr Gepäck auf die Waage stellen? – O(A) sr/a. poderia colocar sua bagagem na balança, por favor?

Haben Sie Handgepäck? – O(A) sr/a. tem bagagem de mão?

Es tut mir sehr leid, aber Sie müssen Übergewicht bezahlen. – Sinto muito, mas o(a) sr/a. terá de pagar pelo excesso de bagagem.

Möchten Sie einen Sitz am Gang oder am Fenster? – O(A) sr/a. prefere um assento do lado do corredor ou da janela?

Hier ist Ihre Bordkarte, Flugsteig 12. – Aqui está o seu cartão de embarque, portão 12.

Das Einsteigen beginnt um 9 Uhr. – O embarque tem início às 9 horas.

Wir bitten um Verzeihung, die Maschine hat Verspätung.– Pedimos desculpas, o avião está atrasado.

Es tut uns leid, der Flug wurde abgesagt. – Sentimos muito, o voo foi cancelado.

Vielen Dank, ich wünsche Ihnen einen guten Flug! – Muito obrigado, tenha um bom voo!

Achtung, die Passagiere des Flugs 908 können jetzt an Bord gehen. – Atenção os passageiros do voo 908 podem embarcar agora.

Passagiere des Lufthansa Fluges LH594 nach London werden zum Flugsteig A51 gebeten. – Passageiros da Lufthansa do voo LH594 para Londres dirijam-se ao portão A51.

FRASES DO PASSAGEIRO – SÄTZE DES PASSAGIERS

» Veja 3.2 Vocabulário ativo: Viagem aérea p. 43.

Haben Sie Ihr Gepäck schon eingecheckt? – O(A) sr.(a) já fez o check-in da bagagem?

Wir müssen jetzt einchecken. – Precisamos fazer o check-in agora.

Haben Sie noch einen freien Fenstersitz/Sitz am Gang? – O(A) sr.(a) pode me dar um assento na janela/no corredor?

Darf ich das als Handgepäck mitnehmen? – Posso levar isto como bagagem de mão?
Wie viel beträgt die Gebühr für Übergewicht? – Quanto é a taxa por excesso de bagagem?
Um wie viel Uhr fängt das Einsteigen an? – A que horas começa o embarque?
Um wie viel Uhr gehen wir an Bord? – A que horas começamos a embarcar?
Welcher Flugsteig ist es? – Qual é o portão?
Wo liegt der Flugsteig...? – Onde fica o portão...?
Gibt es Verspätungen?/Ist der Flug verspätet? – Há atrasos?/O voo está atrasado?
Mein Flug wurde annulliert. Habe ich Anspruch auf Ausgleichszahlung? – Meu voo foi cancelado. Tenho direito a uma indenização?

2.5 No avião (Diálogo) – Im Flugzeug (Dialog)

∩ Faixa 6

"Guten Tag, meine Damen und Herren, hier begrüßt Sie der Flugkapitän. Wir werden in ein paar Minuten am Internationalen Flughafen von München landen. Die lokale Uhrzeit ist 7 Uhr 14. Das Wetter ist sonnig, die Temperatur beträgt zur Zeit 20 Grad Celsius. Wir hoffen, dass Sie einen angenehmen Flug hatten und im Namen von der Interkontinental Fluggesellschaft danke ich Ihnen herzlich für Ihr Vertrauen und hoffe Sie bald wieder begrüßen zu dürfen."

Frau Naumann: Bin ich froh, dass wir bald landen!
Herr Pimenta: Fliegen Sie nicht gern?
Frau Naumann: Also sagen wir mal, Fliegen ist nicht meine Lieblingsbeschäftigung.
Herr Pimenta: Woher kommen Sie?
Frau Naumann: Aus Lübeck. Und Sie?
Herr Pimenta: Aus Rio.
Frau Naumann: Wie interessant, ich habe schon immer davon geträumt, Karneval einmal im Leben in Rio zu verbringen. Vielleicht schaffe ich es noch. Und die Küste mit ihren Stränden ist ja so schön!

Herr Pimenta: Ganz bestimmt! In der Umgebung ist es auch sehr schön. Sind Sie auf Geschäftsreise in München?

Frau Naumann: Nein, nein, mein Bruder und seine Familie wohnen hier. Ich komme zu Besuch. Ich freue mich sehr auf das Wiedersehen. Seine Kinder sind jetzt schon groß... Wir haben uns schon lange nicht mehr gesehen.

» Veja a tradução desse diálogo na p. 305.

2.6 **No avião (Frases-chave)** – **Im Flugzeug (Redewendungen)**

MENSAGENS DA TRIPULAÇÃO – MELDUNGEN DER BESATZUNG

Wir starten in ein paar Minuten. – Vamos decolar em alguns minutos.

Schnallen Sie sich bitte an. – Apertem os cintos, por favor.

Können Sie bitte Ihr Handgepäck ins Gepäckfach legen. – Por favor, o(a) sr.(a) pode colocar sua bagagem no compartimento?

Bitte, bleiben Sie sitzen. – Por favor, permaneçam sentados.

Bitte, klappen Sie Ihr Tablett hoch. – Por favor, coloquem suas bandejas para cima.

Bitte, stellen Sie Ihre Sitzlehne gerade. – Por favor, coloquem seus assentos na posição vertical.

Besatzung Start bereiten. – Tripulação preparar para decolagem.

PEDIDOS DOS PASSAGEIROS – WÜNSCHE DER FLUGGÄSTE

Hätten Sie bitte ein Glas Wasser? – O(A) sr.(a) teria um copo-d'água, por favor?

Können Sie mir bitte Papiertaschentücher bringen? – O(A) sr.(a) pode me trazer lenços de papel por favor?

Es ist sehr kalt. Würden Sie bitte die Klimaanlage niedriger stellen? – Está muito frio. O(A) sr.(a) poderia diminuir o ar-condicionado?

Es ist zu warm. Würden Sie bitte die Klimaanlage etwas stärker stellen? – Está calor demais. O(A) sr.(a) poderia aumentar o ar-condicionado?

Mein Kopfhörer funktioniert nicht. – Meu fone de ouvido não está funcionando.

Können Sie mir bitte noch ein Kopfkissen/eine Decke bringen? – O(A) sr.(a) pode me trazer mais um travesseiro/cobertor?

NÃO SE SENTINDO BEM – SICH ÜBEL FÜHLEN

» Veja 5.4 Sentindo-se doente (A), (B) e (C) p. 84 e 85.

Ich fühle mich nicht sehr wohl. – Não estou me sentindo muito bem.

Ich habe Kopfschmerzen. – Estou com dor de cabeça.

Ich fühle mich etwas schwindlig. – Estou me sentindo um pouco tonto(a).

Können Sie mir bitte ein Mittel dagegen bringen? – O(A) sr.(a) pode me trazer algum remédio?

Können Sie mir eine Aspirintablette bringen? – O(A) sr.(a) pode me trazer uma aspirina?

Ich glaube, ich muss mich übergeben. – Acho que vou vomitar.

Können Sie mir bitte eine Spucktüte (D)/einen Spuckbeutel (CH) geben? – O(A) sr.(a) pode me dar um saquinho para enjoo?

REFEIÇÕES – MAHLZEITEN

» Veja 2.12 Refeições - Frases-chave p. 42, 4.9 No restaurante - Frases-chave: Fazendo o pedido (B), Pedindo bebidas e Outros pedidos e comentários p. 73.

Möchten Sie Hähnchen oder Fleisch? – O(A) sr.(a) gostaria de frango ou carne?

Hähnchen/Fleisch, bitte. – Frango/carne, por favor.

Was möchten Sie trinken? – O que o(a) sr.(a) gostaria de beber?

Eine Flasche Weißwein/Rotwein, bitte. – Uma garrafa de vinho branco/tinto, por favor.

Einen Tomatensaft/eine Cola/Wasser, bitte. – Um suco de tomate/uma coca/água, por favor.

Ich möchte einen Whisky/Martini/Campari, bitte. – Eu gostaria de um uísque/martíni/campari, por favor.

Einen Kaffee mit/ohne Sahne und Zucker/Süßstoff, bitte. – Café com/sem creme e açúcar/adoçante, por favor.

PEDINDO INFORMAÇÕES À AEROMOÇA – SICH BEI DER STEWARDESS ERKUNDIGEN

» Veja 1.13 Falando sobre o tempo - Frases-chave p. 26.

Wie lange dauert noch der Flug? – Quanto tempo leva ainda este voo?

Um wie viel Uhr kommen wir in Berlin/Frankfurt an? – A que horas chegamos a Berlim/Frankfurt?

Wie ist das Wetter heute in Berlin? – Como está o tempo em Berlim hoje?

Welcher ist der Zeitunterschied zwischen São Paulo und Berlin? – Qual a diferença de fuso horário entre São Paulo e Berlim?

Um wie viel Uhr sollen wir landen? – A que horas devemos aterrissar?

Muss ich die Zollerklärung ausfüllen? – Preciso preencher a declaração de alfândega?

Müssen wir durch den Zoll gehen? – Precisamos passar pela alfândega?

2.7 **Passando pela alfândega (Frases-chave)** – Durch den Zoll gehen (Redewendungen)

PERGUNTAS DO FUNCIONÁRIO DA ALFÂNDEGA – FRAGEN DES ZOLLBEAMTEN

Aus welchem Grund reisen nach Berlin/Frankfurt? – Qual é o motivo da sua visita a Berlim/Frankfurt?

Was machen Sie?/Was sind Sie von Beruf? – O que o(a) sr.(a) faz?/Qual é sua profissão?

Was ist Ihre Berufstätigkeit? – Qual é a sua ocupação profissional?

Sind Sie zum ersten Mal in Zürich/München? – Esta é sua primeira vez em Zurique/Munique?

Darf ich Ihren Pass und Ihre Flugkarte bitte sehen? – Posso ver seu passaporte e passagem aérea, por favor?

Reisen Sie allein? – O(A) sr.(a) está viajando sozinho(a)?

Wie lange bleiben Sie? – Quanto tempo pretende ficar?

Wo wohnen Sie in...? – Onde o(a) sr.(a) vai ficar em...?

Wo studieren/arbeiten Sie? – Onde o(a) sr.(a) vai estudar/trabalhar?

Vielen Dank. Ich wünsche Ihnen einen guten Aufenthalt. – Obrigado. Tenha uma boa estadia!

» Veja Vocabulário 1: Profissões e ocupações p. 163, Vocabulário 5: Membros da família p. 174.

Ich bin auf Geschäftsreise. – Estou aqui a trabalho.

Ich besuche einen Kongress/einen Vortrag. – Estou aqui para um(a) congresso/palestra.

Ich nehme an einer Sitzung/Vorstellung teil. – Eu vou participar de uma reunião/apresentação.

Ich bin Arzt(in)/Ingenieur(in)/Rechtsanwalt(in)/Student(in)/usw. – Eu sou médico(a)/engenheiro(a)/advogado(a)/estudante/etc.

Ich möchte Urlaub machen. – Vou passar férias.

Ich möchte studieren. – Vou estudar.

Ich besuche einen Freund/eine Freundin. – Estou visitando um(a) amigo(a).

Ich möchte meine Familie besuchen. – Gostaria de visitar minha família.

Ich bleibe zwei Wochen/zehn Tage. – Vou ficar duas semanas/dez dias.

Ich reise mit meinem Mann/Sohn/mit meiner Frau/Tochter. – Estou viajando com meu marido/filho/com minha esposa/filha.

Ich wohne im Hotel... (Name). – Vou ficar no hotel... (nome do hotel).

2.8 Pegando um táxi do aeroporto para o hotel (Diálogo) – Ein Taxi vom Flughafen zum Hotel nehmen (Dialog)

🎧 **Faixa 7**

Taxifahrer: Guten Tag! Einen Augenblick, ich lege das Gepäck in den Kofferraum.

Taxifahrer: Wohin möchten Sie, bitte?

Herr Guimarães: Zum Steinberger Hotel, bitte.

Taxifahrer: Gut.

Herr Guimarães: Wie lange brauchen wir?

Taxifahrer: Ungefähr 40 Minuten, wenn der Verkehr gut ist. Sind Sie auf Geschäftsreise in Frankfurt?

Herr Guimarães: Ja, ich bin für einen Kongress da. Aber ich habe vor, auch etwas von der Stadt zu sehen.

Taxifahrer: Sicher, es gibt viel zu sehen und zu tun in der Stadt.

Herr Guimarães: Wie viel kostet es?

Taxifahrer: € 65.

Herr Guimarães: Okay. Hier sind € 67. Stimmt so.

Taxifahrer: Vielen Dank. Und nun, Ihr Gepäck. Hier ist es. Ich wünsche Ihnen einen schönen Aufenthalt in Frankfurt.

Herr Guimarães: Vielen Dank, auf Wiedersehen.

» Veja a tradução do diálogo na p. 305.

» Veja Dica cultural 24 p. 75.

2.9 Pegando um táxi (Frases-chave) – Ein Taxi nehmen (Redewendungen)

Ich möchte zum Flughafen/Messegelände/in die Stadtmitte/ins Zentrum/in die Goethestraße 23. – Eu gostaria de ir para o aeroporto/centro de convenções/o centro/a rua Goethe 23.

Wie lange braucht man von hier? – Quanto tempo leva-se a partir daqui?

Wie weit ist es bis...? – Qual é a distância até...?

Wie lange braucht man von hier bis zum/zur...? – Quanto tempo leva-se daqui até...?

Kennen Sie irgendeine Abkürzung? – O(A) sr.(a) conhece algum atalho?

Wie viel kostet es bis zum/zur...? – Quanto é uma corrida até...?

Ist der Verkehr um diese Zeit schlecht? – O trânsito é ruim neste horário?

Können Sie bitte hier anhalten/warten? – O(A) sr.(a) pode, por favor, parar/esperar aqui?

(Es) Stimmt so. – Está certo./Fique com o troco.

Können Sie mir bitte eine Quittung geben? – O(A) sr.(a) pode me dar um recibo, por favor?

2.10 Vocabulário ativo: Pegando um táxi – Aktiver Wortschatz: Ein Taxi nehmen

» Veja 3.11 Trânsito pesado (Frases-chave) p. 54.

DAS TAXI: **TÁXI**

Nehmen wir ein Taxi bis zum Stadtzentrum.
Vamos pegar um **táxi** até o centro.

Können Sie uns bitte ein Taxi rufen?
O(A) sr.(a) pode chamar um **táxi** para nós?

DIE AMPEL: **SEMÁFORO**

Was für ein Pech alle Ampeln sind rot!
Que azar todos os **semáforos** estão vermelhos!

DIE STOßZEIT/DIE HAUPTVERKEHRSZEIT: **HORA DO RUSH**

Wir sollten früher abfahren, damit vermeiden wir die Stoßzeit.
Deveríamos sair mais cedo, assim evitamos a **hora do rush**.

DER STAU/DER VERKEHRSSTILLSTAND: **CONGESTIONAMENTO, ENGARRAFAMENTO**

Heute morgen stand ich fast eine Stunde in einem Stau.
Esta manhã fiquei preso em um **congestionamento** por quase uma hora.

DIE ABKÜRZUNG: **ATALHO**

Der Verkehr auf der Hauptstraße war verstopft, so sind wir eine Abkürzung gefahren.
O trânsito na avenida principal estava **congestionado**, então pegamos um atalho.

VOLL/ÜBERVOLL/ÜBERFÜLLT: **CHEIO(A), LOTADO(A)**

Wir sind in eine der Nebenstraßen abgebogen, da die Hauptstraße übervoll war.
Viramos numa rua secundária uma vez que a principal estava **cheia**.
Die U-Bahn war so überfüllt, dass wir stehen mussten.
O metrô estava tão **lotado** que tivemos de ficar em pé.
Da es Hochsaison war, war der Park voll mit Touristen,
Como era alta estação, o parque estava **cheio** de turistas.

DER UNFALL MIT BLECHSCHADEN: **ACIDENTE COM DANOS DE CARROCERIA**

Ein kleiner Unfall mit Blechschaden hat den Verkehr heute morgen zum Stocken gebracht.
Um pequeno **acidente com danos de carroceria** fez o trânsito empacar esta manhã.

2.11 Fazendo o check-in no hotel (Diálogo) - Sich im Hotel anmelden (Dialog)

🎧 Faixa 8

Empfangsdame: Guten Tag. Kann ich Ihnen helfen?

Herr Barbosa: Guten Tag, ich habe ein Zimmer unter dem Namen Barbosa reserviert, Érico Barbosa.

Empfangsdame: Einen Augenblick, bitte. Hier sind Sie, Herr Barbosa. Sie bleiben 6 Nächte, richtig?

Herr Barbosa: Genau!

Empfangsdame: Würden Sie bitte dieses Formular ausfüllen?

Herr Barbosa: Selbstverständlich.

Empfangsdame: Ihre Zimmernummer ist 201. Einen Augenblick, bitte, ich rufe den Pagen. Er bringt Ihnen das Gepäck aufs Zimmer.

Herr Barbosa: Vielen Dank. Übrigens haben Sie Weckdienst?

Empfangsdame: Selbstverständlich, um wie viel Uhr wünschen Sie geweckt zu sein?

Herr Barbosa: Um halb acht, bitte. Und noch eine Frage um wie viel Uhr muss man auschecken?

Empfangsdame: Um 12 Uhr.

Herr Barbosa: Gut, vielen Dank.

Empfangsdame: Bitte sehr! Schönen Abend noch!

» Veja a tradução desse diálogo na p. 306.

» Veja Vocabulário 3: Números p. 169, Dica cultural 7 p. 42.

2.12 **No hotel (Frases-chave) – Im Hotel (Redewendungen)**

CONHECENDO O HOTEL – SICH MIT DEM HOTEL VERTRAUT MACHEN

» Veja Vocabulário 3: Números p. 169.

Wie sind die Zimmer ausgestattet? – Como estão equipados os quartos?

Hat das Zimmer Bad oder Dusche¹? – O quarto tem banheira com ducha ou só ducha?

Ist das Bett ein Doppelbett oder sind es zwei separate Betten (nebeneinander)? – A cama é de casal ou são duas camas separadas (uma do lado da outra)?

Wir brauchen ein zusätzliches Einzelbett. – Precisamos de uma cama de solteiro adicional.

Hätten Sie ein Kinderbett/Babybett? – O(A) sr.(a) teria uma cama para criança/um berço?

Gibt es ein Telefon/einen Fernseher/einen Kabel-Fernseher (mit Flachbildschirm)? – Tem telefone/televisão/TV a cabo (com tela plana)?

Sind die Zimmer mit Klimaanlage/(drahtloser) Internetverbindung/Modemanschluss ausgestattet? – Os quartos estão equipados com ar-condicionado/conexão de internet (sem fio)/conexão para modem?

Ist ein kleiner Kühlschrank/ein Safe im Zimmer? – Tem frigobar/cofre no quarto?

---

1. **"Mit Bad oder Dusche?"** é uma pergunta típica nas reservas de hotel, pois o banheiro pode ter uma banheira com uma ducha tipo telefone afixada lateralmente na parede (**mit Bad**) ou uma ducha de teto (**mit Dusche**). Em pensões simples pode haver apenas um banheiro coletivo por andar.

Gibt es einen Haartrockner/ein Bügeleisen mit Bügelbrett im Zimmer? – Tem secador de cabelo/ferro com tábua de passar no quarto?

Haben Sie Nichtraucherzimmer? – O(A) sr.(a) tem quarto para não fumantes?

Verfügt das Hotel über einen Parkplatz? – O hotel dispõe de um estacionamento?

Wann wird man in Ihrem Hotel empfangen? – A que horas pode-se fazer o check-in no hotel?

Zu welchen Zeiten ist die Rezeption des Hotels besetzt? – Em que horários a recepção está aberta?

Um wie viel Uhr/Wann kann ich das Zimmer beziehen? – A que horas/quando posso entrar no quarto?

Welche Zahlungsmittel werden im Hotel akzeptiert? – Que meios de pagamento são aceitos no hotel?

Wie kann ich bezahlen? – Como posso pagar?

Bekomme ich für mein kleines Kind eine Ermäßigung? – Eu tenho um desconto para uma criança pequena?

Ist das Frühstück inbegriffen? – O café da manhã está incluído?

Ab welcher Uhrzeit gibt es Frühstück? – A partir de que horas tem café da manhã?

Bis zu welcher Uhrzeit steht das Frühstücksbuffet zur Verfügung? – Até que horas o bufê do café da manhã está disponível?

Woraus besteht das Frühstück? – O que tem no café da manhã?

Hat das Hotel ein Fitnessstudio/einen Gymnastikraum? – O hotel tem sala de condicionamento físico/sala de ginástica?

Haben Sie ein Schwimmbad/einen Whirlpool/eine Sauna/? – Os srs. têm piscina/hidromassagem/sauna?

Wo ist das Schwimmbad/die Sauna/usw.? – Onde fica a piscina/sauna/etc.?

Es ist im 15. Stock. – Fica no décimo quinto andar.

Um wie viel Uhr muss man auschecken? – A que horas é o check-out?

SERVIÇOS E ATENDIMENTO AO HÓSPEDE – SERVICELEISTUNGEN UND GÄSTEBETREUUNG

» Veja Vocabulário 17: Artigos de drogaria p. 198.

Ich brauche ein (zusätzliches) Kopfkissen/Badetuch/Stück Seife/eine zusätzliche Decke. – Preciso de um travesseiro/toalha/sabonete/cobertor (extra).

Ich brauche mehr Kleiderbügel. – Preciso de mais cabides.

Haben Sie einen Wäscheservice? – Os srs. têm serviço de lavanderia?

Haben Sie einen Trockenreinigungsservice? – Os srs. têm serviço de lavagem a seco?

Der Fernseher ist defekt. – A TV está com defeito.

Die Fernbedienung scheint nicht zu funktionieren. – O controle remoto parece não estar funcionando.

Die Klimaanlage/Heizung funktioniert nicht gut. – O ar-condicionado/aquecimento não está funcionando bem.

Der Haartrockner funktioniert nicht richtig. – O secador de cabelos não está funcionando direito.

Es gibt kein Klopapier/Toilettenpapier im Badezimmer. – Não há papel higiênico no banheiro.

Die Wasserspülung geht nicht. – A descarga não está funcionando.

Das Waschbecken/der Abfluss der Dusche ist verstopft. – A pia/o ralo do chuveiro está entupida(o).

Könnte ich ein anderes Zimmer bekommen?/Könnten Sie das Zimmer wechseln? – Eu poderia ter um outro quarto?/Os srs. poderiam trocar o quarto?

PEDIDOS E NECESSIDADES – ANFRAGEN UND BEDÜRFNISSE

» Veja Dica cultural 32 p. 120, 4.9 No restaurante - Frases chave, Vocabulário 12: Comidas e bebidas p. 181, 7.11 Você pode pedir para ele retornar a ligação? p. 116, 7.12 Frases-chave: Ligações telefônicas p. 117, 7.13 Vocabulário ativo: Ligações telefônicas p. 118, 2.9 Pegando um táxi (Frases-chave) p. 37, 2.10 Vocabulário ativo: Pegando um táxi p. 37, 3.6 Alugando um carro - Frases-chave p. 49, Dicas culturais 9, 10, 11 p. 49, 50 e 51, Vocabulário 24: O escritório p. 204.

Haben Sie einen Weckdienst? – Os Srs. tem serviço de despertar?

Können Sie mich bitte um 7 Uhr wecken? – O(A) Sr/a. pode me acordar às 7 horas, por favor?

Gibt es einen Park hier in der Nähe, wo ich joggen könnte? – Tem um parque aqui perto onde eu poderia correr?

Gibt es eine Wechselstube in der Nähe? – Tem uma casa de câmbio aqui por perto?

Wie ist/steht der Wechselkurs zwischen Dollar und Euro? – Qual é a taxa de câmbio entre o dólar e o euro?

Wo kann ich Travellerschecks wechseln? – Onde posso trocar traveler checks?

Ich möchte eine Kleinigkeit essen/einen kleinen Imbiss bestellen. – Gostaria de pedir uma coisinha para comer/um lanchinho.

Ich möchte Brasilien anrufen, wie ist die Vorwahl bitte? – Gostaria de ligar para o Brasil, qual é o prefixo, por favor?

Wie kann ich Brasilien anrufen? – Como posso ligar para o Brasil?

Können Sie bitte ein Taxi rufen? – O(A) sr.(a) pode me chamar um táxi?

Wo kann ich ein Auto hier in der Nähe mieten? – Onde posso alugar um carro aqui perto?

Haben Sie einen Internetraum, wo ich meinen Computer anschließen kann? – O(A) sr.(a) tem uma sala de internet onde eu possa conectar meu computador?

Ich möchte ein R-Gespräch machen. – Gostaria de fazer uma ligação a cobrar.

Können Sie bitte nachprüfen, ob es Nachrichten für Zimmer... gibt? – O(A) sr.(a) pode, por favor, checar se há algum recado para o quarto...?

ATRAÇÕES E VISITAS GUIADAS – SEHENSWÜRDIGKEITEN UND STADTRUNDFAHRTEN

» Veja 3.4 Há uma agência do correio aqui perto? - Frases-chave: Pedindo indicação do caminho p. 46, e Indicando o caminho p. 47, 2.9 Pegando um táxi - Frases-chave p. 37, 2.10 Vocabulário ativo: Pegando um táxi p. 37.

Was würden Sie mir zur Besichtigung in der Stadt/Umgebung empfehlen? – O que o(a) sr.(a) me recomendaria visitar na cidade/nos arredores?

Welche sind die Sehenswürdigkeiten in der Nähe? – Quais são as atrações por perto?

Was gibt es in der Nähe zu sehen? – O que há para se ver aqui perto?

Wir möchten eine Stadtbesichtigung machen, können Sie uns bitte etwas empfehlen? – Gostaríamos de fazer um tour pela cidade, o(a) sr.(a) pode nos recomendar algo, por favor?

Wie weit ist es bis zum Stadtzentrum/bis zur Stadtmitte? – Qual é a distância até o centro da cidade?

Ist es sicher hier zu Fuß zu gehen? – É seguro andar a pé aqui?

Wie weit ist es bis zum Museum? – Qual é a distância até o museu?

Wie komme ich zum Mirabellgarten? – Como faço para chegar no Jardim do Palácio Mirabell?

Gibt es einen Bus zum Brandenburger Tor/zum Messegelände/zum Bahnhof/zur Universität? – Tem um ônibus para a Porta de Brandenburgo/o centro de convenções/a estação de trem/a universidade?

Wie komme ich mit der U-Bahn/dem Bus dahin? – Como chego lá de metrô/ônibus?

Können Sie mir/uns bitte ein Taxi rufen? – Você pode chamar um táxi para mim/nós, por favor?

Was kostet die Fahrt bis zum/zur...? – Quanto custa uma corrida até...?

REFEIÇÕES – MAHLZEITEN

» Veja 2.6 Refeições - Frases-chave p. 35, 4.9 No restaurante - Frases-chave p. 71, Vocabulário 12: Comidas e bebidas p. 181, Dicas culturais 19, 20, 21, 25 p. 70, 72 e 75.

Um wie viel Uhr ist das Frühstück/Mittagessen/Abendessen? – A que horas é o café da manhã/o almoço/o jantar?

Gibt es ein Restaurant in der Nähe? – Tem um restaurante por perto?

Gibt es eine Kneipe/eine Imbissbude in der Nähe? – Tem um barzinho/uma lanchonete aqui perto?

Gibt es ein Fast-Food-Restaurant in der Nähe? – Tem um restaurante fast food aqui perto?

Wo kann man hier etwas zum Essen kaufen? – Onde pode-se comprar algo para comer aqui?

Gibt es in der Nähe ein kleines Lebensmittelgeschäft/einen Tante Emma-Laden[1]/eine Bäckerei? – Tem um mercado/mercadinho/uma padaria aqui perto?

Wo liegt der nächste Supermakt? – Onde fica o supermercado mais próximo?

DICA CULTURAL 7: PENSÃO – LANDESKUNDLICHER TIPP 7: GASTHOF

Na periferia ou nas cidades vizinhas das grandes cidades encontram-se muitas pensões bem cuidadas, aconchegantes e tranquilas. Por estarem mais afastadas oferecem um preço interessante e há mais chances de se encontrar um quarto em época de feiras. Outra vantagem é de estar num ambiente mais genuíno, menos cosmopolita, onde se encontra para o jantar uma cozinha simples porém de boa qualidade e de porções generosas em geral.

---

1. der Tante Emma-Laden: É um termo popular para uma quitanda/mercearia originalmente bem pequena que surgiu na Alemanha do pós-guerra, quando toda a cadeia de distribuição de alimentos estava em colapso. Neste tipo de estabelecimento encontrava-se de tudo um pouco: frutas e legumes, conservas, embutidos, artigos de papelaria e de costura. Hoje o termo se refere nostalgicamente ao tipo de atendimento personalizado de antigamente, em que a dona, muitas vezes sozinha no início, e os atendentes conheciam seus clientes pelo nome e tinham um tempinho para um dedo de prosa! Desde os anos 1980 esse tipo de comércio de bairro está cada vez mais na mão de famílias de imigrantes e tende a desaparecer. Na Áustria este tipo de comércio chama-se **Greißler**.

3. VIAGEM PARA O EXTERIOR (PARTE 2) - REISE INS AUSLAND (TEIL 2)

3.1 Viagem para o exterior (Diálogo) - Reise ins Ausland (Dialog)

🎧 **Faixa 9**

Pedro: Du bist aber schon viel verreist! Wie viele Länder hast du bis jetzt besucht?
Kurt: Ungefähr siebzehn, schätze ich! Aber ich war noch nie in den skandinavischen Ländern.
Pedro: Was machst du normalerweise, wenn du ein neues Land besuchst?
Kurt: Zuerst besichtige ich mal die wichtigsten Sehenswürdigkeiten am liebsten zu Fuß und schaue mir die Leuten an und dann koste ich auch gern das lokale Essen.
Pedro: Sehr interessant!
» Veja a tradução desse diálogo na p. 306.

3.2 Vocabulário ativo: Viagem aérea - Aktiver Wortschatz: Flugreise

DER STEWARD/DIE STEWARDESS: **COMISSÁRIO(A) DE BORDO EM AVIÕES E NAVIOS**

Es waren insgesamt acht Stewardessen auf unserem Flug nach Zürich.
Havia oito **comissárias de bordo** no total no nosso voo para Zurique.

DIE BESATZUNG/DIE CREW/DIE MANNSCHAFT: **TRIPULAÇÃO**

Die Besatzung setzte sich aus zehn Personen zusammen: der Pilot, der Kopilot, der Flugingenieur und sieben Stewards und Stewardessen.
A **tripulação** era composta por dez pessoas: o piloto, o copiloto, o engenheiro de voo e sete comissários de bordo.

DIE STEWARDESS: **AEROMOÇA**

Charlotte ist Stewardess bei Lufthansa.
Charlotte é **aeromoça** na Lufthansa.

STARTEN/STARTETE/IST GESTARTET: DECOLAR

Unsere Maschine startete pünktlich.
Nosso avião **decolou** pontualmente.

LANDEN/LANDETE/IST GELANDET: ATERRISSAR

Können Sie bitte bestätigen, ob der Flug 9601 schon gelandet ist?
A/o sr.(a) pode confirmar se o voo 9601 já **aterrissou**?

ZWISCHENLANDEN/LANDETE...ZWISCHEN/IST ZWISCHENGELANDET: FAZER ESCALA

Wir haben es nicht erwartet, dass die Maschine zum Auftanken zwischenlanden würde.
Não esperávamos que o avião fosse **fazer escala** para reabastecimento.

DIE ZWISCHENLANDUNG: ESCALA

Der Flug nach Wien hat keine Zwischenlandung.
O voo para Viena não tem **escala**.

DER DUTYFREESHOP: LOJAS EM AEROPORTOS QUE VENDEM PRODUTOS MAIS BARATOS PORQUE SÃO ISENTAS DE IMPOSTOS, FREE SHOP

Wenn ich ins Ausland verreise, gehe ich immer am Dutyfreeshop vorbei, um Schweizer Schokolade zu kaufen.
Quando viajo para o exterior sempre dou uma passada no **free shop** para comprar chocolate suíço.

DER ZOLL: ALFÂNDEGA

Jetzt gehen wir durch den Zoll. Haben Sie etwas zu erklären?
Vamos passar a **alfândega** agora. Você tem algo a declarar?

DIE GEBÜHR FÜR ÜBERGEPÄCK: TAXA POR EXCESSO DE BAGAGEM

Wie viel ist die Gebühr für Übergepäck?
Quanto é a **taxa por excesso de bagagem**?

DER GEPÄCKWAGEN/DER KOFFERKULI: CARRINHO PARA AS MALAS EM AEROPORTOS

"Holen wir gleich einen Gepäckwagen!", sagte Carl sobald wir den Flughafen betraten.
"Vamos pegar um **carrinho** para as malas!", disse Carl assim que entramos no aeroporto.

DAS (GEPÄCK)SCHLIEβFACH: ARMÁRIO, GUARDA-VOLUMES

Weißt du, ob es hier Schließfächer gibt?
Você sabe se tem **guarda-volumes** aqui?

DIE GEPÄCKAUSGABE: LOCAL, NO AEROPORTO, ONDE OS PASSAGEIROS RETIRAM SUA BAGAGEM DAS ESTEIRAS

Wo ist die Gepäckausgabe?
Onde fica a **esteira** para retirarmos as **malas**?

DIE VERSPÄTUNG: **ATRASO**

"Es tut uns leid, die Maschine hat Verspätung", informierte die Fluggastabfertigung.
"Sentimos muito, o avião está com **atraso**", informou a atendente do check-in.

ÜBERBUCHEN/ÜBERBUCHTE/HAT ÜBERBUCHT: **VENDER UM NÚMERO MAIOR DE PASSAGENS DO QUE HÁ DE ASSENTOS DISPONÍVEIS, PRATICAR O OVERBOOKING**

"Es tut uns leid, aber der Flug ist überbucht", sagte der Check-in Angestellte.
"Sentimos muito, mas o voo está com **overbooking**", disse o atendente de check-in.

DAS VISUM: **VISTO**

Brauche ich ein Visum für Österreich?
Preciso de **visto** para a Áustria?

DEN FLUG VERSÄUMEN/VERPASSEN: **PERDER UM VOO**

"Es tut mir leid, aber Ihre Maschine ist gerade gestartet. Sie haben Ihren Flug versäumt", sagte der Abfertigungsbeauftragter.
"Sinto muito, mas seu avião acaba de decolar. O senhor **perdeu seu voo**", disse o agente de check-in.

DER JETLAG: **SENSAÇÃO DE DESCONFORTO APÓS LONGAS VIAGENS DE AVIÃO, CAUSADA PELA DIFERENÇA DE FUSO HORÁRIO E POR PERMANECER DURANTE MUITO TEMPO SENTADO NA MESMA POSIÇÃO**

Johann hasst lange Flüge. Er kann den Jetlag nicht leiden.
Johann odeia voos longos. Ele não suporta o **jet lag**.

3.3 **Há uma agência do correio perto? (Diálogo)** – Gibt es ein Postamt in der Nähe? (Dialog)

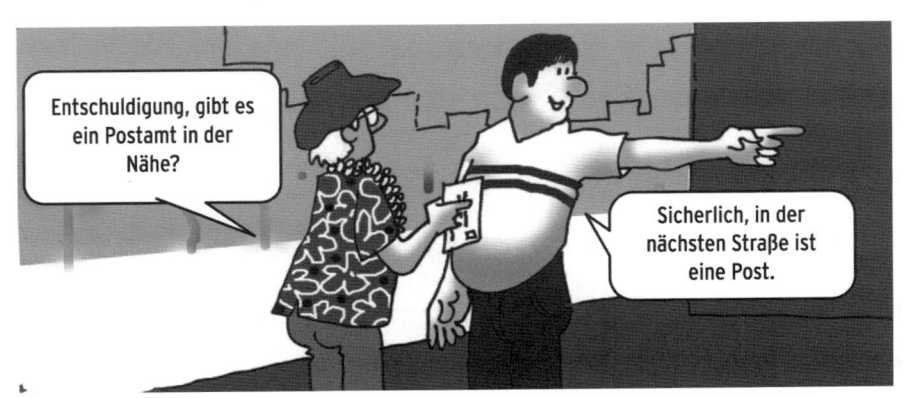

♩ Faixa 10

Touristin: Entschuldigen Sie bitte, gibt es ein Postamt in der Nähe?
Fußgänger 1: Es tut mir leid. Ich kann Ihnen nicht helfen. Ich wohne nicht hier. Fragen Sie doch den Herrn dort drüben!
Touristin: Danke schön!
Touristin: Entschuldigung, wissen Sie bitte, ob eine Post hier in der Nähe ist?
Fußgänger 2: Sicherlich! Im nächsten Straßenblock ist eine Post. Gehen Sie hier geradeaus, es liegt rechts. Sie können sie nicht übersehen.
Touristin: Vielen Dank! Ich muss auch zu einer Bank. Ist eine hier in der Gegend?
Fußgänger 2: Die nächste Bank ist auf dem Kurfürstendamm. Sie können hier an der nächsten Ecke rechts abbiegen, dann gehen Sie eine Straße geradeaus und dann wieder rechts.
Touristin: Das war sehr freundlich von Ihnen! Ich danke Ihnen herzlich!
Fußgänger 2: Gern geschehen! Auf Wiedersehen!
Touristin: Auf Wiedersehen!
» Veja a tradução desse diálogo na p. 306.

3.4 Há uma agência do correio perto? (Frases-chave) – Gibt es ein Postamt in der Nähe? (Redewendungen)

HÁ UMA AGÊNCIA DO CORREIO PERTO? – GIBT ES EIN POSTAMT IN DER NÄHE?

Wo kann ich Briefmarken und Briefumschläge kaufen? – Onde posso comprar selos e envelopes?
Wo ist der nächste Briefkasten? – Onde fica a caixa de correio mais próxima?
Wie viele Briefmarken brauche ich, um diesen Brief zu senden? – De quantos selos eu preciso para mandar esta carta?
Um wie viel Uhr öffnet das Postamt? – A que horas abre o correio?
Ich möchte dieses Päckchen nach Brasilien/in die Schweiz senden. – Eu gostaria de enviar este pacotinho para o Brasil/a Suíça.
Was kostet die Express-Sendung? – Quanto custa a entrega expressa?
Ich möchte diesen Brief per Einschreiben schicken. – Eu gostaria de enviar esta carta registrada.
Wie lange braucht der Brief/das Paket nach Brasilien/in die Türkei? – Quanto tempo leva esta carta/pacote para o Brasil/a Turquia?
Wie bekomme ich eine Bestätigung, dass meine Paketsendung zugestellt wurde? – Como tenho a confirmação de que o pacote foi entregue?
Ich kenne leider die Postleitzahl (PLZ) dieser Adresse nicht. – Infelizmente não sei o CEP desse endereço.
Haben Sie Postkarten? – O(A) sr.(a) tem cartões-postais?

PEDINDO INDICAÇÃO DO CAMINHO – NACH DEM WEG FRAGEN

» Veja Dica cultural 8 e 32 p. 47 e 120, Vocabulário 17: Artigos de drogaria p. 198.
Gibt es eine Bank/Apotheke in der Nähe? – Tem um banco/uma farmácia perto?

Wo finde ich eine Drogerie bitte? – Onde encontro uma drogaria, por favor?
Wissen Sie, ob es einen Tankstellenshop hier gibt? – O(A) sr.(a) sabe se aqui tem uma loja de conveniência de posto de gasolina?
Wie komme ich (von hier aus) zum Marktplatz? – Como chego até a praça do mercado (daqui)?
Können Sie mir bitte erklären, wie ich zum Rathaus komme? – O(A) sr.(a) pode me explicar como chego até a prefeitura?
Ist es weit zu Fuß? – É longe a pé?
Kann man zu Fuß dahin? – Dá para ir a pé até lá?
Wie weit ist es? – Qual é a distância?
Wie viele Straßen sind es? – São quantos quarteirões?
Kann man mit der U-Bahn dahin? – Dá para chegar lá de metrô?
Kann man mit dem Bus dahin? – Dá para ir de ônibus até lá?
Ist eine U-Bahnstation dort in der Nähe? – Há uma estação de metrô lá perto?
Wo ist die nächste Bushaltestelle? – Onde é o ponto de ônibus mais próximo?

DICA CULTURAL 8: HORÁRIOS DO COMÉRCIO
(LEI SOBRE O HORÁRIO DE FECHAMENTO DAS LOJAS)
LANDESKUNDLICHER TIPP 8: LADENÖFFNUNGSZEITEN (LADENSCHLUSSGESETZ)

Na Alemanha, desde 2006/2007, cada estado tem autonomia para determinar seu horário de abertura do comércio. Nove estados entre 16 optaram pela possibilidade de abrir 24 horas seis dias por semana, ou seja de segunda a sábado. Em outros três estados o comércio pode abrir 24 horas cinco dias por semana (2ª a 6ª) e em alguns outros, como na Baviera, manteve-se a proibição de abertura entre 20:00 e 6:00 horas do dia seguinte. Cada comerciante é livre para definir seu horário dentro do horário vigente, mas em geral as lojas fecham entre 18:00 e 20:00 horas. Aos domingos e feriados, com algumas poucas exceções, o comércio permanece fechado. Em farmácias de plantão, lojas de postos de gasolina, estações centrais de trem (**Hauptbahnhof**), aeroportos e certos locais turísticos os horários de atendimento são mais longos, entre 22:00 e 24:00, especialmente aos domingos, quando tudo está fechado. Na Áustria, desde 2008, o horário de abertura vai das 6:00 até 21:00 de 2ª a 6ª, e até às 18:00 aos sábados, em estações de trem e aeroportos até 23:00 horas. Na Suíça os horários variam conforme o cantão, via de regra de 2ª a 6ª até 18:30, sábado até 17:00. Portanto é bom programar as compras do fim de semana com antecedência, como o fazem os alemães, austríacos e suíços!

INDICANDO O CAMINHO – DEN WEG ANGEBEN

» Veja 2.9 Pegando um táxi - Frases-chave p. 37, 2.10 Vocabulário ativo: Pegando um táxi p 37.
Gehen Sie bis zur Hauptstraße geradeaus. – Continue reto/em frente até a rua Principal.
Biegen Sie in die nächste Straße rechts ab. – Vire à direita na próxima rua.
Gehen Sie eine Straße weiter und biegen Sie links ab. – Ande um quarteirão e dobre à esquerda.

Es ist gleich um die Ecke. – Fica logo ali dobrando a esquina.

Sie können zu Fuß hingehen. – O(A) sr.(a) pode ir a pé.

Es ist leichter mit der U-Bahn/dem Taxi. – É mais fácil com o metrô/táxi.

An Ihrer Stelle würde ich den Bus nehmen. – No seu lugar eu tomaria o ônibus.

Hier in der Nähe ist eine U-Bahnstation. – Aqui perto há uma estação de metrô.

Eine Bushaltestelle ist gleich dort. – Tem um ponto de ônibus logo ali.

Sie können die U-Bahn in der... straße nehmen. – O(A) sr.(a) pode pegar o metrô na rua...

Sie können den Bus nehmen und am Kaiserplatz aussteigen. – O(A) sr.(a) pode pegar o ônibus e descer na Praça do Imperador.

Sie können mit der U-Bahn hinkommen. – O(A) sr.(a) pode chegar lá de metrô.

3.5 Alugando um carro (Diálogo) – Ein Auto mieten (Dialog)

🎧 **Faixa 11**

Schalterangestellter: Guten Morgen! Kann ich Ihnen helfen?

Tourist: Wir möchten ein Auto für eine Woche mieten.

Schalterangestellter: Selbstverständlich. Woher kommen Sie? Ich meine aus welchem Land?

Tourist: Aus Brasilien.

Schalterangestellter: Gut. Darf ich Ihren Führerschein sehen?

Tourist: Sicher, hier, bitte.

Schalterangestellter: Alles klar. Was für ein Auto wünschen Sie?

Tourist: Ein kleines und günstiges Auto. Es ist nur für mich und meine Frau. Wir brauchen keinen großen Kofferraum. Übrigens ist es versichert?

Schalterangestellter: Also eine Haftungsbegrenzung für Schäden am Mietwagen ist natürlich dabei, das heißt eine CDW.

Tourist: Was bedeutet eine CDW?

Schalterangestellter: CDW bedeutet Collision Damage Waiver, das heißt Sie sind gegen Sachschäden am Mietwagen gesichert. Wir können Ihnen also auch eine "Super cover" empfehlen.

Tourist: Also dann lieber eine "Super Cover", um umfangreicher versichert zu sein.
» Veja a tradução desse diálogo na p. 307.

DICA CULTURAL 9: ALUGANDO UM CARRO
LANDESKUNDLICHER TIPP 9: EIN AUTO MIETEN

Pode-se alugar um carro de passeio (PKW) em aeroportos, estações de trem, em cidades grandes e centro turísticos. Em geral opta-se pelo tamanho do carro (pequeno, médio, grande) mas não pelo modelo. Como garantia exigem-se a apresentação de um cartão de crédito, ter mais de 21 anos e vários anos de experiência na direção. O preço pode ser fixo por dia ou um preço por um período determinado e por quilômetro rodado. Os preços variam bastante entre as agências, por isso uma boa pesquisa preliminar é importante. A internet é um meio seguro para alugar um carro e costuma oferecer preços melhores. O seguro CDW não inclui danos por roubo, tentativa de roubo ou vandalismo. O seguro "Super Cover" inclui estes riscos e só pode ser contratado por motoristas com mais de 25 anos e na retirada do carro.

3.6 Alugando um carro (Frases-chave) – Ein Auto mieten (Redewendungen)

» Veja 3.8 Problemas com o carro - Frases-chave p. 52, Vocabulário 6: O automóvel p. 175, Dicas culturais 9, 10, 11, 12 p. 49, 50, 51 e 53.

Wir brauchen ein Auto mit großem Kofferraum.– Precisamos de um carro com porta-malas grande.

Wir möchten ein günstiges Auto. – Gostaríamos de um carro econômico.

Ist mein Führerschein hier gültig? – A minha carteira de motorista é válida aqui?

Was für eine Versicherung ist das? – Que tipo de seguro é esse?

Was deckt diese Versicherung ab? – O que o seguro cobre?

Wir möchten eine Vollkaskoversicherung. – Gostaríamos de cobertura total.

Ist der Tank voll? – O tanque está cheio?

Haben Sie einen Stadtplan von München/Basel? – O(A) sr.(a) tem um mapa da cidade de Munique/da Basileia?

Können wir das Auto in Frankfurt/Innsbruck zurückgeben? – Podemos devolver o carro em Frankfurt/Innsbruck?

Welche ist die Höchstgeschwindigkeit auf einer Landstraße? – Qual é o limite de velocidade numa estrada vicinal?

Muss man auf dieser Autobahn Mautgebühr bezahlen? – É preciso pagar pedágio nesta autoestrada?

Was mache ich, wenn das Auto eine Panne hat? – O que eu faço se o carro quebrar?

Was mache ich, wenn das Auto gestohlen wird? – O eu faço se o carro for roubado?

Was mache ich, wenn das Auto einen Unfall/Schaden hat? – O eu faço se o carro tiver um acidente/dano?

Was machen wir, wenn wir einen Strafzettel bekommen? – O que fazemos se recebermos uma multa?

DICA CULTURAL 10: RODOVIAS SEM LIMITE DE VELOCIDADE?
LANDESKUNDLICHER TIPP 10: AUTOBAHNEN OHNE TEMPOLIMIT?

Com seus 12.550 km de rodovias a Alemanha possui a terceira malha rodoviária mais extensa do mundo, após os Estados Unidos e a China. É conhecido que nas rodovias alemãs não há limite de velocidade máxima, porém há uma recomendação geral para se trafegar até 130km/h. Toda velocidade indicada pela sinalização torna-se obrigatória. Em muitos trechos ocorrem limitações de velocidade por conta do tempo, de obras, da proximidade de áreas urbanas, com consequente adensamento do tráfego, do traçado da pista e de acidentes. Ao avistarem as placas de redução de velocidade os motoristas freiam para adequar a velocidade. Os motoristas alemães costumam trafegar pela faixa da direita, deixando a da esquerda livre para ultrapassagens, sempre sinalizando com a seta. Ao mudar de pista é importante avaliar pelo retrovisor a distância e a velocidade do carro que estiver na pista da esquerda, pois como não há limite de velocidade este carro mesmo estando longe pode aproximar-se em questão de segundos! Não há pedágios na Alemanha, apenas em certos trechos para caminhões com mais de 12 toneladas. Frequentemente caminhões e ônibus superam o limite de velocidade máxima, levando a verdadeiras "corridas de elefantes". Ao longo das rodovias há regularmente áreas para descanso (**Raststätte** (D) e **Raststation** (A)), com posto de gasolina, restaurantes, banheiros etc. Mensagens de rádio interrompem automaticamente o programa de rádio, ou até ligam o rádio se este estiver desligado, para dar um boletim sobre as condições das rodovias, ou seja, congestionamentos, acidentes e as alternativas possíveis. Congestionamentos próximos às cidades nas horas do rush são rotina. Na Áustria e Suíça o limite de velocidade é de 130km/h e 120km/h, respectivamente. O pedágio na Áustria é cobrado por meio de um selo adesivo (**Vignette**) de validade variável de 10 dias a 12 meses, e na Suíça o selo (**Vignette**) tem validade anual. Alguns pedágios são cobrados a parte na passagem de túneis ou de estradas nos Alpes.

3.7 **Problemas com o carro (Diálogo)** – Probleme mit dem Auto (Dialog)

🎧 **Faixa 12**

Felix: Woran liegt das Problem?
Jonas: Ich habe keine Ahnung. Der Motor springt einfach nicht an.
Felix: Soll ich mal schauen?
Jonas: Na klar.
Felix: Etwas scheint mit der Kraftstoffeinspritzung nicht in Ordnung zu sein. Hast du damit in letzter Zeit irgendwelche Probleme gehabt?
Jonas: Eigentlich nicht. Alles war bis jetzt in Ordnung.
Felix: Ruf also lieber den Pannendienst an.
» Veja a tradução desse diálogo na p. 307.

DICA CULTURAL 11: SOCORRO MECÂNICO – LANDESKUNDLICHER TIPP 11: PANNENDIENST
Tanto na Alemanha, quanto na Áustria e Suíça há vários grupos que prestam socorro mecânico, dentre eles o ADAC (D), o ÖAMTC (A) e o ACS (CH), para citar apenas um de cada país. Os mecânicos são preparados para lidar com todo tipo de carro e podem consultar pelo computador de bordo os sites dos fabricantes para checar informações. As panes mais comuns são: falta de combustível (**leerer Tank**), bateria descarregada (**leere Autobatterie**), chave trancada dentro do veículo (**abgesperrter Schlüssel**) e problemas com o sistema elétrico (**Schwierigkeiten mit der Elektrik**). Na Alemanha e na Áustria estes mecânicos são chamados de "anjos amarelos" (**Gelber Engel**) por causa da cor do carro. Para chamadas de emergência (**Notruf**) disca-se o 112, válido para a União Europeia, inclusive a Suíça. Por este número aciona-se a polícia (**Polizei**), os bombeiros (**Feuerwehr**) e/ou a ambulância (**Rettungsdienst**).

3.8 Problemas com o carro (Frases-chave) – Probleme mit dem Auto (Redewendungen)

PROBLEMAS COM O CARRO (A) – PROBLEME MIT DEM AUTO (A)

» Veja Vocabulário 6: O automóvel p. 175, Dica cultural 11 p. 51.

Wir haben anscheinend eine Reifenpanne/einen Platten. – Temos aparentemente um pneu furado.

Nehmen wir den Wagenheber und heben das Auto auf. – Vamos pegar o macaco e levantar o carro.

Nehmen wir den Ersatzreifen/Reservereifen. – Vamos pegar o estepe (pneu sobressalente).

Das Auto ist kaputt/hat eine Panne. – O carro quebrou.

Etwas scheint nicht in Ordnung mit... – Parece haver algo errado com o(a)...

Rufen wir den Abschleppdienst an. – Vamos chamar um guincho.

Das Auto muss bis zur nächsten Werkstatt abgeschleppt werden. – O carro tem de ser guinchado para a oficina mais próxima.

Ich habe die Schlüssel im Auto abgesperrt. – Tranquei as chaves dentro do carro.

PROBLEMAS COM O CARRO (B) – PROBLEME MIT DEM AUTO (B)

» Veja Vocabulário 6: O automóvel p. 175, Dica cultural 11 p. 51.

Unser Auto ist beschädigt worden! – Nosso veículo foi danificado!

Wir haben das Auto angestoßen./Wir sind angestoßen worden. – Nós batemos o carro./Bateram no nosso carro.

Der Motor springt nicht an. – O motor não está pegando.

Der Motor stirbt ab. – Está morrendo.

Der Motor läuft heiß. – Está esquentando.

Die Bremsen funktionieren nicht richtig. – O freio não está funcionando direito.

Die Batterie ist leer. – A bateria está descarregada.

Die Batterie muss aufgeladen/ausgetauscht werden. – A bateria precisa ser recarregada/trocada.

Anscheinend ist da ein Problem mit der Kupplung. – Parece haver um problema com a embreagem.

Es verliert Öl. – Está vazando óleo.

Gibt es eine Werkstatt hier in der Nähe? – Tem alguma oficina aqui perto?

Wie lange brauchen Sie für die Reparatur? – Quanto tempo o sr. precisa para o conserto?

Wann wird es fertig? – Quando fica pronto?

3.9 No posto de gasolina (Frases-chave) – An der Tankstelle (Redewendungen)

» Veja Dica cultural 12 p. 53, Vocabulário 6: O automóvel p. 175.

Bald haben wir kein Benzin mehr. – Logo vamos ficar sem gasolina.

Halten wir an einer Tankstelle/Tanke? – Vamos parar em um posto de gasolina?

Super/normal/bleifrei – Gasolina super/comum/sem chumbo.

(Ich war an der) Zapfsäule 3, bitte. – (Eu estava na) bomba 3, por favor.

Wo kann ich das Öl wechseln, bitte? – Onde posso trocar o óleo, por favor?

Wo kann ich die Reifen kontrollieren/aufpumpen? Und wie funktioniert das? – Onde posso verificar/encher os pneus, por favor? E como funciona isso?

Wo kann ich die Windscheiben waschen, bitte? – Onde posso lavar o para-brisa, por favor?

Wie viel macht alles zusammen? – Quanto dá tudo?

> **DICA CULTURAL 12: NO POSTO DE GASOLINA: SELF-SERVICE**
> **LANDESKUNDLICHER TIPP 12: AN DER TANKSTELLE: SELBSTBEDIENUNG (SB)**
> Muito raramente há um frentista (**Tankwart**) para encher o tanque. Quando não houver, pare ao lado de uma bomba livre encha seu tanque e depois pague na cabine ou no caixa da loja de conveniência indicando o número da bomba (**Zapfsäule, Säule**). Ali pode-se pagar também por uma lavagem automática do carro (**die Autowäsche, die Waschstraße**). Você mesmo pode verificar o nível do óleo (**Ölstand prüfen**) e da água do reservatório para o para-brisa (**das Scheibenwischwasser überprüfen**) e enfim lavá-lo (**reinigen**)!

3.10 **Trânsito pesado (Diálogo)** – Starker Verkehr (Dialog)

🎧 **Faixa 13**

Christian: Ich hasse es bei starkem Verkehr zu fahren.

Stephan: Ja, ich weiß schon. Es ist immer so zur Hauptverkehrszeit.

Christian: Was meinst du, wenn wir eine Nebenstraße nehmen. Da ist der Verkehr sicher besser.

Stephan: Gut, versuchen wir das mal. Kennst du dich hier gut aus?

Christian: Ich glaube, dass ich eine Abkürzung kenne. Wir biegen an der nächsten Ecke rechts ab.

» Veja a tradução desse diálogo na p. 307.

3.11 Trânsito pesado (Frases-chave) – Starker Verkehr (Redewendungen)

» Veja 2.10 Vocabulário ativo: Pegando um táxi p. 37, Dica cultural 10 p. 50.

Der Verkehr auf der Hauptstraße ist dicht/stockend. – O trânsito na avenida principal está intenso/está parando.

Es gibt einen großen Stau. – Há um enorme congestionamento.

Der Verkehr ist immer schlecht zur Hauptverkehrszeit/Stoßzeit (A,CH). – Sempre há trânsito ruim no horário do rush.

Der Verkehr fängt an zu stocken. – O trânsito está começando a parar.

Entschuldigen Sie bitte die Verspätung, ich steckte im Stau. – Desculpe o atraso, por favor, fiquei preso no congestionamento.

Am besten fahren wir früher weg, damit wir die Hauptverkehrszeit/Stoßzeit (A,CH) meiden. – É melhor sair mais cedo, assim evitamos a hora do rush.

Kennst du irgendeine Abkürzung? – Você conhece algum atalho?

Eine leichte Kollision hat heute morgen den Verkehr zum Erliegen gebracht. – Uma batida leve fez o trânsito parar esta manhã.

Zwei Autos sind aufeinander gestoßen. – Dois carros bateram.

Zähfließender Verkehr auf der Autobahn A5 nach Freiburg. – Trânsito lento na rodovia A5 para Freiburg.

Auf der Autobahn A8 ist der Verkehr kurz vor München wegen Massenkarambolage gesperrt. – Na rodovia A8 o trânsito está interrompido pouco antes de Munique por causa de um megaengavetamento.

Der Verkehr wird über die A7 bei Ulm umgeleitet. – O trânsito está sendo desviado pela A7 chegando em Ulm.

Die A6 wurde für den Verkehr freigeben. – A A6 foi liberada para o trânsito.

Bei der Ausfahrt zum Flughafen behindert ein kaputtes Fahrzeug den Verkehr. – Na saída para o aeroporto um veículo quebrado prejudica o trânsito.

DICA CULTURAL 13: PEDESTRES E CICLISTAS NA CIDADE
LANDESKUNDLICHER TIPP 13: FUSSGÄNGER UND RADFAHRER IN DER STADT

Pedestres em geral têm prioridade sobre bicicletas e carros! E bicicletas sobre os carros! Porém bondes e trens têm prioridade sobre todos! Portanto sendo pedestre, ciclista ou motorista temos de ter ciência dos direitos mas também dos deveres para não provocar acidentes. Pedestres caminham pelas calçadas (não pela rua), ciclistas pelas ciclovias ou pela rua caso não haja uma ciclovia. Carros devem dar preferência a pedestres e ciclistas se aproximando quando fizerem uma conversão à direita ou à esquerda. Pedestres devem atravessar a rua pela faixa de pedestres (**Zebrastreifen**) ou no farol quando estiver indicando verde para os pedestres. Numa faixa de pedestres os carros devem parar para permitir aos pedestres a travessia e os ciclistas só podem utilizá-la empurrando sua bicicleta. Pedestres podem ser multados no caso de atravessarem com farol vermelho. Apesar dos direitos é bom ficar sempre alerta e informar-se sobre as leis de trânsito alemãs!

3.12 Comprando roupas (Diálogo) - Kleidung kaufen (Dialog)

🎧 **Faixa 14**

Verkäuferin: Guten Tag. Kann ich Ihnen helfen?
Herr: Ja, ich suche T-Shirts.
Verkäuferin: Also auf diese Seite, bitte. (Den Kunden zu einem anderen Flur führend.) Hier sind welche... Ist das, was Sie suchen?
Herr: Nein, eigentlich nicht. Hätten Sie vielleicht Polohemden?
Verkäuferin: Aber sicher. Ich zeige sie Ihnen. Was für eine Farbe möchten Sie?
Herr: Grün oder vielleicht blau. Ich bin mir nicht sicher.
Verkäuferin: Was halten Sie von diesem hellblauen Polohemd?
Herr: Ja, das gefällt mir. Darf ich es anprobieren?
Verkäuferin: Sicher. Welche Größe haben Sie?
Herr: Ich habe meistens Größe 44/46.
Verkäuferin: Gut, bitte schön. Die Umkleidekabinen sind dort drüben.
Herr: Vielen Dank.
(Ein paar Minuten später...)
Verkäuferin: Passt es Ihnen?
Herr: Ich meine, es ist etwas zu eng. Haben Sie eine größere Nummer?
Verkäuferin: Augenblick, ich schaue mal nach. Ja, hier ist die Größe 46/48. Bitte schön.
Herr: Danke.
(Der Kunde geht noch einmal zur Umkleidekabine. Nach ein paar Minuten...)
Herr: Das passt gut. Was kostet es?
Verkäuferin: Es kostet im Ausverkauf € 27. Letzte Woche hat es noch € 36 gekostet.
Herr: Prima! Das nehme ich.
Verkäuferin: Gut! Brauchen Sie noch etwas?
Herr: Nein, danke. Akzeptieren Sie Kreditkarten?
Verkäuferin: Selbstverständlich!
» Veja a tradução desse diálogo na p. 308.

DICA CULTURAL 14: DINHEIRO OU CARTÃO?

LANDESKUNDLICHER TIPP 14: BAR ODER MIT KARTE?

Com uma economia forte e uma grande estabilidade de preços, havia na Alemanha, Áustria e Suíça uma longa tradição de pagamento em espécie e, portanto, à vista das despesas. Todos os gastos cotidianos eram pagos em dinheiro: o supermercado, a gasolina, o hotel, o restaurante, o cinema, compras de roupas e presentes etc. As pessoas planejavam seus gastos e passavam no caixa eletrônico (**der Geldautomat**) para sacar o dinheiro necessário, até mesmo para despesas mais altas. O uso de cheques se restringia a despesas excepcionais e ocasionais como a compra de um carro.

Somente no decorrer dos anos 1990 é que o uso de cartões de débito e crédito generalizou-se. Com o acesso facilitado ao crédito, um grande número de consumidores endividou-se de tal maneira que o governo alemão chegou a criar centrais de orientação (consultorias) para gerenciar o pagamento e a quitação das dívidas contraídas. Foi nesse contexto que surgiu a expressão pejorativa do **Plastikgeld** (dinheiro de plástico), como um dinheiro postiço que engana, portanto, sem valor.

Os cartões de crédito mais aceitos são o Visa e MasterCard, o American Express tem aceitação mais limitada.

3.13 Comprando roupas (Frases-chave) – Kleidung kaufen (Redewendungen)

FRASES DO(A) VENDEDOR(A) – SÄTZE DES VERKÄUFERS/DER VERKÄUFERIN

» Veja 3.16 Vocabulário ativo: Roupas e calçados p. 59, Vocabulário 9: Roupas e calçados p. 178, Dicas culturais 14 e 32 p. 56 e 120.

Kann ich Ihnen helfen? – Posso ajudá-lo?

Was kann ich für Sie tun? – Em que posso ajudá-lo?

Werden Sie schon bedient? – O(A) sr.(a) já foi atendido(a)?

Welche Größe haben Sie? – Que tamanho o(a) sr.(a) usa?

Möchten Sie es anprobieren? – O(A) sr.(a) gostaria de experimentar?

Wir haben keine mehr./Es gibt keine mehr. – Não temos mais./Não há mais nenhum(a).

Es ist alles ausverkauft. – Foi tudo liquidado/saldado.

Wir arbeiten nicht mit diesem Artikel. – Não trabalhamos com este artigo.

Frauenschuhe sind im Sonderangebot. – Os sapatos femininos estão em promoção.

Einen Augenblick, ich hole es sofort für Sie. – Só um momento, já vou pegar para o(a) sr.(a).

Die Umkleidekabinen sind dort drüben. – Os provadores ficam ali do outro lado.

Passt Ihnen das Hemd? – A camisa serviu?

Wie gefällt es Ihnen? – O que achou?

Es steht Ihnen sehr gut. – Ficou muito bem para o(a) sr.(a).

Brauchen Sie noch etwas? – O(A) sr.(a) precisa de mais alguma coisa?

Brauchen Sie eine Geschenkverpackung? – O(A) sr.(a) precisa de uma embalagem para presente?

Bezahlen Sie bar oder mit Kreditkarte? – O(A) sr.(a) vai pagar com dinheiro ou cartão?

PERGUNTAS DO CLIENTE – FRAGEN DES KUNDEN/DER KUNDIN

» Veja 3.16 Vocabulário ativo: Roupas e calçados p. 59, Vocabulário 9: Roupas e calçados p. 178, Dicas culturais 8 e 32 p. 47 e 120.

Ich suche Sportbekleidung/einen Anzug/eine Krawatte/usw. – Estou procurando roupas para esportes/um terno/uma gravata/etc.

Können Sie mir bitte Hemden/Hosen/usw. zeigen? – O(A) sr.(a) pode me mostrar camisas/calças/etc.?

Können Sie mir bitte dieses Kleid im Fensterladen zeigen? – O(A) sr.(a) pode me mostrar este vestido da vitrine?

Darf ich es anprobieren? – Posso experimentar?

Können Sie mir bitte eine größere/kleinere Nummer bringen? – O(A) sr.(a) poderia me trazer por favor um número maior/menor?

Haben Sie es in blau/grün/usw.? – O(A) sr.(a) tem essa peça em azul/verde/etc.?

Haben Sie dieses Kleid in rot? – O(A) sr.(a) tem este vestido em vermelho?

Wo sind die Umkleidekabinen? – Onde ficam os provadores?

Ist hier ein Spiegel? – Tem um espelho aqui?

Was kostet dieses Hemd/Kleid/usw.? – Quanto é esta camisa/vestido/etc.?

Können Sie es als Geschenk verpacken, bitte? – O(A) sr.(a) pode embrulhar para presente?

Haben Sie Hemden mit kurzen Ärmeln? – O(A) sr.(a) tem camisas de manga curta?

Um wie viel Uhr schließt das Geschäft? – A que horas a loja fecha?

Haben Sie am Sonntag geöffnet? – O(A) sr.(a) abre no domingo?

Gibt es einen Preisnachlass/Diskont/Rabatt, wenn ich bar bezahle? – Há um desconto para pagamento à vista?

COMENTÁRIOS DO CLIENTE – KOMMENTARE DES KUNDEN

Ich schaue nur. Vielen Dank. – Só estou olhando. Obrigado.

Es ist zu klein/groß. – Está pequeno(a)/grande demais.

Es passt mir nicht. – Não serve.

Diese Schuhe sind zu eng. – Estes sapatos estão apertados demais.

Das Hemd ist zu weit/locker/eng/knapp. – A camisa está larga/folgada/apertada/um pouco pequena demais.

Normalerweise habe ich die Größe... – Eu normalmente uso o número/tamanho...

3.14 Uma grande liquidação (Diálogo) – Ein großer Ausverkauf (Dialog)

🎧 **Faixa 15**

Antje: Diese Woche fängt der große Sommerausverkauf bei den Geschäften an. Die Preise sind stark herabgesetzt.
Ulla: Schon? Diese Gelegenheit darf man natürlich nicht verpassen!
Antje: Was meinst du, könnten wir am Donnerstagnachmittag hingehen? Hast du frei?
Ulla: Das passt mir sehr gut! Ich habe da gerade nichts vor. Was meinst du, wenn wir uns um 2 Uhr nachmittags vor dem KaDeWe[1] treffen?
Antje: Prima! Da dürfen wir nur nicht zu sehr übertreiben und mehr kaufen, als wir tatsächlich brauchen.
Ulla: Gut, mal sehen...

» Veja a tradução desse diálogo na p. 308.

3.15 Uma grande liquidação (Frases-chave) – Ein großer Ausverkauf (Redewendungen)

» Veja 3.16 Vocabulário ativo: Roupas e calçados p. 59, Vocabulário 9: Roupas e calçados p. 178.
Haben Sie Artikel im Sonderangebot? – O(A) sr.(a) tem produtos em promoção?
Haben Sie Hosen/Hemden im Ausverkauf? – O(A) sr.(a) tem calças/camisas em liquidação?
Was ist noch im Ausverkauf? – O que mais está em liquidação?
Welcher ist der übliche/normale Preis dieser Turnschuhe/Sportschuhe/Tennisschuhe? – Qual é o preço normal deste tênis?
Wo finde ich mehr Kleider wie dieses? – Onde encontro mais vestidos como este?
Haben Sie diesen Pullover/Pulli/Sweater in meiner Größe? – O(A) sr.(a) tem este suéter no meu tamanho?
Alles mit 20% Nachlass. – Tudo com 20% de desconto.

1. **KaDeWe**: É a abreviação do conhecido Kaufhaus des Westens em Berlim, maior loja de departamentos do continente europeu com seus 60 mil m2, aberta em 1907, e que oferece uma grande gama de produtos de luxo. No sexto andar fica a famosa área "gourmet" com iguarias do mundo todo.

3.16 Vocabulário ativo: Roupas e calçados - Aktiver Wortschatz: Kleidung und Schuhe

DAS KAUFHAUS/WARENHAUS: **LOJA DE DEPARTAMENTOS**

Karstadt ist ein sehr weit verbreitetes Kaufhaus. In vielen größeren Städten Deutschlands gibt es ein Karstadt Kaufhaus. Da kann man vieles finden.
Karstadt é uma **loja de departamentos** muito conhecida. Em muitas das maiores cidades da Alemanha há uma loja Karstadt. Lá encontra-se muita coisa.

DAS HEMD, -EN: **CAMISA**

ABNUTZEN/NUTZTE AB/IST ABGENUTZT: **GASTAR (ROUPAS, SAPATOS)**

Ich brauche neue Hemden. Die, die ich trage, sind abgenutzt.
Preciso comprar **camisas** novas. As que eu estou usando estão **gastas**.

DIE HOSE, -N: **CALÇAS**

Ich habe mir gestern eine Hose im Einkaufszentrum gekauft.
Comprei uma **calça** no centro comercial ontem.

DAS KLEID, -ER: **VESTIDO**

Das ist ein sehr hübsches Kleid. Wo hast du es gekauft?
Este é um **vestido** muito bonito. Onde você o comprou?

DIE JEANS (PL): **JEANS**

Tim gefallen die ausgebleichten Jeanshosen.
Tim gosta de **calças jeans** desbotadas.

DER ANZUG, -ÜGE: **TERNO**

Tragen Sie immer einen Anzug zur Arbeit?
O sr. sempre usa **terno** no trabalho?

DIE KRAWATTE, -N: **GRAVATA**

Jochen zieht seine Krawatte aus, sobald er von der Arbeit zu Hause ankommt.
Jochen tira a **gravata** assim que chega em casa do trabalho.

DIE LEDERJACKE, -N: **JAQUETA DE COURO**

Diese Lederjacke ist wirklich toll. Ich kaufe sie mir.
Esta **jaqueta de couro** é legal mesmo. Eu vou comprá-la para mim.

DIE SCHUHE (PL): **SAPATOS**

Diese Schuhe scheinen sehr bequem zu sein. Warum probierst du sie nicht an?
Estes **sapatos** parecem muito confortáveis. Por que você não os experimenta?

DIE HAUSSCHUHE (PL)/DIE PANTOFFELN (PL)/DER FINKEN (CH)/DER SCHLAPPEN: **PANTUFAS**

Hast du meine Hausschuhe irgendwo gesehen?
Você viu minhas **pantufas** em algum lugar?

DIE BADELATSCHEN (PL), DER FLIP-FLOP, DIE HAVAIANAS: **CHINELOS**

Wenn ich zum Schwimmbad der Stadt gehe, trage ich immer Badelatschen besonders zum Duschen.
Quando vou à piscina municipal sempre uso **chinelos**, principalmente para tomar banho.

DER STIEFEL (=PL): **BOTAS**

Diese Stiefel sind schmutzig. Geh mit ihnen nicht ins Haus. Lass sie bitte vor der Tür!
Essas **botas** estão sujas. Não entre em casa com elas. Deixe-as diante da porta, por favor!

DIE SANDALEN: **SANDÁLIAS**

Ich trage sehr gern Sandalen. Sie sind so bequem.
Gosto muito de usar **sandálias**. Elas são tão confortáveis.

DIE TURNSCHUHE/DIE TENNISCHUHE: **TÊNIS**

Ich muss mir ein neues Paar Turnschuhe zum Joggen kaufen.
Preciso comprar um novo par de **tênis** para corrida.

DER FUSSBALLSCHUH: **CHUTEIRA**

Dieser Fußballschuh ist echt toll. Wo hast du den gekauft?
Essa **chuteira** é legal mesmo. Onde você a comprou?

4. LAZER E DIVERSÃO - FREIZEIT UND UNTERHALTUNG

4.1 Sair e divertir-se (Diálogo) - Ausgehen und Spaß haben (Dialog)

🎧 **Faixa 16**

Axel: Na, worauf hättest du heute Abend Lust?

Emma: Ich weiß nicht. Ich dachte, dass wir mal wieder ins Theater gehen könnten.

Axel: Das ist kein schlechter Tipp. Ich schaue mal in die Zeitung und da wissen wir gleich, was läuft. Mal sehen.... Es gibt ein neues Stück am Schiller Theater. Es heißt Getrennte Leben.

Emma: Das klingt nach Drama. Du weißt doch, dass ich Dramen nicht leiden kann. Gibt es nicht etwas anderes?

Axel: Was hältst du von: Der Spion, der mich betrogen hat. Es hat eine gute Kritik bekommen.

Emma: Um wie viel Uhr?

Axel: Lass mich mal sehen... um 18 Uhr und dann später um 21 Uhr.

Emma: Vielleicht könnten wir Ingrid und Lothar einladen, mit uns zu kommen.

Axel: Tolle Idee. Ruf doch Ingrid an und frag mal, ob sie schon für heute Abend etwas vorhaben.

Emma: Mach ich sofort!

» Veja a tradução desse diálogo na p. 308.

4.2 Sair e divertir-se (Frases-chave) - Ausgehen und Spaß haben (Redewendungen)

ATIVIDADES DE LAZER (A) - FREIZEITBESCHÄFTIGUNGEN (A)

» Veja 8.7 Propondo algo a alguém - Frases-chave p. 131, Vocabulário 10: Esportes p. 179.

Was machst du so zum Spaß/Vergnügen? - O que você faz por prazer/diversão?

Was machst du gern in deiner Freizeit? - O que você gosta de fazer no seu lazer?

Worauf hast du Lust heute/heute Abend/am Wochenende? - Você está com vontade de fazer o que hoje/hoje à noite/neste fim de semana?

Was möchtest du heute Abend/dieses Wochenende machen? – O que você gostaria de fazer hoje à noite/este fim de semana?

Möchtest du mit mir ins Kino gehen? – Você gostaria de ir ao cinema comigo?

Was hältst du davon, am Wochenende an den Strand/in die Berge/nach Dresden zu fahren? – O que você acha de ir à praia/à montanha/para Dresden este fim de semana?

Hat dir die Party gestern Abend Spaß gemacht? – Você se divertiu na festa ontem à noite?

Was für eine Musik[1] gefällt dir am besten? – Que tipo de música você gosta mais?

Welche Sportart hast du am liebsten? – Qual é o seu esporte favorito?

Hast du ein Hobby? – Você tem um hobby?

---

[1]ESTILOS DE MÚSICA – MUSIKRICHTUNGEN

die Brasilianische Musik: MPB, Música Popular Brasileira
die Countrymusic: country
die Rockmusik: rock
die Klassische Musik/E-Musik (ernste Musik): música clássica (música erudita)
die U-Musik (Unterhaltungsmusik): música popular, pop, rock, hits
die Discomusik: disco
der Jazz: jazz
der Heavy Metal: heavy metal
der Hip Hop: hip hop
die Techno Musik: techno
der Schlager, der Hit: sucesso musical, hit

ATIVIDADES DE LAZER (B) – FREIZEITBESCHÄFTIGUNGEN (B)

» Veja 4.6 Tipos de filmes - Frases-chave (A) e (B) p. 66, Vocabulário 10: Esportes p. 179, 4.13 Vocabulário ativo: Férias p. 78, 5.12 Vocabulário ativo: Mantendo-se em forma p. 91.

Ich gehe gern ins Kino. – Gosto de ir ao cinema.

Ich lese gern. – Gosto de ler.

Ich sammle Briefmarken/alte Münzen/Bierdosen/Schlüsselanhänger/usw. – Eu coleciono selos/moedas antigas/latas de cerveja/chaveiros/etc.

Ich höre gern Musik. – Gosto de ouvir música.

Ich spiele gern Karten[2]. – Gosto de jogar cartas.

Ich treibe gern Sport. – Gosto de praticar esportes.

Im Allgemeinen bleibe ich lieber zu Hause und ruhe mich aus. – Geralmente prefiro ficar em casa e descansar.

Ich fahre gern Rad. – Gosto de andar de bicicleta.

Ich jogge gern./Ich gehe gern laufen. – Gosto de correr.

Ich sehe mir gern Filme an. – Gosto de assistir filmes.

Ich spiele gern Schach/Dame. – Gosto de jogar xadrez/damas.

Ich tanze gern. – Gosto de dançar.

Ich gehe gern zelten/fischen. – Gosto de acampar/pescar.

Ich gehe gern spazieren. – Gosto de passear.

Ich wandere gern in der Natur. – Gosto de fazer caminhadas na natureza.

Ich habe Lust, an den Strand/aufs Land zu fahren. – Tenho vontade de ir à praia/viajar para o interior.

[2]JOGOS DE CARTAS – KARTENSPIELE

das Kartenspiel: baralho

die Farbe: naipe

das Kreuz/die Eichel: paus

das Pik/die Schaufel (CH): espadas

das Herz: copas

das Karo/die Ecke (CH): ouros

die Karten mischen: embaralhar as cartas

die Karten austeilen: dar as cartas

eine Karte derselben Farbe ausspielen: descartar uma carta do mesmo naipe

die Trumpfkarte/der Trumpf: trunfo

die Herzdame, der Herzkönig, der Herzbube: a dama, o rei, o valete de copas

das Karoass/das Ecken Ass (CH), der Karokönig: o ás de ouros, o rei de ouros

CONVERSANDO SOBRE ESPORTES – SICH ÜBER SPORTARTEN UNTERHALTEN

» Veja Vocabulário 10: Esportes p. 179.

Wer spielt? – Quem está jogando?

Wie ist der Spielstand Deutschland-England? – Quanto está o jogo Alemanha-Inglaterra?

Wie steht das Spiel? – Como está o placar?

Wer gewinnt/verliert das Spiel? – Quem está ganhando/perdendo o jogo?

Wer liegt an der Spitze? – Quem está liderando?

Es ist unentschieden. – Está empatado.

Es steht 2 zu 1. – Está 2 a 1.

Zur Halbzeit stand es 1 zu 1. – No intervalo estava 1 a 1.

Der Endstand ist 2 zu 0. – O placar final é 2 a 0.

Sie haben gerade ein Tor/Goal (CH) geschossen. – Acabaram de fazer um gol.

Der Torwart konnte das Tor nicht hüten. – O goleiro não conseguiu defender o gol.

Sie haben gewonnen/verloren. – Eles ganharam/perderam.

Das Spiel ging in die Verlängerung. – O jogo foi para prorrogação.

Sie haben beim Elfmeter gewonnen. – Eles ganharam nos pênaltis.

Für welche Mannschaft/welches Team bist du? – Para qual time você torce?

Die Anhängerschaft/Fangemeinde feuert seine Mannschaft an. – A torcida incentiva seu time.

Treibst du Sport? – Você pratica esporte?

Möchtest du spielen? – Você quer jogar?

Entschuldigung, ich kann nicht. Ich bin verletzt. – Desculpe, não posso. Estou machucado.

CONTANDO QUE VOCÊ SE DIVERTIU – ERZÄHLEN, DASS ES SPAß MACHTE

Es macht Spaß. – É legal.

Er war toll! – Foi muito legal!

Ich hatte viel Spaß. – Eu me diverti bastante.

Es war sehr lustig/witzig. – Foi muito divertido/engraçado.

Ich habe schon lange nicht mehr so gelacht. – Há tempos que não ria mais tanto.

Der Film/das Buch ist super! – O filme/livro é superlegal!

Die Party hat mir sehr gut gefallen. – Gostei muito da festa.

Ich habe mich köstlich bei dieser Komödie amüsiert. – Eu me diverti demais assistindo àquela comédia.

Ich habe den Urlaub sehr genossen. – Eu aproveitei/curti muito as férias.

Es war wirklich nett, mich mit dir zu unterhalten. – Foi muito legal conversar com você.

Wir hatten einen sehr schönen Abend. – Tivemos uma noite muito agradável.

Wir sind immer gern zusammen. – Gostamos de ficar juntos.

Viel Spaß! – Divirta-se!

Viel Vergnügen! – Boa diversão!

4.3 Um ótimo fim de semana (Diálogo) – Ein tolles Wochenende (Dialog)

∩ Faixa 17

Herr Speyer: Wie war Ihr Wochenende Herr Kornfeld?
Herr Kornfeld: Klasse!
Herr Speyer: Tatsächlich? Was haben Sie gemacht?

---

1. Otto Waalkes é comediante, autor e ilustrador de histórias para crianças, cantor e apresentador de um programa humorístico na televisão. O título do filme é uma paródia de "E.T. - o extraterrestre", por isso **Otto, der Außerfriesische** poderia ser traduzido como "Otto, o Frísio de fora". A Frísia é uma região no norte da Alemanha de onde Otto é originário.

Herr Kornfeld: Also am Freitagabend haben wir uns einen sehr lustigen Otto-Film[1] angeschaut. Wir haben Tränen gelacht. Das ist so wohltuend!

Herr Speyer: Stimmt, welcher Film war das?

Herr Kornfeld: Otto – Der Außerfriesische, haben Sie den schon gesehen?

Herr Speyer: Nein, noch nicht, ich habe gehört, er sei sehr lustig. Und was haben Sie noch gemacht?

Herr Kornfeld: Am Samstagmorgen haben wir wie üblich in der Stadt eingekauft und dann abends im griechischen Restaurant Akropolis schön gegessen. Am Sonntag haben wir einen Ausflug mit Freunden aufs Land gemacht. Bei dem schönen Wetter war es einfach toll!

» Veja a tradução desse diálogo na p. 309.

4.4 Um ótimo fim de semana (Frases-chave) – Ein tolles Wochenende (Redewendungen)

» Veja 4.6 Tipos de filmes - Frases-chave: A e B p. 66, Vocabulário 10: Esportes p. 179.

O que você fez no fim de semana passado? – Was hast du am letzten Wochenende gemacht?

Ich habe einen Film gesehen. – Eu assisti a um filme.

Wir sind in die Innenstadt bummeln gegangen und haben dabei einige Kleidungstücke gekauft. – Fomos passear pelo centro e nisso compramos algumas roupas.

Ich bin im Park spazieren gegangen. – Fui passear no parque.

Wir sind zu Hause geblieben und haben uns ausgeruht. – Ficamos em casa e descansamos.

Ich habe meine Eltern besucht. – Visitei meus pais.

Wir haben nichts Besonderes gemacht. – Não fizemos nada de especial.

Ich bin aufs Land zu meiner Freundin Karin gefahren. – Fui para o interior ver minha amiga Karin.

Wir sind zur Schwimmhalle gegangen/an den See gefahren. – Fomos à piscina pública/ao lago.

Wir haben Tennis/Volleyball/Basketball/usw. gespielt. – Jogamos tênis/vôlei/basquete/etc.

4.5 Indo ao cinema (Diálogo) – Ins Kino gehen (Dialog)

🎧 Faixa 18

Kerstin: Hast du den letzten Wim Wenders Film schon gesehen?
Ulrike: Nein, noch nicht und du?
Kerstin: Noch nicht. Sehen wir den heute Abend? Er läuft im Kino Rex Palast.
Ulrike: Gute Idee, ich liebe Kunstfilme. Kaufen wir die Eintrittskarten sofort über das Netz?
Kerstin: Prima, mach ich gleich!
» Veja a tradução desse diálogo na p. 309.

4.6 **Tipos de filmes (Frases-chave)** – Filmarten (Redewendungen)

TIPOS DE FILMES (A) – FILMARTEN (A)

Was für Filme hast du lieber? – Que tipo de filme você prefere?
Was für Filme siehst du gern? – A que tipo de filme você gosta de assistir?
Welcher Filmgenre hast du lieber? – Qual gênero de filme você prefere?
Gefallen dir Western-/Liebes-/Science-Fiction-Filme? – Você gosta de filmes de bangue--bangue/filmes românticos/filmes de ficção científica?

TIPOS DE FILMES (B) – FILMARTEN (B)

Mir gefallen Schwarzweiß-/Farb-/Stumm-/Tonfilme. – Gosto de filmes em preto e branco/coloridos/mudos/com trilha sonora.
Mir gefallen Komödien. – Gosto de comédias.
Ich habe lieber Abenteuerfilme/Dokumentarfilme/3D-Filme. – Prefiro filmes de aventura/documentários/filmes em 3D.
Ich sehe gern Filme mit viel Action. – Gosto de assistir a filmes com muita ação.
Ich liebe Krimis/Thrillers/Horrorfilme. – Adoro filmes policiais/de suspenses/de horror.
Monster-/Musik-/Kinder-/Zeichentrickfilme mag ich wirklich. – Eu gosto mesmo é de filmes de monstros/musicais/infantis/de animação.
Ich hasse Dramen/Tragikomödien/Kriegsfilme. – Odeio dramas/tragicomédias/filmes de guerra.
Ich kann Biografien/Fernsehserien nicht leiden. – Não suporto biografias/seriados da televisão.

4.7 O que tem para o jantar? (Diálogo) – Was gibt es zum Abendessen? (Dialog)

🎧 Faixa 19

Uwe: Hallo Schatz! Gibt es heute etwas Besonderes zum Abendbrot?

Silke: Nee, eigentlich nur so das Übliche: Vollkornbrot, Schnittkäse, Schinken, etwas Leberwurst, Kräuterquark... Ich könnte dir auch ein Omelett mit Pilzen und einen Salat schnell vorbereiten. Hast du einen großen Hunger?

Uwe: Ach nein, lass das alles sein! Es ist doch schön draußen, wie wär's mit einem Döner* und dazu einen Radler* im Biergarten*?

Silke: Toll! Ich ziehe mir schnell etwas an. Ich bin im Nu fertig!

Uwe: Alles paletti!

» Veja a tradução desse diálogo na p. 309.

» *Veja Dicas culturais 15, 16 e 17, p. 67 e 68.

DICA CULTURAL 15: DÖNER KEBAB – LANDESKUNDLICHER TIPP 15: DÖNER KEBAB

O Döner Kebab é um sanduíche de origem turca, porém reinventado nos anos 1970 no bairro de Kreuzberg em Berlim pelos imigrantes turcos e adaptado ao paladar dos alemães. Esse sanduíche é feito de pão sírio, lascas finas de carnes com acompanhamentos variados como cebola fatiada, molho de iogurte, molho apimentado, fritas ou salada de repolho. O espeto compõe-se de bifes de carnes diversas como cordeiro, carneiro, boi, cabra ou frango, que são temperados e sobrepostos, formando um cone. O Döner está em terceiro lugar na lista das refeições mais consumidas na rua, atrás apenas das típicas **Bratwurst** (linguiça frita num pãozinho) e **Currywurst** (linguiça frita, servida cortada com ketchup e curry em pó), este último é principalmente consumido em Berlim e na região industrial do Ruhr. A versão alemã do Döner chegou a ser reintroduzida na Turquia, tamanho seu sucesso!

DICA CULTURAL 16: CERVEJA MISTURADA COM...
LANDESKUNDLICHER TIPP 16: BIERMISCHGETRÄNKE

Cerveja misturada com alguma bebida gaseificada, água com gás ou até coca, é um **Biermischgetränk**. O **Radler (der)** é uma mistura de cerveja com soda limonada. Dependendo da região, a denominação e a composição dessa mistura variam. Em Berlim há a **Berliner Weiße**, cerveja com xarope de framboesa ou xarope verde de ervas, em Münster chama-se **BMW (Bier mit Wasser)**, ou seja, cerveja com água, na região de Hamburgo a mesma mistura é chamada de **Alsterwasser**, em referência ao lago no centro de Hamburgo. **Diesel** é como chamam a mistura de cerveja com coca e há até mesmo, entre inúmeras outras versões, a mistura de cerveja escura com vinho espumante, batizada de **Bismarck!** Na Suíça e em algumas partes do sul da Alemanha é conhecido por **Panaché** ou **Panasch**.

DICA CULTURAL 17: APRECIANDO CERVEJA: BIERGARTEN, CERVEJARIAS E BARES
LANDESKUNDLICHER TIPP 17: BIER GENIESSEN: BIERGARTEN,
GASTHAUSBRAUEREI UND KNEIPEN

O **Biergarten (der)** é um restaurante amplo com ambiente familiar e área externa grande, sombreada por árvores, com mesas compridas e bancos, onde são servidos chope e pratos regionais por preços honestos. É muito frequentado no verão por grupos numerosos e famílias com crianças. É comum no sul da Alemanha, na Suíça e na Áustria. Na Baviera é permitido levar seu próprio lanche ou fazer piquenique. Outros locais para se apreciar chope ou cerveja é a **Gasthaus Brauerei,** restaurante e cervejaria, e a **Kneipe**, boteco ou bar, e, naturalmente, em qualquer restaurante. Muitas **Brauereien** têm instalações para o consumo de cerveja e chope. Tanto nos bares (**Kneipen**) como em **Gasthäuser** é frequente haver uma mesa cativa reservada para fregueses da casa e geralmente está indicada pela plaquinha: **Stammtisch**. Também pode-se tomar a cerveja no balcão **an der Theke** ou **am Tresen**.

FAMINTO (A) – HUNGRIG (A)

» Veja Vocabulário 12: Comidas e bebidas p. 181.
Hast du Hunger? – Você está com fome?
Möchten Sie etwas essen? – Gostaria de comer alguma coisa?
Was möchten Sie essen? – O que o(a) sr.(a) gostaria de comer?
Worauf hättest du Lust?– Você está com vontade de quê?

FAMINTO (B) – HUNGRIG (B)

» Veja Vocabulário 12: Comidas e bebidas p. 181.
Ich werde langsam hungrig. – Estou ficando com fome.
Ich verhungere bald. – Estou morrendo de fome.
Ich bin hungrig. – Estou faminto.

Lass uns doch etwas essen! – Vamos comer alguma coisa!

Ich bin durstig, kaufen wir doch etwas zum Trinken. – Estou com sede, vamos comprar algo para beber.

Was gibt es zum Mittagessen/Abendessen? – O que tem para o almoço/jantar?

Gehen wir doch mal auf die Gastro-Meile/den Gastronomiebereich. – Vamos à praça de alimentação.

Mir wird übel/schlecht, wenn ich schon diesen Geruch rieche. – Passo mal só de sentir este cheiro.

Ich habe keine großen Hunger, ich nehme nur einen Salat. – Não estou com muita fome, vou pedir só uma salada.

Ich habe gut gegessen. – Eu comi bem.

Vielen Dank. Ich bin schon satt. – Muito obrigado. Já estou satisfeito.

4.8 No restaurante da prefeitura (Diálogo) – Im Ratskeller (Dialog)

∩ Faixa 20

Ober: Guten Abend. Möchten Sie schon bestellen?

Karl: Ja gern, was nimmst du?

Ilse: Ich nehme die Forelle blau mit Salzkartoffeln und Butter.

Karl: Gut, eine Forelle blau mit Salzkartoffeln für die Dame und ein Filetsteak mit Kräuterbutter, Kartoffelklöße und Gemüse für mich.

Ober: Also einmal die Forelle blau und das Filetsteak mit Kräuterbutter für den Herrn. Wie möchten Sie Ihr Filetsteak blutig, medium oder durch[1]?

Karl: Medium, bitte.

Ober: Darf es noch etwas dazu sein, eine Vorspeise?

---

1. Os termos usuais para indicar o ponto do filé podem ser: 1. **blutig**, **roh** ou **englisch** (sangrento, cru ou inglês) para mal passado; 2. **medium-rare**: este é um ponto intermediário entre o malpassado e no ponto; 3. **rosa**, **halb durch** ou **medium** (rosa, "meio passado" ou médio) para no ponto; 4. **durch**, **gut durch**, **de durch gebraten**, ou seja, bem passado.

Karl: Nein, vielen Dank, nur das Hauptgericht.

Ober: Und zum Trinken, was bekommen Sie?

Ilse: Ein Glas Sylvaner[2] und ein Mineralwasser, für mich bitte.

Karl: Ich möchte ein Pils, bitte.

Ober: Einen Sylvaner, ein Mineralwasser und ein Pils. Noch etwas?

Karl: Danke schön, das ist alles.

Ober: Gut, ich bringe Ihnen gleich die Getränke.

Karl: Danke schön!

» Veja a tradução desse diálogo na p. 310.

DICA CULTURAL 18: CERVEJA – LANDESKUNDLICHER TIPP 18: BIER

Principalmente na Alemanha e na Áustria cerveja rima com prazer, descontração, história e tradição. Em 23 de abril comemora-se o Dia da Cerveja, já que neste data em 1516 o Duque Guilherme IV promulgou o **"Decreto de Pureza para a Cerveja Alemã" (Reinheitsgebot für deutsches Bier)** em Ingolstadt, na Baviera. Nesse documento ficou estabelecido que apenas cevada (**Gerste**), lúpulo (**Hopfen**) e água (**Wasser**) devem entrar na composição da cerveja. Com algumas adaptações esse documento vale até hoje como referência mundial para a qualidade da cerveja e por isso é mencionado no rótulo de certas cervejas que são, em geral, classificadas pelo amido do cereal utilizado e pelo processo de fermentação. Os cereais mais comuns são a cevada (**Gerste**), o centeio (**Roggen**) e o trigo (**Weizen**) dando origem assim às diversas denominações Pils, Kölsch, Lagerbier ou também **Wiener Bier, Exportbier, Bockbier, Alt, Weizenbier ou Weißbier, Oktoberfestbier** etc. Além disso cada tipo de cerveja tem um copo específico: bojudo com pé (**Tulpe**) para tomar **Pils**; alto e largo em cima e delgado em baixo para o **Weizenbier** ou também **Weißbier**; um copo cilíndrico sem pé (**Stange**) para o **Altbier** na região de Düsseldorf e o **Kölsch** em Colônia; enfim a caneca, **Bierkrug** e/ou **(die) Maß** de um litro na Baviera. Cerveja com ou sem espuma? **Bier mit oder ohne Schaum?** Eis a questão! Saúde! **Prost!** ou **Prosit!**

DICA CULTURAL 19: O RESTAURANTE DA PREFEITURA
LANDESKUNDLICHER TIPP 19: DER RATSKELLER

O **Ratskeller** ou **Rathauskeller** fica em geral no térreo ou no subsolo do prédio da prefeitura. Como as prefeituras são construções antigas costuma haver um excelente restaurante, uma taverna, um salão de festa, decoração tradicional e culinária típica benfeita.

O **Ratskeller** de Munique é especialmente grande, subdividido em vários ambientes, o de Bremen é muito antigo e famoso por sua imensa adega de vinhos alemães, o de Viena e de várias outras cidades são muito bem cuidados e bonitos.

---

2. **Sylvaner** designa uma cepa cultivada em algumas regiões alemãs. É um vinho branco, leve, seco e levemente frutado.

4.9 No restaurante (Frases-chave) – Im Restaurant (Redewendungen)

PEDINDO O CARDÁPIO – DIE SPEISEKARTE BITTEN

Darf ich die Karte haben? (formeller) – Posso ver o cardápio, por favor? (mais formal)
Können Sie mir bitte die Speisekarte/Weinkarte bringen? – O(A) sr.(a) pode me trazer o cardápio/a carta dos vinhos, por favor?
Ich möchte mal in die Karte schauen, bitte. – Gostaria de dar uma olhada no cardápio, por favor.
Könnten wir mal einen Blick auf die Karte werfen? – Poderíamos dar uma olhada no cardápio, por favor?
Die Karte bitte! – O cardápio, por favor!

PERGUNTAS DO GARÇOM/MAÎTRE (A) – FRAGEN DES KELLNERS/OBERS (A)

Haben Sie einen Tisch reserviert? – O(A) sr.(a) reservou uma mesa?
Auf welchen Namen haben Sie bitte reserviert? – No nome de quem o(a) sr.(a) reservou, por favor?
Einen Tisch für wie viele Personen? – Uma mesa para quantas pessoas?
Möchten Sie die Karte? – Gostaria(m) de olhar o cardápio?
Möchten Sie bestellen? – Gostaria(m) de pedir?
Was darf es sein? – O que posso trazer para os srs./vocês?
Also, bitte schön! – Então, pois não!
Ich komme gleich wieder. – Volto já.
Komme gleich! – Já estou chegando.
Sofort! – Já, já!

PERGUNTAS DO GARÇOM/MAÎTRE (B) – FRAGEN DES KELLNERS/OBERS (B)

Was möchten Sie trinken?/– O que o(a) Sr.(a) gostaria(m) de beber?
Und zum Trinken? – E para beber?
Noch etwas dazu? – Mais alguma coisa, além disso?
Wie möchten Sie Ihr Fleisch bitte? – Como o(a) sr.(a) gostaria da sua carne?
Blutig/roh/englisch? – Malpassado? (Veja nota 1 p. 69)
Rosa/halbdurch/medium? – No ponto?
Durch/gut durch? – Bem passado?
Was möchten Sie zum Nachtisch? – O que gostaria(m) de sobremesa?
Einen Nachtisch? – Uma sobremesa?

FAZENDO O PEDIDO (A) – BESTELLEN (A)

» Veja Vocabulário 12: Comidas e bebidas p. 181, Dica cultural 20 p. 72, Vocabulário ativo: 5.6 Fazendo dieta p. 86.
Wir sind fünf Personen. – Somos cinco pessoas.
Einen Tisch für vier Personen. – Uma mesa para quatro pessoas.
Haben Sie eine Raucherzone? – Os srs. têm área para fumantes?
Wir möchten bestellen. – Gostaríamos de fazer o pedido.

Bestellen, bitte! – Queremos fazer o pedido, por favor!

Zuerst möchte ich einen gemischten Salat, bitte. – Primeiro eu queria uma salada mista, por favor.

Wir fangen mit der Gemüsesuppe an. – Começamos com a sopa de legumes.

Bieten Sie Frühstück/Brunch an? – Os srs. servem café da manhã/brunch?

DICA CULTURAL 20: CAFÉ DA MANHÃ E BRUNCH
LANDESKUNDLICHER TIPP 20: FRÜHSTÜCK UND BRUNCH

Tanto na Alemanha, como na Áustria e Suíça, o café da manhã é composto por uma bebida quente, como café, chá ou leite com chocolate, pãozinho, manteiga ou margarina, geleia, mel, queijo, ricota, presunto e às vezes um ovo cozido. Tradicionalmente é um café da manhã simples, que tem se adaptado às novas demandas com iogurte, suco de fruta, cereais ou granola e frutas. O **Brunch**, café da manhã tardio que acaba se sobrepondo ao almoço, é usual nos finais de semana e pode ser consumido em vários locais que oferecem essa refeição. Quando o **Brunch** for festivo, bebidas alcoólicas, como cerveja, vinho, champagne ou um drink são servidos.

FAZENDO O PEDIDO (B) – BESTELLEN (B)

» Veja Vocabulário 12: Comidas e bebidas p. 181.

Ich nehme das Hähnchenfilet in Pfeffersahne, bitte. – Vou querer o filé de frango no creme com pimenta, por favor.

Ich nehme das überbackene Filetsteak mit grünem Pfeffer und Bratkartoffeln, bitte. – Vou querer o filé gratinado com pimenta-verde e batata sauté, por favor.

Ich möchte mein Steak blutig/medium/gut durch, bitte. – Eu queria o meu bife malpassado/no ponto/bem passado, por favor.

Ich möchte die Fleischklößchen mit Broccoli-Auflauf. – Eu queria as almôndegas com suflê de brócolis.

Haben Sie Spaghetti mit Tomatensoße/Nudelgerichte? – O(A) Sr.(a) tem espaguete/macarrão com molho de tomate?

Ich möchte einen Schinken-Käse Sandwich. – Vou querer um sanduíche de presunto e queijo.

DICA CULTURAL 21: JANTAR – LANDESKUNDLICHER TIPP 21: ABENDESSEN

Ao contrário do Brasil, o jantar nos países de língua alemã costuma ser uma refeição fria, simples e rápida, um lanche. Constitui-se de pão integral, manteiga, queijo, presunto, salame, ou outros frios, pepino em conserva, omelete, sopa, salada e/ou fruta. O jantar varia de frio para quente conforme a estação do ano. Uma fatia de pão com manteiga e queijo ou frios fatiados, p. ex., chama-se: **belegtes Brot**. Assim, o jantar também é chamado de **Abendbrot** (pão da noite) ou **Brotzeit** (hora do pão). A refeição principal é o almoço, porém os horários de trabalho flexíveis e a ausência da mulher em casa na hora do almoço faz com que certas famílias tenham deixado a refeição principal para a noite e o lanche para o almoço.

DICA CULTURAL 22: BATATAS – LANDESKUNDLICHER TIPP 22: KARTOFFELN

Na Alemanha é conhecida por **Kartoffel** enquanto na Áustria e Suíça é chamada **Erdapfel** (maçã da terra) e naturalmente há muitas outras denominações regionais. Embora a batata tenha origem sul-americana, é nos países de língua alemã que ela foi adotada como acompanhamento (**Garnitur** ou **Beilage**) número um das refeições. Por ser um carboidrato muito versátil ela permite inúmeras variações no preparo: desde a universal batata frita (**Pommes**), passando pela conhecida salada de batata (**Kartoffelsalat**) até o nhoque alemão (**Kartoffelkloß**), que pode levar recheio, ou o **Spätzle**, tipo de nhoque miúdo. Há ainda o **Rösti** suíço, tipo de panqueca de batata ralada, primo do **Kartoffelpuffer** alemão que é servido com purê de maçã ou com chucrute na Baviera, onde é o prato típico da 6ª feira, dia em que os católicos tradicionalmente não comem carne. Ao comer batatas cozidas com ou sem molho, era de bom-tom parti-las com o garfo e nunca com a faca, já que antigamente a liga de metal das facas escurecia ao contato com a batata. Esse costume ainda é mantido pelos mais conservadores. Também não é bem visto esmagar as batatas no prato para aproveitar melhor o molho. Para partir os **Kartoffelklöße** também se usa apenas o garfo, pois este deve desmanchar-se sob a pressão do garfo. Cortá-lo com a faca pode ser uma grave ofensa ao cozinheiro. Para impedir que as batatas e os **Kartoffelklöße** deslizem pelo prato, matenha-os com a faca, colocando-a atrás da batata ou do **Kartoffelkloß**.

» Veja Vocabulário 12. Comidas e bebidas: O almoço, p. 182.
» Veja 5.6 Vocabulário ativo: Fazendo dieta p. 86.

PEDINDO BEBIDAS – GETRÄNKE BESTELLEN

» Veja Vocabulário 12: Comidas e bebidas p. 181, Dicas culturais 16, 17 e 18 p. 68 e 70.

Wir möchten die Getränkekarte, bitte. – Gostaríamos da carta de bebidas, por favor.
Wir möchten roten/weißen Wein. Können Sie uns bitte die Weinkarte bringen? – Queríamos vinho tinto/branco. O/A sr.(a) poderia trazer a carta de vinhos, por favor?
Ein Glas..., bitte. – Um copo de... (nome do vinho), por favor.
Ich möchte ein Bier/Pils/Weizenbier/eine Flasche Bier. – Gostaria de uma cerveja/chope/ cerveja de trigo/uma garrafa de cerveja.
Haben Sie Bier vom Fass? – O(A) sr.(a) tem chope?
Ich möchte einen Apfel-/Tomaten-/Traubensaft. – Eu queria um suco de maçã/tomate/uva.
Haben Sie frisch gepressten Orangensaft? – Os srs. têm suco de laranja feito na hora?
Welche Erfrischungsgetränke haben Sie? – Quais refrigerantes o(a) sr.(a) tem?
Ich möchte eine Cola (Light), bitte. – Eu queria uma coca (light), por favor.
Was für Cocktails/Mischgetränke haben Sie? – Que tipos de coquetéis o(a) sr.(a) tem?
Einen Whisky, bitte. – Um uísque, por favor.

OUTROS PEDIDOS E COMENTÁRIOS – WEITERE BESTELLUNGEN UND KOMMENTARE

» Veja Vocabulário 12: Comidas e bebidas - Condimentos e ervas p. 190, Dica cultural 23 p. 74.

Wir möchten gern noch etwas Brot und Butter? – Nós gostaríamos de mais um pouco de pão e manteiga?

Können Sie uns bitte etwas geriebenen Käse bringen? – O(A) sr.(a) pode nos trazer queijo ralado, por favor?

Können Sie mir bitte eine andere Gabel/ein anderes Messer/einen anderen Löffel bringen? – O(A) sr.(a) pode me trazer outro garfo/faca/colher, por favor?

Sie/Es/Er ist nämlich gefallen/schmutzig. – É que caiu/está sujo.

Können Sie uns bitte eine neue Serviette/einige Servietten bringen? – O(A) sr.(a) pode nos trazer um novo guardanapo/alguns guardanapos?

Können Sie mir bitte einen Trinkhalm bringen? – O(A) sr.(a) pode me trazer um canudinho, por favor?

Können Sie mir bitte etwas Eis bringen? – O(A) sr.(a) pode me trazer um pouco de gelo, por favor?

Können Sie uns bitte Salz/Zucker/Süßstoff bringen? – O(A) sr.(a) pode nos trazer o sal/açúcar/adoçante, por favor?

Können Sie mir bitte einen Aschenbecher bringen? – O(A) sr.(a) poderia me trazer um cinzeiro, por favor?

Könnten Sie bitte das Tischtuch wechseln? – O(A) sr.(a) poderia trocar a toalha de mesa, por favor?

Ich möchte einen Kaffee/zwei Espresso[1], bitte. – Gostaria de um café/dois expressos, por favor.

Wo sind die Toiletten, bitte? – Onde é o toalete, por favor?

Hat es Ihnen geschmeckt? – Como estava o seu prato, o(a) sr.(a) está satisfeito?

Hat's geschmeckt? – Como estava seu prato, agradou?

Hast du eine Lieblingsspeise? – Você tem um prato favorito?

> ### DICA CULTURAL 23: CAFÉ – LANDESKUNDLICHER TIPP 23: KAFFEE UND CAFÉ
> Em alemão há duas grafias e pronúncias para café com sentidos diferentes. A bebida café é **der Kaffee** e a primeira sílaba é tônica. Este café é mais fraco do que o nosso e por isso nos cafés pode-se pedir no lugar de uma xícara de café um pequeno bule (**Kännchen**), que dá para duas xícaras. Ele vem acompanhado de leite evaporado (**Sahne**), para quem quiser tomá-lo com leite. Agora o estabelecimento onde se toma a bebida chama-se **das Café**, e é a segunda sílaba que é tônica. Nesses locais há uma atmosfera própria que convida à reflexão, à leitura de um jornal ou livro, ao encontro com conhecidos, à degustação de um pedaço de bolo (**Torte**). Naturalmente há também café expresso e várias bebidas à base de café. Há um verdadeiro culto aos cafés de qualidade do mundo inteiro.

AO FINAL DA REFEIÇÃO – AM ENDE DER MAHLZEIT

» Veja Vocabulário 12: Comidas e bebidas - Doces e sobremesas p. 189, Dica cultural 23 p. 74, Dica cultural 24 p. 75.

Es hat sehr gut geschmeckt. – Estava delicioso.

---

1. Espresso não tem plural.

Es war lecker! (informal) – Estava delicioso.

Ich kann nichts mehr essen, ich bin satt. – Não posso comer mais nada, estou satisfeito.

Ich glaube, ich werde keinen Nachtisch nehmen. – Acho que não vou pedir sobremesa.

Ich nehme ein Schokoladen-/Vanilleeis. – Vou tomar um sorvete de chocolate/baunilha.

Ich glaube, ich nehme nur noch einen Kaffee. – Acho que só vou tomar um café.

Ich nehme einen Espresso. – Vou tomar um café expresso.

Wir möchten bitte bezahlen! – Queremos pagar!

Bezahlen, bitte! – A conta, por favor!

Ist die Rechnung inklusive Bedienung? – O serviço está incluso?

Ich meine, wir sollten dem Kellner ein Trinkgeld geben. – Acho que deveríamos dar uma gorjeta para o garçom.

Wir brauchen eine Quittung, bitte. – Precisamos de uma nota, por favor.

Können Sie bitte eine Quittung bringen? – O(A) sr.(a) pode nos trazer uma nota, por favor?

DICA CULTURAL 24: GORJETA – LANDESKUNDLICHER TIPP 24: TRINKGELD

Em restaurantes e cafés o serviço está incluído na conta de forma que a gorjeta é opcional quando o atendimento for do agrado do cliente, um elogio também é válido. Calcula-se a gorjeta entre 5% a 10%, dependendo do montante da conta. Nos bons hotéis é praxe dar de dois a cinco euros por entrega, dois euros por mala na entrada ou na saída, e até dez euros para a recepção caso tenha conseguido entradas para um espetáculo esgotado. No caso do táxi, 10% de gorjeta é usual, porém apenas se tudo tiver corrido a contento, pois não é obrigatório. Também para a pessoa que guarda os sobretudos na entrada de um teatro, por exemplo, pode-se dar uma gorjeta de 50 centavos para um atendimento atencioso e cuidadoso. Se o grupo for grande, portanto, vários sobretudos, dão-se até dois euros.

DICA CULTURAL 25: LANCHONETE

LANDESKUNDLICHER TIPP 25: IMBISSSTAND – SCHNELLIMBISS

Lanches são chamados de **der Imbiss** ou **der Snack** ou ainda **die kleine Zwischenmahlzeit.** Para indicar o local de consumo há vários termos como der **Imbissstand** ou **die Imbissbude** (D), **das Buffet** ou **der Würstelstand** (A) e em Viena também há **der Wiener Schmäh**; na Suíça chama-se **das Take-away**. As lanchonetes encontram-se na maioria das vezes na entrada de um prédio com o balcão dando diretamente para a rua, ou em trailers e barracas instalados na rua e em feiras. Em geral, come-se em pé ou andando. A oferta é bem variada e vai desde as tradicionais salsichas/linguiças (**Bratwurst**, **Currywurst**, **Rostbratwurst** etc.), passando pela batata frita (**Pommes** ou **Fritten**), hamburger, Döner Kebab, sanduíches, pedaços de pizza, várias especialidades regionais (**Kartoffelpuffer**) indo até especialidades japonesas e tailandesas! Na região do Ruhr, a maior concentração industrial e urbana da Alemanha, é servido o **Taxiteller**, um prato de plástico grande com uma generosa porção de batatas fritas, **Currywurst** e carne **Gyros**, e uma boa quantidade de maionese e ketchup!

4.10 Uma festa de aniversário (Diálogo)
– Eine Geburtstagsfeier (Dialog)

∩ Faixa 21

Petra: Ich freue mich sehr, dass du es doch geschafft hast!
Frank: Ich würde ja diese Feier auf keinen Fall verpassen.
Petra: Herein spaziert! Gib mir deinen Mantel ab!
Frank: Wo ist denn Rudi?
Petra: Er ist in der Küche, er schneidet gerade das Brot.
Frank: Seit wann hilft er dir in der Küche?
Petra: Stimmt, eigentlich nie!
Frank: So, wo ist unser Geburtstagskind?
Petra: Dort hinten mit seinen Freunden.
Frank: Das ist für Willy. Ich hoffe nur, dass er das noch nicht bekommen hat.
Petra: Er wird sich sehr darüber freuen! Gib es ihm doch selbst!
Frank: Aber gerne. Ich fange mal hier an, die Leute zu begrüßen...

» Veja a tradução desse diálogo na p. 310.

4.11 Vocabulário ativo: Hora de festejar! – Aktiver Wortschatz: Zeit zum Feiern!

FEIERN/FEIERTE/HAT GEFEIERT: **FESTEJAR**

"Lasst uns das mal richtig feiern!", sagte Anton zu seinen Freunden.
"Vamos **festejar** isso direito!", disse Anton aos amigos.

DER PARTYLÖWE/DIE PARTYLÖWIN, DER(DIE) BEGEISTERTE PARTYGÄNGER(IN): **ARROZ DE FESTA, PESSOA QUE GOSTA DE FESTAS, "SOCIALITE"**

Du weißt doch, dass Bruno ein echter Partylöwe ist. Selbst wenn er nicht eingeladen wird, taucht er plötzlich auf!
Você sabe que o Bruno é um autêntico **arroz de festa**. Mesmo que não seja convidado de repente ele aparece!

EINE PARTY GEBEN/MACHEN: **DAR/FAZER UMA FESTA**

Wusstest du, dass Janina eine Party macht?
Você sabia que a Janina está **dando uma festa**?

DER ALK/DER SCHNAPS/DER FUSEL/DAS FEUERWASSER (INFORMAL): **BEBIDA ALCOÓLICA, AGUARDENTE, PINGA**

Los, kaufen wir uns Alk!
Vamos comprar uma **pinga**!

SAUFEN/AUF SAUFTOUR GEHEN: **ENCHER A CARA, SAIR DE BAR EM BAR PARA ENCHER A CARA**

DAS GEBURTSTAGSKIND: **ANIVERSARIANTE (SEXO MASCULINO E FEMININO, ADULTO OU CRIANÇA)**

DIE GEBURTSTAGSTORTE/DER GEBURTSTAGSKUCHEN: **BOLO DE ANIVERSÁRIO**

DIE KERZEN AUSBLASEN: **APAGAR AS VELAS**

Ralph war so klein, dass er kaum seine Kerzen auf der Geburtstagstorte ausblasen konnte.
Ralph era tão pequeno que mal podia **apagar as velas** do seu bolo de aniversário.

DER GASTGEBER: **ANFITRIÃO**

DIE GASTGEBERIN: **ANFITRIÃ**

DIE GÄSTE, PL.: **CONVIDADOS**

Kathrin hat ihr Allerbestes getan, damit ihre Gäste sich wohl fühlen. Sie war wirklich eine sehr gute Gastgeberin!
Kathrin fez o melhor que pôde para agradar os **convidados**. Ela foi mesmo uma ótima **anfitriã**!

...JAHRE ALT WERDEN: **...FAZER ANOS (DE IDADE)**

Wusstest du, dass Gregor heute achtzehn Jahre alt wird?
Você sabia que o Gregor **está fazendo dezoito anos** hoje?

DAS GESCHENK/GESCHENKE BEKOMMEN: **PRESENTE, GANHAR PRESENTES**

Wie viele Geschenke hast du zu deinem Geburtstag bis jetzt bekommen?
Quantos **presentes** de aniversário você **ganhou** até agora?

4.12 **Um ótimo destino para as férias (Diálogo)** – Ein tolles Urlaubsziel (Dialog)

∩ Faixa 22

Herr Aguiar: Tag, Sie haben aber Glück, Herr Schmitzke! Sie fahren doch bald in Urlaub?
Herr Schmitzke: Stimmt schon. Ich kann es kaum bis nächste Woche abwarten. Ich brauche wirklich mal eine Pause zum Entspannen.
Herr Aguiar: Fahren Sie weg?
Herr Schmitzke: Tja, meine Frau hat eine Schwester, die auf Mallorca wohnt. Wir verbringen zwei Wochen bei ihr.
Herr Aguiar: Mallorca! Das ist ja ein Traum! Immer schönes und warmes Wetter! Das ist ein tolles Urlaubsziel!
Herr Schmitzke: Ganz sicher. Meine zwölfjährige ist schon ganz aufgeregt, bei dem Gedanken, jeden Tag an den Strand gehen zu können. Das ist eigentlich unser Hauptgrund dahin zu fliegen.
Herr Aguiar: Erstklassige Wahl! Also dann wünsche ich Ihnen einen sehr schönen Urlaub!
Herr Schmitzke: Herzlichen Dank!
» Veja a tradução desse diálogo na p. 310.

4.13 **Vocabulário ativo: Férias** – Aktiver Wortschatz: Urlaub

DEN URLAUB VERBRINGEN: **PASSAR AS FÉRIAS**

Wo hast du deinen letzten Urlaub verbracht?
Onde você **passou** suas últimas **férias**?

SICH ENTSPANNEN/ENTSPANNTE SICH/HAT SICH ENTSPANNT: **RELAXAR**

Ich bin in letzter Zeit sehr gestresst. Ich muss ein paar Tage freinehmen, um mich zu entspannen.
Tenho estado estressado ultimamente. Preciso tirar alguns dias de folga para **relaxar**.

DER VERGNÜGUNGSPARK/DER FREIZEITPARK: **PARQUE DE DIVERSÃO**

Wir haben viel Spaß gestern im Vergnügungspark gehabt.
Nos divertimos muito no **parque de diversão** ontem.

DAS FAHRGESCHÄFT: **BRINQUEDO EM PARQUE DE DIVERSÃO**

Warum leihst du dir nicht so ein Fahrgeschäft für das Fest?
Por que você não aluga um **brinquedo** destes para a festa?
Wird man bei dem Fahrgeschäft nass?
Esse **brinquedo** molha?

DIE ACHTERBAHN: **MONTANHA-RUSSA**

DAS KARUSSELL: **CARROSSEL**

DIE SCHIFFSCHAUKEL: **BALANÇO EM FORMA DE NAVIO SOBRE ÁGUA**

DIE SEILBAHN: **TIROLESA**

DIE RIESENRUTSCHE: **TOBOGÃ**

FISCHEN GEHEN/ANGELN: **IR PESCAR**

Dirk und seine Freunde gehen wenigsten einmal im Monat fischen.
Dirk e seus amigos vão **pescar** pelo menos uma vez por mês.

ZELTEN: **ACAMPAR**

Hast du schon einmal gezeltet?
Você já **acampou** alguma vez?

DAS ZELT: **BARRACA**

"Stellen wir das Zelt hier auf!", rief Leo.
"Vamos montar a **barraca** aqui!", gritou Leo.

IN DER SONNE BRÄUNEN/BRÄUNTE/HAT IN DER SONNE GEBRÄUNT: **BRONZEAR AO SOL**

Bräunst du gern in der Sonne?
Você gosta de **tomar banho de sol**?

BRAUN WERDEN: **PEGAR UM BRONZE**

Anja verbringt Stunden in der Sonne am Schwimmbad, um braun zu werden.
Anja passa horas ao sol na piscina para **pegar um bronze**.

DIE SONNENSCHUTZKREME/DER SONNENBLOCKER: **PROTETOR SOLAR**

Vergiss nicht die Sonnenschutzkreme aufzutragen. Du weißt, dass die Sonnenstrahlen für deine Gesundheit schädlich sein können.
Não se esqueça de passar **protetor solar**. Você sabe que os raios de sol podem ser prejudiciais a sua saúde.

5. SAÚDE E BOA FORMA - GESUNDHEIT UND FITNESS

5.1 Uma consulta médica (Diálogo) - Ein Termin beim Arzt (Dialog)

🎧 **Faixa 23**

Arzt: Der Nächste, bitte. Guten Tag, Herr Meier. Was fehlt Ihnen denn?

Herr Souza: Guten Tag, Herr Doktor. Ich habe in letzter Zeit andauernd Kopfschmerzen und manchmal fühle ich mich schwindelig.

Arzt: Haben Sie Ihre Diät irgendwie verändert?

Herr Souza: Eigentlich nicht.

Arzt: Und die Arbeit? Haben Sie in den letzten Tagen mehr als gewöhnlich gearbeitet?

Herr Souza: Also, ich habe nicht mehr als normal gearbeitet, aber ich hatte eine Menge Stress in letzter Zeit.

Arzt: Na, dann werde ich Sie erst einmal untersuchen. Machen Sie sich bitte frei und legen Sie sich auf das Bett.

(Ein paar Minuten später...)

Arzt: Alles scheint in Ordnung. Wir brauchen eine Blutuntersuchung. Ich verschreibe Ihnen auch ein Kopfschmerzmittel. Das nehmen Sie dreimal täglich zu den Mahlzeiten. Hier ist das Rezept. Es wird nichts ernsthaftes sein. Gute Besserung und auf Wiedersehen!

Herr Souza: Danke, Herr Doktor. Auf Wiedersehen!

» Veja a tradução desse diálogo na p. 311.

DICA CULTURAL 26: O TÍTULO DE DOUTOR
LANDESKUNDLICHER TIPP 26: DER DOKTORTITEL

Para obtenção do título de doutor, grau acadêmico mais alto, é preciso realizar uma pesquisa inédita cujos resultados são publicados numa tese de doutorado (**die Dissertation** ou **Doktorarbeit**). Durante o doutorado (**die Promotion**) um(a) orientador (a) (**der Doktorvater/die Doktormutter**) acompanha o trabalho, que pode levar de três a cinco anos. Em 2005 aproximadamente 25 mil candidatos receberam o título de doutor na Alemanha, sendo que 1,3% da população são doutores. Na engenharia e em direito 10% dos formados fazem doutorado, na medicina são 80% e na química 95%! Na Alemanha o título de doutor pode constar na identidade e no passaporte a pedido do titular. É um título que confere respeito e prestígio e por isso consta no cartão de visitas, no endereçamento da correspondência (**Herr/Frau Dr. Müller**, em cartas: **Sehr geehrte/r Herr/Frau Dr. Müller**) e nos cumprimentos é usual: **Guten Tag/Auf Wiedersehen Herr/Frau Doktor Müller!** Faz parte do título uma abreviação geralmente latina que indica a área profissional: **Dr. rer. nat.** para química, **Dr. med.** para medicina, **Dr. jur.** para advocacia, **Dr.-Ing.** para engenharia etc.

5.2 Uma consulta médica (Frases-chave) – Ein Termin beim Arzt (Redewendungen)

UMA CONSULTA MÉDICA (A) – EIN ARZTBESUCH (A)

» Veja Vocabulário 14: O corpo p. 194 e Vocabulário 15: No médico: sintomas e doenças p. 195.

Wo liegt das Problem?/Was gibt es denn?/Was fehlt Ihnen? – Qual é o problema?

Was ist los? – O que está acontecendo?

Na, was führt Sie diesmal zu mir? – Então, o que está trazendo o(a) sr.(a) aqui dessa vez?

Seit wann fühlen Sie sich so? – Há quanto tempo o(a) sr.(a) se sente assim?

Seit wann haben Sie diese Symptome? – Há quanto tempo o(a) sr.(a) está com esses sintomas?

Haben Sie sich schon vorher so gefühlt? – O(A) sr.(a) já se sentiu assim antes?

Nehmen Sie irgendwelche Medikamente? – O(A) sr.(a) está tomando algum remédio?

Sind Sie allergisch gegen etwas?/Worauf reagieren Sie allergisch? – O(A) sr.(a) é alérgico a alguma coisa?

Tut es hier weh? – Dói aqui?

Wo tut es weh? – Onde dói?

Können Sie Ihre Arme so bewegen? – O(A) sr.(a) consegue mexer seus braços assim?

Haben Sie ungeschützten Geschlechtsverkehr gehabt? – O(A) sr.(a) teve relações sexuais sem proteção?

Wann hatten Sie Ihre letzte Periode/Menstruation/Regel? – Quando foi sua última menstruação?

Atmen Sie tief ein. – Respire fundo.

Atmen Sie ein und aus. – Inspire e expire.

Haben Sie Schlafstörungen? – O(A) sr.(a) tem tido distúrbios de sono?

Haben Sie andere Symptome? – O(A) sr.(a) tem outros sintomas?
Kommen Sie wieder, wenn es Ihnen in ein paar Tagen nicht besser geht. – Volte aqui se não se sentir melhor em alguns dias.

UMA VISITA MÉDICA (B) – EIN ARZTBESUCH (B)

» Veja Vocabulário 14: O corpo p. 194.
Ich brauche eine Röntgenaufnahme vom Knie/von der Lunge/usw. – Vou precisar de um raio X do seu joelho/pulmões/etc.
Nun, werde ich Ihren Blutdruck/Ihre Temperatur messen. – Agora, vou medir sua pressão/temperatura.
Es sieht so aus, dass Sie Ihr Fußgelenk verdreht/verrenkt haben. – Parece que o(a) sr.(a) torceu/luxou o tornozelo.
Ihr Arm/Ihr Fuß/Ihr Bein muss eingegipst werden. – Seu braço/pé/perna precisa ser engessado(a).
Sie müssen eine Spritze bekommen. – O(A) sr.(a) precisa tomar uma injeção.
Wir brauchen eine Blutuntersuchung. – Precisamos fazer exame de sangue.
Ich verschreibe Ihnen ein Medikament. – Vou receitar um remédio para o(a) sr.(a)
Nehmen Sie zwei Tabletten alle sechs Stunden. – Tome dois comprimidos a cada seis horas.
Sie sollten das Rauchen aufgeben oder wenigstens versuchen weniger zu rauchen. – O(A) sr.(a) deveria parar de fumar ou pelo menos tentar fumar menos.
Sie sollen zwei Tage zu Hause bleiben und sich ausruhen. – O(A) sr.(a) deve ficar dois dias em casa e descansar.
In ein paar Tagen soll es Ihnen besser gehen. – Dentro de alguns dias o(a) sr.(a) deve sentir--se melhor.
Gute Besserung! – Melhoras!

5.3 Sentindo-se doente (Diálogo) – Sich krank fühlen (Dialog)

🎧 Faixa 24

Egon: Tag Manfred! Was ist mit dir los? Du siehst aber gar nicht gut aus!

Manfred: Tatsächlich, um ehrlich zu sein, ich bin heute nicht ganz auf dem Damm.

Egon: Was hast du denn?

Manfred: Seit gestern Abend habe ich solche Kopfschmerzen und ich habe dauernd den Eindruck, dass ich aufbrechen muss.

Egon: Mensch! Das ist ja schlimm! Was kann ich für dich tun?

Manfred: Ich danke dir, aber ich glaube, du kannst mir nicht helfen. Ich habe Aspirintabletten seit gestern genommen, aber das hat nicht viel gewirkt.

Egon: Liegt es nicht am Essen?

Manfred: Ich weiß es nicht. Ich habe nichts ungewöhnliches in den letzten Tagen gegessen. Es könnte aber vielleicht... Wenn ich mich weiter so elend fühle, dann muss ich eben zum Arzt.

Egon: Ja, mach das, aber sofort!

» Veja a tradução desse diálogo na p. 311.

5.4 Sentindo-se doente (Frases-chave) – Sich krank fühlen (Redewendungen)

SENTINDO-SE DOENTE (A) – SICH KRANK FÜHLEN (A)

» Veja Vocabulário 14: O corpo p. 194, Vocabulário 15: No médico: sintomas e doenças p. 195, 9.6 Falando sobre seu estado p. 143, 9.8 Sentindo-se cansado p. 144, 9.10 Sentindo-se mal, p. 146.

Ich fühle mich nicht sehr wohl. – Não estou me sentindo muito bem.

Ich fühle mich flau. – Estou sentindo fraqueza e tontura.

Mir ist schlecht. – Estou me sentindo mal.

Ich fühle mich unwohl. – Estou me sentindo/passando mal.

Ich fühle mich sehr schwach. – Estou me sentindo muito fraco(a).

Mir ist kalt/heiß. – Estou com frio/calor.

Ich fühle mich so müde. – Estou me sentindo tão cansado(a).

Ich kann nicht gut schlafen. – Não consigo dormir bem.

Ich bin sehr gestresst. – Estou muito estressado(a).

Ich habe zu viel Stress im Moment. – Ando com muito estresse ultimamente.

Du siehst angeschlagen aus. – Você parece abatido(a).

Ich leide unter dem Wetter. – Esse tempo não me faz bem.

Ich bin nicht ganz auf der Höhe/dem Posten/dem Damm. – Estou me sentindo indisposto(a).

Ich habe eine Grippe. – Estou com gripe.

Ich habe Temperatur/Fieber. Meine Temperatur ist über 38 Grad. – Estou com febre. Minha temperatura está acima de 38 graus.

Ich habe eine starke Erkältung/einen Schnupfen. – Estou com um resfriado forte.

Ich habe mich erkältet. – Eu me resfriei.

Ich habe Husten./Ich huste viel. – Estou com tosse./Estou tossindo muito.

Ich niese sehr viel. – Estou espirrando muito.

Meine Nase läuft. – Estou com coriza.
Meine Nase ist verstopft. – Meu nariz está entupido.
Meine Nase blutet. – Meu nariz está sangrando.

SENTINDO-SE DOENTE (B) – SICH KRANK FÜHLEN (B)

» Veja 5.8 No dentista - Frases-chave p. 88, Vocabulário 14: O corpo p. 194, Vocabulário 15: No médico: sintomas e doenças p. 195, Vocabulário 16: No dentista p. 197.
Ich habe (starke) Kopfschmerzen/Halsschmerzen. – Estou com dor de cabeça/de garganta (forte).
Mein Kopf/Hals tut mir (sehr) weh. – Minha cabeça/garganta está doendo (muito).
Ich habe Magenschmerzen/Bauchschmerzen. – Estou com dor de estômago/barriga.
Ich habe Sodbrennen. – Estou com azia.
Ich habe eine Magenverstimmung. – Estou com uma indisposição estomacal/o estômago embrulhado.
Ich habe zu viel getrunken. Ich habe einen Kater. – Eu bebi demais. Estou de ressaca.
Ich habe Rückenschmerzen/Ohrschmerzen. – Estou com dor nas costas/de ouvido.
Ich habe Zahnschmerzen. – Estou com dor de dente.
Ich habe Schmerzen in meinem Bein/Arm/in der Brust. – Estou com dor na perna/no braço/no peito.
Ich habe einen steifen Nacken/Hals. – Estou com torcicolo.
Ich kann mein/meine/meinen... nicht bewegen. – Não consigo mexer meu/minha...
Mein/Meine... ist geschwollen. – Meu/Minha... está inchado(a).
Ich habe einen Krampf/Muskelkater. – Estou com uma câimbra/dores musculares.
Ich habe mir den Arm gebrochen. – Eu quebrei o braço.
Ich habe ein Geschwulst/Schwellung hier gemerkt. – Notei um caroço/inchaço aqui.
Ich habe meine Hand verbrannt. – Queimei minha mão.
Ich habe mich in den Finger geschnitten. – Eu cortei meu dedo.

SENTINDO-SE DOENTE (C) – SICH KRANK FÜHLEN (C)

» Veja 9.6 Falando sobre seu estado p. 143, 9.8 Sentindo-se cansado p. 144, 9.10 Sentindo-se mal p. 146, Vocabulário 14: O corpo p. 194, Vocabulário 15: No médico: sintomas e doenças p. 195.
Es ist ein Notfall. – É uma emergência.
Es ist mir schwindelig. – Estou me sentindo tonto.
Ich glaube, ich falle in Ohnmacht. – Acho que vou desmaiar.
Ich schwitze sehr viel. – Estou suando muito.
Ich bin allergisch gegen... . – Sou alérgico a... .
Ich kann nicht richtig atmen. – Não consigo respirar direito.
Ich glaube, ich muss aufbrechen/mich übergeben. – Acho que estou com vontade de vomitar.
Alles tut mir weh. – Estou com o corpo inteiro doendo.
Ich muss auf die Toilette. – Preciso ir ao toalete.
Ich bin schwanger. – Estou grávida.
Meine Regeln sind zehn Tagen verspätet. – Minha menstruação está atrasada há dez dias.

Ich bin Diabetiker. – Sou diabético(a).
Ich mag keine Spritzen. – Não gosto de injeções.
Ich habe (k)eine Krankenversicherung. – Eu (não) tenho plano de saúde.

5.5 É melhor você fazer regime! (Diálogo) – Du solltest eine Diät machen! (Dialog)

⌢ Faixa 25

Jorge: Mensch! Ich kann es nicht fassen, ich habe drei Pfund[1] in einer Woche zugenommen!
Sebastian: Das ist der Preis für ungesundes Essen und wenig Bewegung!
Jorge: Ich weiß... Ich muss unbedingt eine Diät anfangen.
Sebastian: Du solltest auch öfters trainieren. Ich habe dich auch in den letzten Tagen kaum üben gesehen. Auf jeden Fall solltest du einen Arzt besuchen, bevor du eine Diät anfängst.
» Veja a tradução desse diálogo na p. 312.

5.6 Vocabulário ativo: Fazendo dieta – Aktiver Wortschatz: Eine Diät machen

DIÄT MACHEN: FAZER REGIME, DIETA
DAS ÜBERGEWICHT: EXCESSO DE PESO

Udo hat sich zu einer Diät entschieden, da er Übergewicht hatte.
Udo decidiu **fazer regime** já que estava **com excesso de peso**.

ZUNEHMEN: ENGORDAR, GANHAR PESO

Edgar hat zugenommen, seitdem er geheiratet hat.
Edgar **engordou** desde que se casou.

---

1. O **Pfund (das)** em alemão corresponde a 500 g. É bastante utilizado no cotidiano para comprar alimentos como queijo, carne, frios, legumes e frutas, e principalmente para indicar 250 g, **ein halbes Pfund**.

Jan hat schon fünf Kilos abgenommen, seitdem er die neue Diät angefangen hat.
Jan já **perdeu uns cinco quilos** desde que começou uma nova dieta.

DAS FASTFOOD-RESTAURANT/SCHNELLRESTAURANT: **RESTAURANTE COM COMIDA PREPARADA, SERVIDA E CONSUMIDA COM RAPIDEZ (EX. HAMBÚRGUER, PIZZA, DÖNER KEBAB, SALSICHAS, SANDUÍCHES ETC.)**

Ich habe die Nase voll jeden Tag im Fastfood-Restaurant zu essen. Essen wir mal in einem richtigen Restaurant.
Estou cansado de comer em **fast food** todos os dias. Vamos comer num restaurante de verdade dessa vez!

UNGESUNDES ESSEN: **COMIDA INDUSTRIALIZADA NÃO É SAUDÁVEL PORQUE CONTÉM MUITA GORDURA, AÇÚCAR, SAL, CONSERVANTES ETC.**

Du hast in letzter Zeit viel zu viel ungesundes Essen gegessen. Wie wäre es mit einem gesunden Essen zur Abwechslung?
Você tem consumido de modo exagerado **comida pouco saudável** ultimamente. Que tal uma refeição saudável para variar?

DER KNACKIGE SALAT: **A SALADA CROCANTE, FRESQUINHA**

Für mich einen knackigen Salat, bitte!
Para mim, uma **salada crocante**, por favor!

FETTREDUZIERT: **BAIXA TAXA DE GORDURA**

Annette kauft immer fettreduzierten Quark.
Annette sempre compra ricota com **baixa taxa de gordura**.

FETTARM: **COM POUCA GORDURA**
DER BALLASTSTOFF, -E: **FIBRAS**

Liselotte isst immer fettarm und mit viel Ballaststoffen.
Liselotte sempre come com **pouca gordura** e bastante **fibras**.

LEICHTE MAHLZEITEN: **REFEIÇÕES LEVES**

Eva bevorzugt leichte Mahlzeiten, deshalb ist sie immer schlank.
Eva dá preferência a **refeições leves**, por isto ela sempre está magra.

KALORIENARM: **BAIXO TEOR CALÓRICO**

Salat und Gemüse sind kalorienarm, daher gehören sie zu jeder Diät zum Abnehmen!
Alface e legumes têm **baixo teor calórico** por isso fazem parte de toda dieta de emagrecimento!

FASTEN/FASTETE/HAT GEFASTET: **FAZER JEJUM**

Viele Völker, wie die Moslems, fasten aus religiösen Gründen.
Muitos povos, como os muçulmanos, **fazem jejum** por razões religiosas.

5.7 **Na dentista (Diálogo)** – Bei der Zahnärztin (Dialog)

🎧 **Faixa 26**

Zahnärztin: Also, tut etwas weh?
Patient: Schon seit einiger Zeit tut mir dieser Zahn weh.
Zahnärztin: Vielleicht haben Sie ein Loch. Wann waren Sie das lezte Mal bei einem Zahnarzt?
Patient: Etwa vor drei Jahren. Ich reagiere nämlich panisch, wenn ich den Bohrer höre.
Zahnärztin: Machen Sie sich keine Sorgen, sie werden nichts spüren. Schließen Sie einfach die Augen und versuchen Sie sich zu entspannen.
Patient: Ich werde es versuchen.
» Veja a tradução desse diálogo na p. 312.

5.8 **No dentista (Frases-chave)** – Beim Zahnarzt (Redewendungen)
» Veja Vocabulário 16: No dentista p. 197.
Ich habe Zahnschmerzen. – Estou com dor de dente.
Ich meine, ich habe ein Loch/eine Karies[1]. – Acho que tenho uma cárie.
Ich habe einen gebrochenen Zahn. – Estou com um dente quebrado.
Ich habe eine Plombe/Füllung verloren. – Perdi uma obturação.
Meine Zähne sind sehr empfindlich. – Meus dentes estão muito sensíveis.
Mein Zahnfleisch tut weh. – Minha gengiva está doendo.

---

1. **die Karies**: sem plural.

5.9 **Mantendo-se em forma (Diálogo)** – Sich fit halten (Dialog)

🎧 **Faixa 27**

Jörg: Mensch, du hältst dich aber gut in Form!
Otto: Ja, seitdem ich jetzt regelmäßig trainiere.
Jörg: Wie oft trainierst du im Fitnesszentrum?
Otto: Mindestens dreimal in der Woche, aber ich jogge auch jeden Morgen.
Jörg: Tatsächlich? Ach, hätte ich Zeit, das auch zu machen.
Otto: Also, du musst dir die Zeit nehmen. Ich habe selbst immer die gleiche Ausrede gehabt. Denk nur daran, wie wichtig ein gesundes Leben ist.
Jörg: Ich glaube du hast Recht!
» Veja a tradução desse diálogo na p. 312.

5.10 **Mantendo-se em forma (Frases-chave)** – Sich fit halten (Redewendungen)

MANTENDO-SE EM FORMA (A) – SICH FIT HALTEN (A)

» Veja Vocabulário 10: Esportes p. 179.
Du scheinst in guter Form zu sein. – Você parece estar em boa forma.
Du bist in glänzender Form ! – Você está em ótima forma!
Was ist mit dir los? Du scheinst in schlechter Verfassung. – O que está acontecendo com você? Você não parece estar bem.
Wie oft trainierst du? – Com que frequência você malha?
Wie oft joggst du? – Com que frequência você corre?
Treibst du Sport regelmäßig? – Você pratica esportes com regularidade?
Wie oft gehst du ins Fitnesszentrum? – Com que frequência você vai à academia?
Welcher ist dein Lieblingssport? – Qual é o seu esporte preferido?

» Veja Vocabulário 10: Esportes p. 179.

Ich merke, dass ich völlig aus der Form bin. – Sinto que estou completamente fora de forma.

Früher, als ich jünger war, habe ich Fußball gespielt. – Eu jogava futebol quando era mais jovem.

Ich trainiere/trimme mich zweimal in der Woche. – Eu malho duas vezes por semana.

Ich gehe dreimal in der Woche zur Gymnastik. – Vou à ginástica três vezes por semana.

Ich renne jeden Tag eine Stunde auf dem Laufband. – Eu corro na esteira por uma hora todos os dias.

Ich jogge jeden Tag eine Stunde. – Eu corro uma hora todos os dias.

Ich treibe regelmäßig jede Woche Sport. – Pratico esporte regularmente toda semana.

5.11 Dicas de um personal trainer (Diálogo) – Tipps von einem Sportberater (Dialog)

🎧 **Faixa 28**

Mathias: Ich merke, ich bin aus der Form. Ich muss wirklich ein Übungsprogramm anfangen. Was würden Sie mir empfehlen?

Sportberater: Also, wenn Sie schon lange nicht mehr geübt haben, sollten Sie am besten zuerst eine ärztliche Kontrolluntersuchung machen.

Mathias: Genau, das wollte ich eben machen.

Sportberater: Gut, wenn alles in Ordnung mit der Untersuchung ist, dann können Sie langsam ein Übungsprogramm anfangen. Joggen Sie gern?

Mathias: Das mag ich, nur werde ich nach ein paar Minuten so schnell müde.

Sportberater: Das ist normal, Sie sind aus der Form. Sie müssen langsam anfangen und nach und nach länger und intensiver joggen.

» Veja a tradução desse diálogo na p. 312.

5.12 **Vocabulário ativo: Mantendo-se em forma** - Aktiver Wortschatz: Sich fit halten

JOGGEN/EINEN DAUERLAUF MACHEN: **FAZER COOPER/CORRER DEVAGAR E REGULARMENTE**

Florian joggt dreimal in der Woche.
Florian **corre** três vezes por semana.

TRAINIEREN: **FAZER EXERCÍCIO FÍSICO, "MALHAR"**

DAS TRAINING: **EXERCÍCIO FÍSICO PARA MELHORAR A FORMA, GINÁSTICA**

Regelmäßiges Training wird dir wohl tun. Hast du schon daran gedacht?
Atividade física regular faria bem a você. Já pensou nisso?

DAS TRAINING: **TREINO**

Peter hat Basketballtraining jeden Donnerstag.
Peter tem **treino** de basquete todas as quintas.

DER TRAINER: **TREINADOR, TÉCNICO**

"Um ein guter Spieler zu werden, braucht man viel Training und Einsatz", sagte der Trainer.
"É preciso muito treino e dedicação para ser um bom jogador", disse o **treinador**.

DIE TURNSCHUHE (PL)/TENNISSCHUHE: **TÊNIS**

Nikolas trägt immer bequeme Turnschuhe zum Joggen.
O Nikolas sempre usa **tênis** confortáveis para correr.

FIT SEIN/IN KÖPERLICHER GUTER FORM SEIN: **ESTAR EM BOA FORMA FÍSICA**

Du scheinst in guter Form zu sein. Was machst du, um fit zu bleiben?
Você está em **boa forma física**. O que você faz para manter a **forma**?

DIE FITNESS/DIE KÖRPERLICHE ERTÜCHTIGUNG: **BOA FORMA, PREPARO FÍSICO**

Hast du in letzter Zeit Übungen gemacht, um deine Fitness zu verbessern?
Você tem feito exercícios para melhorar seu **preparo físico**?
Kennst du ein gutes Übungsprogramm, um die körperliche Ertüchtigung zu verbessern?
Você conhece algum programa de exercícios para melhorar o **preparo fisico**?

DAS AEROBIC/DIE AEROBICÜBUNG: **(GINÁSTICA) AERÓBICA, EXERCÍCIO AERÓBICO**

Margot fühlt sich wesentlich besser, seitdem sie mit Aerobic angefangen hat.
Margot tem se sentido muito mais saudável desde que começou a fazer **aeróbica**.

DER LIEGESTÜTZ: **FLEXÃO**

DAS RUMPFHEBEN/DER SIT-UP (BAUCHMUSKELÜBUNG): **ABDOMINAL**

Ein gutes Übungsprogramm sollte eine Reihe von Liegestützen und Rumpfheben einbeziehen.

Um bom programa de exercícios deve incluir uma série de **flexões** e **abdominais**.

6. LAR DOCE LAR - TRAUTES HEIM, GLÜCK ALLEIN!

6.1 Uma nova moradia (Diálogo) - Eine neue Wohnung (Dialog)

🎧 **Faixa 29**

Ella: Na also, ich habe gehört, ihr zieht bald um.

Lea: Ja! Wir haben eine nette Wohnung mit Balkon eine Straße weiter gefunden. Es ist eine 3-Zimmerwohnung. Das neue Wohnzimmer ist größer und jetzt haben wir ein Arbeitszimmer. Es ist genau, was wir gesucht haben.

Ella: Ihr habt wirklich eine größere Wohnung gebraucht.

Lea: Stimmt, wir hatten zu wenig Platz.

Ella: Es ist wunderbar, dass ihr in der Nähe bleibt.

Lea: Tja, wir sind so sehr an dieses Stadtviertel gewöhnt, dass wir uns nicht in einem anderen vorstellen könnten.

Ella: Sag mir Bescheid, wenn ihr Hilfe für den Umzug braucht. Vielleicht kann Ulrich euch mit seinem Kleintransporter nützlich sein.

» Veja Dica cultural 27: Apartamento de 3 cômodos, abaixo.

» Veja a tradução desse diálogo na p. 313.

> ### DICA CULTURAL 27: APARTAMENTO DE 3 CÔMODOS
> #### LANDESKUNDLICHER TIPP 27: 3-ZIMMERWOHNUNG
> A palavra **Zimmer** além de quarto também significa cômodo, portanto nos anúncios **eine 3-Zi Whg** é um apartamento de dois quartos e uma sala. Na Suíça no lugar de **Zimmer** usa-se a palavra **Raum**.

6.2 Uma nova moradia (Frases-chave) – Eine neue Wohnung (Redewendungen)

» Veja Vocabulário 18: A casa p. 199, Vocabulário 19: Objetos na sala de estar p. 199, Vocabulário 20: Objetos na cozinha p. 200, Vocabulário 21: Objetos no dormitório p. 201 e Vocabulário 22: Objetos no banheiro p. 202.

Wir brauchen eine größere Wohnung/ein größeres Haus. – Precisamos de um apartamento/ uma casa maior.

Unser Wohnzimmer/Wohnraum (CH)/unsere Küche ist zu klein. – Nossa sala/cozinha é pequena demais.

Wir haben keinen Platz für nichts mehr. – Não temos espaço para mais nada.

Warum gehst du nicht zu einem Maklerbüro? – Por que você não vai a uma imobiliária?

6.3 Conversando com um corretor de imóveis (Frases-chave) – Mit dem Makler sprechen (Redewendungen)

CONVERSANDO COM UM CORRETOR DE IMÓVEIS (A) – MIT DEM IMMOBILIENMAKLER SPRECHEN (A)

» Veja Dicas culturais 27 e 28 p. 93 e 95, Vocabulário 18: A casa p. 199.

Wir suchen eine 3-Zimmerwohnung. – Estamos procurando um apartamento de três cômodos.

Wir möchten eine größere Wohnung im gleichen Viertel. – Gostaríamos de mudar para um apartamento maior no mesmo bairro.

Wir möchten ein Familienhaus mit Garage. – Gostaríamos de uma casa com garagem.

Haben Sie Wohnungen in der Nähe der U-Bahn in diesem Stadtviertel zu vermieten? – O(A) sr.(a) tem apartamentos perto do metrô para alugar neste bairro?

Wie viel kostet im Durchschnitt eine 3-Zimmerwohnung in dieser Wohngegend? – Quanto custa na média um apartamento de três cômodos neste bairro?

Ist dieses Stadtteil ruhig/sicher? – Este bairro é calmo/seguro?

Können Sie uns die 3-Zimmerwohnungen, die in der Gegend zum Verkauf stehen, zeigen? – O(A) sr.(a) pode nos mostrar os apartamentos de três cômodos que estão à venda neste bairro?

FALANDO COM UM CORRETOR DE IMÓVEIS (B) – MIT DEM IMMOBILIENMAKLER SPRECHEN (B)

» Veja Vocabulário 18: A casa p. 199.

Welche Preislage haben Sie im Sinn? – Que faixa de preço você tem em mente?

Der Durchschnittswert der Miete für eine 3-Zimmerwohnung in dieser Gegend liegt etwa bei 1.300 Euro. – O valor médio do aluguel de um apartamento de três cômodos nesta região está na faixa de 1.300 euros.

Die Schlafzimmer in dieser Wohnung sind besonders groß. – Os dormitórios neste apartamento são bastante espaçosos.

Das Viertel ist sehr gut. – Este bairro é muito bom.

Das ist ein ruhiges/sicheres/lautes/gefährliches Stadtteil. – Este bairro é calmo/seguro/barulhento/perigoso.
Ich zeige Ihnen das Haus/die Wohnung. – Vou lhe mostrar a casa/o apartamento.

DICA CULTURAL 28: ALUGUEL FRIO OU QUENTE MAIS CUSTOS EXTRAS
LANDESKUNDLICHER TIPP 28: KALT-ODER WARMMIETE PLUS NEBENKOSTEN
Quando o aluguel inclui os custos para eletricidade e aquecimento então lê-se nos anúncios apenas **warm** para **Warmmiete** (aluguel quente), do contrário estará **kalt** (frio), ou seja, esse custo é calculado à parte e acrescido ao valor do aluguel. Além disso, consta a indicação **plus Nebenkosten** ou **Betriebskosten** (mais custos extras) que valem pela manutenção do prédio: impostos, fornecimento de água, esgoto, elevador, faxina, dedetização, colocação do lixo para fora, manutenção da calçada, iluminação, zelador etc. Todas essas taxas são pagas junto com o aluguel de forma que não há cobrança separada de condomínio.

6.4 **Vocabulário ativo: Lar doce lar** – Aktiver Wortschatz: Trautes Heim, Glück allein!

DIE VORSTADT*: SUBÚRBIO

Robert wohnt in einer ruhigen Vorstadt. Dort hat er ein Haus mit Garten.
Robert mora num **subúrbio** tranquilo. Lá ele tem uma casa com jardim.
» *Veja Dica cultural 30: Periferia e subúrbio p. 100.

DIE NEBENKOSTEN/DIE BETRIEBSKOSTEN: CUSTOS EXTRAS PARA MANUTENÇÃO DO PRÉDIO, INCLUINDO ZELADOR

Daniel bezahlt für seine Wohnung plus Nebenkosten insgesamt achthundert Euro.
Daniel paga no total pelo seu apartamento, mais os **custos extras**, oitocentos euros.

DIE KALTMIETE/DIE WARMMIETE*: ALUGUEL INCLUINDO OU NÃO OS CUSTOS DE ELETRICIDADE E AQUECIMENTO, "ALUGUEL QUENTE/FRIO"

Ist die Miete warm oder kalt?
O **aluguel inclui eletricidade e aquecimento** ou não?
» *Veja Dica cultural 28: Aluguel frio ou quente mais custos extras, acima.

DIE HEIZUNG: O AQUECIMENTO

Was kostet die Heizung?
Quanto custa o **aquecimento**?

DIE KAUTION: A CAUÇÃO

Gesa und Andreas mussten drei Monatsmieten Kaution für die neue Wohnung bezahlen.
Gesa e Andreas tiveram de pagar três meses de aluguel de **caução** pela nova moradia.

DER HAUSWART/DER HAUSMEISTER/DER ABWART (CH): **ZELADOR**

Wissen Sie, wo der Hausmeister ist? Der Lift hat nämlich eine Panne.
O(A) sr.(a) sabe onde está o **zelador**? É que o elevador está com defeito.

DER AUFZUG/DER FAHRSTUHL/DER LIFT (CH): **ELEVADOR**

Sie müssen die Treppe steigen. Der Lift ist defekt.
O(A) sr.(a) tem de subir pela escada. O **elevador** está quebrado.

DAS HAUS: **CASA**

Mark fährt oft spät nach Hause.
O Mark frequentemente volta tarde para **casa**.

DAS HEIM[1]: **LAR**

Sabine hat Heimweh nach Salzburg.
Sabine sente saudades de Salzburgo.

DIE HYPOTHEK: **HIPOTECA**

Harald ist jetzt sicher erleichtert, da er die Hypothek auf sein Haus getilgt hat.
Harald está certamente aliviado agora, já que ele quitou a **hipoteca** da casa.

6.5 **Meu afazer doméstico preferido (Diálogo)** – Meine Lieblingshausarbeit (Dialog)

---

1. O sentido de lar na palavra **Heim** é antigo, sendo hoje raramente usada apenas se referindo a lar. É mais comum como parte de uma palavra composta como **Heimweh**, que significa saudades de casa, da família ou do país. Outras palavras correntes são **Altersheim** (asilo para pessoas idosas), e **die Heimat** (a pátria).

🎧 Faixa 30

Guilherme: Hilft dir deine Frau bei der Hausarbeit?

Martin: Aber natürlich! Sie hilft mir immer, wenn sie kann. Ihre Lieblingshausarbeit* ist das Geschirr abwaschen und das Einkaufen.

Guilherme: Wie teilt ihr euch in die Hausarbeit?

Martin: Also jeder hat seine Vorlieben, wenn aber einer es nicht schafft, hat der andere dafür Verständnis und übernimmt die Aufgabe ausnahmsweise je nach den jeweiligen Zeitmöglichkeiten. Wir versuchen das Leben, so viel wie möglich zu vereinfachen.

Guilherme: Und ihr habt noch zwei Kinder, wie schafft ihr das alles?

Martin: Ja, da gibt es immer ganz schön viel zu tun. Aber wir organisieren uns und die Kinder können auch schon etwas helfen, wie beim Tisch decken und abdecken, ihre Sachen selbst aufräumen. Diese Kleinigkeiten helfen einem schon.

Guilherme: Das ist wirklich allerhand! Gratuliere!

» Veja a tradução desse diálogo na p. 313.

» *Veja 1.8 Perguntando por informações pessoais (B) nota sobre Liebling, Lieblings- p. 21.

DICA CULTURAL 29: TAREFAS DOMÉSTICAS E FILHOS
LANDESKUNDLICHER TIPP 29: HAUSARBEIT UND KINDER

Na Alemanha especificamente, as tarefas domésticas são divididas de maneira bastante equilibrada entre maridos e esposas e de acordo com os interesses e possibilidades da família. Se, por exemplo, a esposa tiver uma profissão mais bem remunerada e mais chances de ter uma carreira profissional mais bem-sucedida que o marido, ela terá prioridade para trabalhar fora. Alguns maridos chegam até a renunciar temporariamente sua ocupação profissional para cuidar das crianças pequenas e da casa. É muito raro uma família dispor de uma faxineira, que é remunerada por hora, ou de uma governanta para as crianças. Ocasionalmente contratam uma baby-sitter, também paga por hora, para o casal poder sair à noite. Outra forma de obter uma ajuda extra no cuidado com os filhos menores é a contratação de uma moça "au pair", cuja função é cuidar da rotina dos filhos na ausência dos pais, fazendo-os estudar, levando e trazendo para ou da escola, dando as refeições etc. A contrapartida para esse trabalho é moradia, alimentação, meio período livre para que possa estudar e uma mesada estipulada entre a família e a garota "au pair". Há ainda as **Tagemütter**, "mães por dia", que cuidam de várias crianças, e cobram também por hora.

6.6 Vocabulário ativo: Afazeres domésticos – Aktiver Wortschatz: Hausarbeit

» Veja Vocabulário 11: Afazeres domésticos e outras atividades p. 180.

REINIGEN/PUTZEN/SAUBER MACHEN: **LIMPAR**

SAUBER: **LIMPO**

DIE REINIGUNGSKRAFT/DIE RAUMPFLEGERIN/DIE PUTZFRAU/DIE PUTZHILFE: **AGENTE DE LIMPEZA/ARRUMADEIRA/FAXINEIRA/AJUDANTE**

Kannst du mir helfen, das Dachgeschoss sauber zu machen?
Você pode me ajudar a **limpar** o sótão?

ABWISCHEN/WISCHTE AB/HAT ABGEWISCHT: **PASSAR UM PANO**

WISCHEN/WISCHTE/HAT GEWISCHT: **PASSAR UM PANO DE CHÃO**

DER STAUB: **PÓ**

STAUBIG: **EMPOEIRADO**

SCHMUTZIG: **SUJO**

DER BODEN: **PISO, CHÃO**

Vergiss bitte nicht den Tisch zu abzuwischen!
Não se esqueça de **passar um pano** na mesa, por favor!
Der Boden ist sehr staubig/schmutzig. Kannst du ihn bitte wischen?
O piso está bem **empoeirado/sujo**. Você pode **passar um pano** no piso, por favor?

FEGEN/KEHREN: **VARRER**

DER BESEN: **VASSOURA**

Wo ist der Besen? Ich möchte den Boden fegen.
Onde está a **vassoura**? Eu quero **varrer** o chão.

DEN MÜLL HINAUSBRINGEN: **LEVAR O LIXO PARA FORA**

Larissa bringt den Müll jeden Abend hinaus.
Larissa **leva o lixo para fora** todas as noites.

DAS GESCHIRR ABWASCHEN/SPÜLEN: **LAVAR A LOUÇA**

Das Geschirr abwaschen ist eine meiner Lieblingshausarbeiten.
Lavar a louça é uma das minhas tarefas de casa preferidas.

BÜGELN/PLÄTTEN: **PASSAR AS ROUPAS**

Ich hatte noch nie ein solches Kleid gebügelt/geplättet.
Nunca havia **passado** um vestido destes antes.

DAS BÜGELEISEN: **FERRO DE PASSAR ROUPA**

DEN RASEN MÄHEN: **CORTAR A GRAMA (COM MÁQUINA)**

Kann mir jemand helfen, den Rasen zu mähen?
Alguém pode me ajudar a **cortar a grama**?

DER RASENMÄHER: **MÁQUINA DE CORTAR GRAMA**

MIT DEM STAUBSAUGER REINIGEN: **LIMPAR COM ASPIRADOR DE PÓ**

Einmal in der Woche wird mit dem Staubsauger gereinigt.
Uma vez por semana **limpa-se** a casa **com o aspirador**.

DER STAUBSAUGER: **ASPIRADOR DE PÓ**

DIE HAUSARBEIT: **AFAZER, SERVIÇO DOMÉSTICO**

Katja hasst Hausarbeit.
Katja detesta fazer **serviço doméstico**.

6.7 **Você sempre morou em apartamento? (Diálogo)** – Hast du immer in einer Wohnung gewohnt? (Dialog)

🎧 **Faixa 31**

Ute: Hast du immer in einer Wohnung gewohnt?
Erwin: Nein, nein. Bevor ich heiratete, wohnte ich in einem großen Haus in der Vorstadt.
Ute: Also, das war eine große Umstellung.
Erwin: Am Anfang war es sehr schwierig für mich. Ich war an viel mehr Platz gewöhnt, aber jetzt habe ich mich schon angepasst.
Ute: Ziehst du es heute vor, in einer Etagenwohnung zu leben?
Erwin: Es gibt natürlich Vor- und Nachteile, wie bei allem im Leben. Einer der größten Vorteile ist die Sicherheit. Wenn wir verreisen, können wir einfach abschließen und wegfahren. Ohne weitere Sorgen!
» Veja a tradução desse diálogo na p. 313.

DICA CULTURAL 30: PERIFERIA E SUBÚRBIO – LANDESKUNDLICHER TIPP 30: VORSTADT

Há vários termos para designar periferia ou subúrbio em alemão, cada qual com uma conotação um pouco diferente. A **Vorstadt** na Idade Média era uma aglomeração que se formava próxima a um núcleo urbano, porém fora de seus limites ou muros, e por isso muitas cidades de hoje possuem o termo **Vorstadt** ou **Neustadt** no nome. Hoje **Vorstadt** pode ser um bairro vizinho, por vezes planejado, de uma cidade maior. O termo **Vorort** indica uma aglomeração na periferia de uma cidade, próxima a locais de adensamento populacional e que por uma questão de cobrança de impostos acaba sendo agregada à cidade vizinha como bairro. Enquanto a **Satellitenstadt** é uma cidade planejada próxima a outra maior, com infraestrutura básica própria e independente incluindo centros comerciais, repartições públicas, escolas, hospitais, meios de transporte, lazer e que gera empregos, a **Trabantenstadt** ou **Schlafstadt** (cidade-dormitório) é um bairro residencial com infraestrutura comercial e de serviços locais fracos, sem alternativas de lazer, cujos imóveis são usados pelos moradores apenas para pernoitar pois durante o dia se deslocam para trabalhar numa cidade próxima. Essas pessoas que vão e voltam para trabalhar são chamadas de **Pendler**. Nesses diversos tipos de subúrbios, por estarem mais afastados dos centros, os preços das moradias são mais baixos e o tamanho delas pode ser maior, já que o metro quadrado é mais em conta, além de se poder estar mais próximo da natureza. A desvantagem, porém, é estar longe dos restaurantes, bares, cinemas, enfim, das opções culturais de lazer e do agito, já que os meios de transporte só circulam até determinada hora da noite.

6.8 Problemas com o apartamento (Diálogo) – Probleme mit der Wohnung (Dialog)

🎧 **Faixa 32**

Karl-Heinz: Ich habe langsam die Nase voll von dieser Wohnung.
Thomas: Was ist denn los?
Karl-Heinz: Also zuerst ist der Abfluss in der Küche immer wieder verstopft.
Thomas: Hast du schon einen Installateur kommen lassen?
Karl-Heinz: Ja, schon zweimal sogar! Aber nach ein paar Tage fängt alles wieder an.
Thomas: Es liegt wohl daran, dass es ein alter Bau ist.
Karl-Heinz: Das stimmt, und noch dazu ist der Abfluss im Badezimmer auch nicht in Ordnung.
Thomas: Um ehrlich zu sein, an deiner Stelle, würde ich eine neue Wohnung suchen. Diese Wohnung braucht eine gründliche Renovierung vom Besitzer.

» Veja a tradução desse diálogo na p. 314.

6.9 Problemas com o apartamento (Frases-chave) – Probleme mit der Wohnung (Redewendungen)

PROBLEMAS COM O APARTAMENTO (A) – PROBLEME MIT DER WOHNUNG (A)

» Veja Vocabulário 20: Objetos na cozinha p. 200, Vocabulário 22: Objetos no banheiro p. 202.
Der Abfluss des Spülbeckens in der Küche ist verstopft. – O ralo da pia na cozinha está entupido.
Die Toilette/Das WC ist verstopft. – A privada está entupida.
Die Spülung in der Toilette geht nicht. – A descarga no toalete não funciona.
Der Lift/die Waschmaschine ist defekt/kaputt. – O elevador/a máquina de lavar está com defeito/quebrado(a).
Der Wasserhahn tropft ununterbrochen. – A torneira está pingando sem parar.
Der Wasserhahn ist nicht dicht/undicht. – A torneira está vazando.
Etwas stimmt mit dem Abfluss nicht. – Algo está errado com o ralo.
Die Klimaanlage/Heizung funktioniert nicht richtig. – O ar-condicionado/aquecimento não está funcionando direito.
Das Dach ist undicht. – Tem um vazamento no teto.

PROBLEMAS COM O APARTAMENTO (B) – PROBLEME MIT DER WOHNUNG (B)

Was ist nicht in Ordnung mit der Waschmaschine/dem Staubsauger? – Qual é o problema com a máquina de lavar roupa/o aspirador de pó?
Was ist mit der Klimaanlage los? – O que está acontecendo com o ar-condicionado?
Können Sie das reparieren? – O(A) sr.(a) pode consertar isso?
Können Sie den Abfluss/die Toilette frei machen? – Você pode desentupir a pia/a privada?
Am besten rufen wir einen Installateur. – É melhor chamarmos um encanador.
Die Wände müssen gestrichen werden. – As paredes precisam ser pintadas.
Der Fußboden muss repariert werden. – O piso precisa ser consertado.
Die Gasleitung scheint undicht zu sein. – O encanamento do gás parece estar vazando.

6.10 Família (Diálogo) – Familie (Dialog)

Eine Zwillingsschwester, das ist fein!

Ja, aber wir sehen uns gar nicht ähnlich.

🎧 Faixa 33

Sophie: Du, Friedrich, du hast also eine große Familie?
Friedrich: Ja schon, ich habe zwei Brüder und eine Zwillingsschwester.
Sophie: Eine Zwillingsschwester, das ist fein!
Friedrich: Ja, aber wir sehen uns gar nicht ähnlich.
Sophie: Trefft ihr euch oft?
Friedrich: Eigentlich nicht sehr oft. Einer meiner Brüder wohnt im Ausland, deshalb sehe ich ihn nur einmal im Jahr. Mein anderer Bruder und meine Schwester sehe ich öfter. Auf jeden Fall treffen wir uns alle wenigstens einmal im Jahr, normalerweise zu Weihnachten.

» Veja a tradução desse diálogo na p. 314.
» Veja a tradução desse diálogo na p. 314.
» Veja Vocabulário 5: Membros da família p. 174.

DICA CULTURAL 31: NATAL – LANDESKUNDLICHER TIPP 31: WEIHNACHTEN

O período que antecede o Natal (**Vorweihnachtszeit**) é marcado por preparativos intensos num clima generalizado de espera mágica, acompanhando a chegada do inverno com seus dias curtos, quando escurece a partir das 16:30! Assim a iluminação natalina ganha um destaque especial e tanto mais nos mercados natalinos (**Weihnachtsmarkt**, **Adventmarkt** ou **Christkindlmarkt**) com suas barracas enfeitadas e iluminadas nas praças das cidades, o cheiro de vinho quente (**Glühwein**) e outras especialidades como os pães de mel decorados (**Lebkuchen**), a maçã assada (**Bratapfel**), e os diversos confeitos de Natal: as **Aachener Printen**, os **Lebkuchen** de Nuremberg (pão de mel), os **Berliner Pfannkuchen** (sonhos), os **Spekulatius** (bolachinhas de especiarias finas e crocantes) e, enfim, o **Christstollen** (bolo natalino com frutas cristalizadas). O inverno começa em 21 de dezembro e como nem sempre há neve, ter um belo Natal branco (**weiße Weihnachten**) é uma grande alegria. Os quatro domingos de Advento, que antecedem o dia 24 de dezembro, são festejados nas famílias em volta da coroa de Advento com quatro velas que são acesas sucessivamente a cada domingo com canções (**Stille Nacht, heilige Nacht** de 1818, conhecida no Brasil como **Noite Feliz**), e o preparo antecipado e em família de bolos e bolachinhas típicos, que precisam descansar até o Natal. As crianças adoram os calendários de Advento, vendidos nas lojas com chocolates e ilustrações natalinas para cada dia de 1º a 25 de dezembro. Muitas famílias confeccionam seus próprios calendários em tecido com bolsos bordados pelas mães e avós, onde cada noite há uma pequena guloseima. No dia 6 de dezembro é Dia de Santo Nicolaus, que traz uma pequena recompensa para as crianças bem-comportadas ou "palmadas" para as desobedientes, assim explicam os pais aos filhos. Trabalhos manuais e artesanato são muito valorizados, de forma que muitos se empenham em criar algo próprio e personalizado, até mesmo uma embalagem especial para o presente. Na noite de Natal um prato típico é o ganso assado (**Gänsebraten**) ou a carpa (**Karpfe**), mas o cardápio da ceia de Natal varia bastante de região para região.

7. NO TRABALHO - BEI DER ARBEIT

7.1 Dois amigos falando sobre o trabalho (Diálogo) - Zwei Freunde sprechen über die Arbeit (Dialog)

∩ Faixa 34

Ernesto: Was ist mit dir los? Du siehst bekümmert aus.
Horst: Ja, das bin ich auch. Ich habe es satt, Tag ein Tag aus immer die gleiche langweilige Arbeit zu machen. Formulare ausfüllen und den ganzen Kram, du weißt doch, was ich meine.
Ernesto: Suchst du schon eine andere Stelle?
Horst: Sicher, in letzter Zeit suche ich schon in den Zeitungsanzeigen.
Ernesto: Was für eine Stelle hast du im Sinn?
Horst: Ich habe keine Ahnung. Auf jeden Fall etwas Anspruchsvolleres. Ich halte es einfach nicht mehr aus, immer die gleiche Routine.
Ernesto: Ich weiß schon, wie das ist.
» Veja a tradução desse diálogo na p. 314.

7.2 Falando sobre o trabalho (Frases-chave) - Über die Arbeit sprechen (Redewendungen)

FALANDO SOBRE O TRABALHO (A) - ÜBER DIE ARBEIT SPRECHEN (A)

» Veja Vocabulário 1: Profissões e Ocupações p. 163.
Was sind Sie von Beruf? - Qual é sua profissão?
Was machen Sie beruflich? - O que o(a) sr.(a) faz profissionalmente?
Was für eine Stelle haben Sie? - Que tipo de emprego o(a) sr.(a) tem?
Haben Sie Ihren Beruf gern? - O(A) sr.(a) gosta de sua profissão?
Haben Sie Spaß an Ihrem Beruf/an Ihrer Arbeit? - O(A) sr.(a) tem satisfação com sua profissão/seu trabalho?

Warum suchen Sie nicht eine andere Stelle/einen anderen Job? – Por que o(a) sr.(a) não procura um outro emprego/trabalho?

FALANDO SOBRE O TRABALHO (B) – ÜBER DIE ARBEIT SPRECHEN (B)

» Veja Vocabulário 1: Profissões e Ocupações p. 163, 9.6 Falando sobre seu estado - Frases-chave p. 143.

Ich bin... von Beruf. – Eu sou... de profissão.

Ich arbeite mit Werbung/im Vertrieb/im Marketing/usw. – Eu trabalho com publicidade/em vendas/marketing/etc.

Ich liebe meine Arbeit. – Adoro meu trabalho.

Ich bin müde von meiner Arbeitsroutine. – Estou cansado da rotina diária no trabalho.

Ich halte meinen Chef nicht aus. – Não suporto meu chefe.

Ich hasse meinen Job. – Odeio meu emprego.

Ich denke daran, meine Stelle zu wechseln. – Estou pensado em mudar de emprego.

7.3 Você precisa diminuir o ritmo! (Diálogo) – Du musst dich schonen! (Dialog)

🎧 **Faixa 35**

Gustav: Du siehst ganz blass aus. Ist dir nicht wohl?
Eugênio: Nein, nicht so sehr.
Gustav: Nimm dir doch den übrigen Tag frei und entspanne!
Eugênio: Meinst du wirklich? Ich bin in letzter Zeit unter solchem Stress!
Gustav: Manchmal muss man eben langsamer machen.
Eugênio: Ich glaube du hast Recht. Ich danke dir für den Tipp.
» Veja a tradução desse diálogo na p. 314.

7.4 Você precisa diminuir o ritmo! (Frases-chave) – Du musst dich schonen! (Redewendungen)

TRABALHO DEMAIS! – ZU VIEL ARBEIT!

Mein Terminkalender ist heute ganz schön voll. – Estou com a agenda bem cheia hoje.

Mein Tag ist heute voll ausgefüllt. – Meu dia hoje está cheio de trabalho.

Ich stecke bis über die Ohren in der Arbeit. – Estou atolado em trabalho.

In letzter Zeit bin ich überlastet – Ultimamente estou sobrecarregado.

Im Moment bin ich überfordert. – No momento estou sobrecarregado.

Einen Augenblick, ich bin gerade beschäftigt. – Um instante, estou particularmente ocupado.

Können wir zu einem anderen Zeitpunkt/später sprechen? – Podemos conversar uma outra hora/mais tarde?

Was halten Sie von einer Kaffeepause? – Que tal uma pausa para tomar café?
(Machen wir) Feierabend! – Vamos parar por hoje!
Schluss für heute! – Chega por hoje!
Ich mache Schluss für heute. – Eu vou encerrar por hoje.
Ich brauche wirklich etwas Entspannung. – Eu preciso realmente relaxar.
Ich brauche längst wieder Urlaub. – Há muito que estou precisando de umas férias.
Ich brauche ein paar Tage frei/Ruhetage. – Preciso de alguns dias livres/de descanso.
Ich hatte schon lange keinen Urlaub. – Não tiro férias há um bom tempo.

7.5 Uma entrevista de emprego (Diálogo) – Ein Vorstellungsgespräch (Dialog)

> Was gefällt Ihnen am meisten bei der Werbung?

> Mir gefällt besonders der kreative Aspekt. Seit meiner Kindheit habe ich mir immer gern Logos und Werbesprüche ausgedacht.

🎧 **Faixa 36**

Interviewerin: Also, aus Ihrem Lebenslauf geht hervor, dass Sie schon seit zehn Jahren mit Werbung arbeiten.

Bewerber: Ja, richtig. Gleich nach meinem Hochschulabschluss habe ich angefangen, mit Werbung zu arbeiten.

Interviewerin: Was gefällt Ihnen am meisten bei der Werbung?

Bewerber: Mir gefällt besonders der kreative Aspekt. Seit meiner Kindheit habe ich mir immer gern Logos und Werbesprüche ausgedacht.

Interviewerin: Und warum möchten Sie bei uns arbeiten?

Bewerber: Ich meine, dass ich mit meiner zehnjährigen Erfahrung auf dem Gebiet zu neuen Produktideen und Werbekampagnen entscheidend beitragen könnte.

Interviewerin: Sie wissen ja, dass wir Winden produzieren. Sind Sie schon mit dieser Produktlinie bekannt?

Bewerber: Eigentlich habe ich noch nie mit Winden gearbeitet. Aber ich bin mir sicher, dass ich in kürzester Zeit alles über das Thema lernen kann. Außerdem sehe ich das als eine Herausforderung, mit einem neuen Produkt zu arbeiten.

Interviewerin: Ich verstehe...
» Veja a tradução desse diálogo na p. 315.

7.6 Uma entrevista de emprego (Frases-chave)
– Ein Vorstellungsgespräch (Redewendungen)

PERGUNTAS DO ENTREVISTADOR – FRAGEN DES INTERVIEWERS

» Veja Vocabulário ativo: 7.7 Trabalho e carreira p. 109, 8.3 Descrevendo traços de personalidade – Frases-chave p. 125.

Sind Sie zur Zeit festangestellt? – O(A) sr.(a) está trabalhando em algum lugar atualmente?
Warum möchten Sie Ihre Stelle wechseln? – Por que o(a) sr.(a) quer trocar de emprego?
Was für eine Ausbildung haben Sie? – Que tipo de formação o(a) sr.(a) tem?
Können Sie mir über Ihre Berufserfahrung auf diesem Gebiet berichten? – O(A) sr.(a) poderia me relatar sua experiência nesta área?
Warum möchten Sie bei uns arbeiten? – Por que o(a) sr.(a) gostaria de trabalhar conosco?
Wie könnten Sie zum Erfolg unserer Firma beitragen? – Como o(a) sr.(a) poderia contribuir para o sucesso da nossa empresa?
Welche sind Ihre Haupteigenschaften Ihrer Meinung nach? – Na sua opinião quais são suas principais qualidades?
Warum haben Sie Ihre vorige/bisherige Stelle aufgegeben? – Porque o(a) sr.(a) deixou o seu emprego anterior?
Fällt es Ihnen leicht, mit anderen Personen auszukommen? – O(A) sr.(a) acha fácil relacionar-se com outras pessoas?
Was halten Sie von Teamarbeit/Zusammenarbeit? – O que o(a) sr.(a) acha de trabalho em equipe?

PERGUNTAS E COMENTÁRIOS DO ENTREVISTADOR – FRAGEN UND KOMMENTARE DES INTERVIEWERS

» Veja 7.7 Vocabulário ativo: Trabalho e carreira p. 109.

Welche Arbeit machen Sie am liebsten? – Que tipo de trabalho o(a) sr.(a) mais gosta de fazer?
Welche Arbeit finden Sie langweilig? – Que tipo de trabalho o(a) sr.(a) acha chato?
Kommen Sie mit Druck/Stress/Belastung klar? – O(A) sr.(a) consegue lidar bem com pressão/estresse/sobrecarga?
Was gehört zu Ihren Stärken und Schwächen? – Quais são seus principais pontos fortes/fracos?
Wie stellen Sie sich beruflich in zehn Jahren vor? – Como o(a) sr.(a) se vê profissionalmente daqui a dez anos?
Können Sie mir bitte über Ihre EDV-Kenntnisse[1] berichten? – O(A) sr.(a) pode me falar sobre seus conhecimentos em TI?
Sprechen Sie andere Sprachen fließend? – O(A) sr.(a) fala outros idiomas fluentemente?

1. **EDV** é a abreviação para **Elektronische Datenverabeitung**: TI (Tecnologia da Informação).

Sind Sie schon geschäftlich ins Ausland verreist? – O(A) sr.(a) já viajou para o exterior a negócios?

Wir bewahren Ihren Lebenslauf in unserer Datenbank auf und melden uns, sobald wir eine neue Stelle haben. – Manteremos o seu currículo no nosso banco de dados e entraremos em contato assim que tivermos uma vaga disponível.

Wann können Sie anfangen, bei uns zu arbeiten? – Quando o(a) sr.(a) pode começar a trabalhar conosco?

RESPOSTAS E COMENTÁRIOS DO CANDIDATO (A) – ANTWORTEN UND KOMMENTARE DES BEWERBERS (A)

» Veja 7.7 Vocabulário ativo: Trabalho e carreira p. 109, 8.3 Descrevendo traços de personalidade – Frases-chave p. 125.

Seit langem habe ich im Vertrieb/im Marketing/mit Computer/mit Werbung usw. gearbeitet. – Há muito tempo eu trabalho com vendas/marketing/computadores/propaganda etc.

Von Ihrer Firma habe ich nur Positives gehört und da sie eine führende Stellung auf dem Markt hat, würde ich mich wirklich sehr freuen bei Ihnen zu arbeiten. – Eu só ouvi falar coisas boas da sua empresa, e como ela é uma das líderes de mercado eu ficaria realmente muito satisfeito em trabalhar aqui.

Ich bin mir sicher, dass ich mit meiner vorigen Berufserfahrung auf diesen Gebiet, mit Einsatz und harter Arbeit Ihrer Firma einen entscheidenden Beitrag leisten könnte. – Tenho certeza de que com minha experiência anterior nessa área, dedicação e bastante trabalho eu poderia realmente contribuir para a sua empresa.

Ich bin eine dynamische/motivierte/engagierte/fleißige/zuverlässige Person. – Sou uma pessoa dinâmica/motivada/dedicada/trabalhadora/responsável.

Ich habe viel auf meiner bisherigen Stelle gelernt, aber ich habe entschieden, dass es an der Zeit ist, neue Erfahrungen zu machen. – Eu aprendi bastante no meu emprego anterior mas resolvi que estava na hora de ter outras experiências.

Ich bin wirklich bereit mehr zu lernen und neue Herausforderungen zu akzeptieren. – Estou realmente disposto a aprender mais e aceitar desafios.

Es fällt mir leicht mit Anderen einen guten Kontakt zu haben. – Tenho facilidade para me relacionar bem com outras pessoas.

Ich fühle mich wohl im Umgang mit Anderen. – Sinto-me muito à vontade lidando com pessoas.

RESPOSTAS E COMENTÁRIOS DO CANDIDATO (B) – ANTWORTEN UND KOMMENTARE DES BEWERBERS (B)

» Veja 7.7 Vocabulário ativo: Trabalho e carreira p. 109.

Der verwaltungsmäßige/kreative Aspekt dieser Arbeit gefällt mir am besten. – Eu gosto do aspecto administrativo/criativo desse trabalho.

Personalführung gefällt mir wirklich. – Eu realmente gosto de gerenciar pessoas.

Bei stressreichen Situationen komme ich gut zurecht. – Eu me saio muito bem em situações estressantes.

Früher habe ich schon in einer solchen Atmosphäre gearbeitet. – Já trabalhei nesse tipo de ambiente antes.

Ich war für die Implementierung/Einführung von... verantwortlich. – Fui responsável por implementar...

Ich war verantwortlich für... – Fui responsável por...

Ich hatte die Leitung des Projekts/der Fabrik... – Gerenciei/Dirigi o projeto/a fábrica...

Eine meiner Stärken ist es, Mitarbeiter zu leiten. – Um de meus pontos fortes é gerenciar colaboradores.

Ich habe gute Kenntnisse in Informatik/Software. – Tenho bons conhecimentos de informática/ em programas de computador.

Ich kann Exceltabellen, Textverarbeiter und alle Hauptsoftware/EDV-Programme sehr gut benutzen. – Sei usar muito bem planilhas, processadores de texto e todos os principais programas de computador.

Ich spreche Deutsch/Englisch/Spanisch/Französisch fließend. – Falo alemão/inglês/espanhol/ francês fluentemente.

Ich kann mit Spanisch/Portugiesisch auskommen. – Consigo me virar com o espanhol/português.

Ich war einmal auf Geschäftsreise in Österreich. – Estive uma vez a negócios na Áustria.

Ich war schon auf Messen in Deutschland und in der Schweiz. – Já estive em feiras comerciais na Alemanha e na Suíça.

Kann ich darüber noch etwas nachdenken und Ihnen eine Antwort in einigen Tagen geben? – Posso refletir um pouco mais e lhe dar uma resposta em alguns dias?

Ich kann sofort anfangen. – Posso começar imediatamente.

PERGUNTAS DO CANDIDATO – FRAGEN DES BEWERBERS

» Veja 7.7 Vocabulário ativo: Trabalho e carreira p. 109.

Wie lange ist die Firma auf dem Markt tätig? – Há quanto tempo a empresa está no mercado?

Haben Sie andere Filialen? – Os srs. têm outras filiais?

Ist die Konkurrenz sehr stark? – A concorrência é muito forte?

Erfodert diese Stelle viele Reisen? – Essa função exige muitas viagens?

Welche ist die Arbeitszeit? – Qual é o horário de trabalho?

Was für Vorteile bietet das Unternehmen an? – Que tipo de benefícios a empresa oferece?

Auf wie viel Urlaubszeit haben die Angestellten Anspruch? – A quanto tempo de férias os funcionários têm direito?

Hinsichtlich eines Karriereplans, was für Förderungsgelegenheiten bietet die Firma? – E com relação a plano de carreira, que oportunidades de promoção a empresa oferece?

Welche ist die erste Gehaltsstufe für diese Stelle? – Qual seria o salário inicial para este cargo?

Wem soll ich berichten? – A quem eu devo me reportar?

Wer wäre mein Vorgesetzter/die Führungskraft/der Leiter? – Quem seria meu superior/o diretor/o gerente?

Bietet das Unternehmen Weiterbildung und Entwicklungsprogramme? – A empresa oferece programas de treinamento e desenvolvimento?

Wann soll ich anfangen? – Quando vocês gostariam que eu começasse?

7.7 Vocabulário ativo: Trabalho e carreira – Aktiver Wortschatz: Arbeit und Karriere

EINSTELLEN/STELLTE... EIN/HAT EINGESTELLT – ENGAGIEREN/ENGAGIERTE/HAT ENGAGIERT: **CONTRATAR, EMPREGAR**

Wenn die starke Nachfrage weiter anhält, müssen wir bald einen neuen Assistenten einstellen.
Se a demanda se mantiver em alta precisaremos **contratar** um novo assistente em breve.
Andreas wurde von einem Konkurrenten der Firma, wo er gearbeitet hat, engagiert.
Andreas foi **contratado** por um concorrente da empresa para a qual ele trabalhava.

KÜNDIGEN/KÜNDIGTE/HAT GEKÜNDIGT – ENTLASSEN/ENTLIEß/HAT ENTLASSEN: **DEMITIR, DESPEDIR**

Wegen der finanziellen Krise musste diese Fabrik einigen Angestellten kündigen.
Em virtude da crise financeira essa fábrica teve que **despedir** algumas pessoas.
Die meisten Angestellten, die entlassen wurden, wurden neu eingestellt, nachdem die Firma die finanzielle Krise überwunden hatte.
A maioria dos funcionários que foram **demitidos** foi recontratada depois que a empresa havia superado a crise financeira.

DER ARBEITGEBER: **EMPREGADOR(A), EMPRESA QUE EMPREGA**

Diese Autoindustrie ist der größte Arbeitgeber in der Gegend.
Essa fábrica de automóveis é a maior **empregadora** na região.

DER/DIE ARBEITNEHMER/IN – DIE/DER ANGESTELLTE: **EMPREGADO(A), FUNCIONÁRIO(A)**

Drei neue Arbeitnehmer wurden gerade für die Verkaufsabteilung engagiert.
Três novos **funcionários** acabaram de ser contratados para o departamento de vendas.

DIE ARBEITSAGENTUR/DIE ARBEITSVERMITTLUNGSSTELLE: **AGÊNCIA DE EMPREGOS**

Lena hat sich entschieden, zur einer Arbeitsagentur zu gehen, um einen neuen Job zu suchen.
Lena decidiu ir a uma **agência de empregos** para procurar um trabalho novo.

DER/DIE MITARBEITER/IN – DER/DIE KOLLEGE/KOLLEGIN: **COLABORADOR, COLEGA DE TRABALHO**

DIE KANTINE/DIE SELBSTBEDIENUNGSGASTSTÄTTE: **REFEITÓRIO, SELF-SERVICE, EM EMPRESAS, ESCOLAS, HOSPITAIS, UNIVERSIDADES ETC.**

Im Allgemeinen isst Paul mit seinen Kollegen in der Kantine zu Mittag.
Geralmente Paul almoça com os **colegas de trabalho** no **refeitório** da empresa.

DIE CAFETERIA: **CAFETERIA, LANCHONETE**

Bärbel trifft ihre Mitarbeiterinnen morgens in der Cafeteria.
Bärbel encontra suas colaboradoras de manhã na **cafeteria**.

DIE PERSONALABTEILUNG: **DEPARTAMENTO DE RECURSOS HUMANOS (RH)**

Richard hat eine Stelle bei der Personalabteilung einer großen Firma bekommen.
Richard arrumou um emprego no **departamento de recursos humanos** de uma grande empresa.

DIE VOLLZEITSTELLE/GANZTAGSSTELLE: **EMPREGO EM PERÍODO INTEGRAL**

Curt hat eine Vollzeitstelle in einer Werbeagentur.
Curt tem um emprego em uma agência de publicidade **em período integral.**

DIE TEILZEITSTELLE/HALBTAGSSTELLE: **EMPREGO DE MEIO EXPEDIENTE, PERÍODO**

Jana sucht nach einer Halbtagsstelle.
Jana está procurando um **emprego de meio período.**

DIENSTFREIER TAG/ARBEITSFREIER TAG: **DIA DE FOLGA**

Was machst du so, wenn du einen dienstfreien Tag hast?
O que você geralmente faz no seu **dia de folga**?

DIE SCHICHTARBEIT/DER SCHICHTDIENST: **TURNO DE TRABALHO, PLANTÃO**

Wie viele Angestellten arbeiten in der Nachtschicht?
Quantos funcionários trabalham no **turno** da noite?
Letzte Woche habe ich zwei Schichten hintereinander gearbeitet und ich fühlte mich so erschöpft, dass ich nur noch nach Hause schlafen wollte.
Semana passada trabalhei em **turno** dobrado e me senti tão exausto que só queria ir para casa dormir.

DER MUTTERSCHAFTSURLAUB: **LICENÇA-MATERNIDADE**

Christel ist in Mutterschaftsurlaub gegangen und kommt erst in vier Monaten zur Arbeit zurück.
Christel está de **licença-maternidade** e só vai voltar para o trabalho daqui a quatro meses.

DER WORKAHOLIKER/DER ARBEITSSÜCHTIGE/DAS ARBEITSTIER (PEJ.): **VICIADO EM TRABALHO, WORKAHOLIC**

Es ist kein Wunder, dass die Freunde von Bernd ihn für einen Workaholiker halten. Er denkt nur an Arbeit!
Não é de admirar que os amigos de Bernd o considerem um **workaholic**. Ele só pensa em trabalho!

KÜNDIGEN: **DEMITIR, PEDIR DEMISSÃO**
FRISTLOS: **SEM AVISO PRÉVIO**

Anna ging zu ihrem Chef und kündigte.
Anna foi até seu chefe e **pediu demissão**.
Das Unternehmen kündigte ihm fristlos, weil er wichtige Informationen unterschlagen hatte.
A empresa o **demitiu sem aviso prévio** porque ele havia omitido informações importantes.

ENTLASSEN: DISPENSAR

Während Krisenzeiten werden viele Arbeiter entlassen.
Durante períodos de crise muitos trabalhadores são **dispensados**.

DIE KÜNDIGUNGSFRIST: O AVISO PRÉVIO

Wenn man in Deutschland im gleichen Unternehmen 20 Jahren gearbeitet hat, kann die Kündigungsfrist mehrere Monaten betragen.
Quando se trabalha na Alemanha por 20 anos numa mesma empresa, o **aviso prévio** pode chegar a vários meses.

DIE GEHALTSNEBENLEISTUNGEN (PL.): BENEFÍCIOS ADICIONAIS

Die Gehaltsnebenleistungen schließen ein Firmenauto und eine Krankenversicherung ein.
O pacote de **benefícios adicionais** inclui um carro e um plano de saúde.

DIE ALTERSVORSORGE: PLANO DE APOSENTADORIA

Unter anderen Gehaltsnebenleistungen bietet das Unternehmen ihren Angestellten eine private Altersvorsorge.
Entre outros benefícios a empresa oferece a seus funcionários um **plano de aposentadoria** privado.

DIE NEBENVERDIENSTE (PL.): BENEFÍCIOS EXTRAS OFERECIDOS POR UMA EMPRESA, MORDOMIAS

Das Gehalt ist nicht so gut, aber die Nebenverdienste sind beträchtlich.
O salário não é tão bom, mas as **mordomias** são consideráveis.

DIE GELEGENHEIT ZUM AUFSTIEG/DIE BEFÖRDERUNGSCHANCE: OPORTUNIDADE DE PROMOÇÃO

Ein großes Unternehmen kann normalerweise mehr Gelegenheiten zum Aufstieg als Kleinere anbieten.
Uma empresa maior normalmente pode oferecer mais **oportunidades de promoção** do que uma menor.

DER KARRIEREPLAN: PLANO DE CARREIRA

Der angebotene Karriereplan jener Firma kommt mir wirklich interessant vor.
O **plano de carreira** oferecido por aquela empresa me parece interessante mesmo.

SICH UM EINE STELLE BEWERBEN: CANDIDATAR-SE A UM EMPREGO
DER/DIE BEWERBER/IN: CANDIDATO(A)
DIE STELLE/DER ARBEITSPLATZ: VAGA/EMPREGO
DIE STELLUNG: POSIÇÃO, CARGO

Sie haben die erforderliche Qualifikation für die Stelle. Warum bewerben Sie sich nicht um den Arbeitsplatz?
Você tem as qualificações exigidas para a **vaga**. Por que você não **se candidata** àquele **emprego**?

Die meisten Bewerber, die wir bisher interviewt haben, sind für die Stellung fachlich unqualifiziert.
A maioria dos **candidatos** que entrevistamos até agora não é qualificada profissionalmente para o **cargo**.

OFFENE STELLEN (PL.): **VAGAS, EMPREGOS DISPONÍVEIS**

Weißt du, ob diese Gesellschaft im Moment offene Stellen hat?
Você sabe se esta empresa tem **empregos disponíveis** no momento?

DER LEBENSLAUF: **CURRÍCULO, CURRICULUM VITAE, CV**

Können Sie uns bitte Ihren Lebenslauf per E-Mail schicken?
Você pode nos enviar seu **currículo** por e-mail, por favor?

IN RENTE/RUHESTAND GEHEN: **APOSENTAR-SE**
DER/DIE RENTNER/IN: **APOSENTADO**

Herr Meyers Sohn hat die Stellung als Generaldirektor übernommen, seitdem Herr Meyer in Rente gegangen ist.
O filho do sr. Meyer assumiu o cargo de diretor-geral desde que o sr. Meyer **se aposentou**.

7.8 O que você acha do novo produto? (Diálogo) – Was halten Sie vom neuen Produkt? (Dialog)

🎧 **Faixa 37**

Manuela: Nun, was halten Sie vom neuen Produkt?
Rüdiger: Es ist großartig! Der Duft ist einzigartig, leicht und zugleich sinnlich! Es gibt einen großen Markt für so ein Parfum. Ich bin mir sicher, dass es den Frauen sehr gut gefallen wird.
Manuela: Ich bin sehr begeistert! Wie sollten wir unsere Werbekampagne gestalten?
Rüdiger: Also, wir sollten in Zeitschriften und Illustrierten inserieren und sogar vielleicht auch an Plakatwände denken.
Manuela: Ich bin damit ganz einverstanden. Ich bin sehr auf unsere Sitzung von morgen mit der Werbeabteilung gespannt.
» Veja a tradução desse diálogo na p. 315.

7.9 Falando sobre um novo produto ou uma nova ideia (Frases--chave) – Über ein neues Produkt oder eine neue Idee sprechen (Redewendungen)

Mein erster Eindruck ist... – A minha primeira impressão é...
Ich meine, es ist ein großartiges Produkt. – Acho que é um produto ótimo/fantástico.
Ich denke, dass es klappen kann. – Acho que pode dar certo.

Ich bin wirklich begeistert über die Markteinführung dieses neuen Produkts. – Estou realmente animado/entusiasmado com o lançamento desse novo produto.

Die Idee ist in der Tat interessant. – A ideia é realmente interessante.

Es wird einen reißenden Absatz finden. – Vai vender que nem água.

Ich meine, die Idee ist fantastisch/hinreißend. – Acho a ideia fantástica/cativante.

Ihrer Meinung nach, wie viel müssen wir investieren/anlegen? – Na sua opinião quanto o(a) sr.(a) acha que temos de investir?

7.10 Vocabulário ativo: Uma reunião de negócios – Aktiver Wortschatz: Eine Geschäftssitzung

» Veja 7.16 Vocabulário ativo: Dinheiro, a mola do mundo p. 120, 10.2 Vocabulário ativo: Usando um computador p. 149.

DIE GESCHÄFTSORDNUNG/DIE TAGESORDNUNG: **AGENDA DA REUNIÃO, PAUTA**

Welcher ist der nächste Punkt der Tagesordnung?
Qual é o próximo item da **agenda**?

DIE HAUPTGESCHÄFTSSTELLE/DIE HAUPTNIEDERLASSUNG/DER HAUPTSITZ: **MATRIZ, SEDE**

Wo liegt die Hauptniederlassung Ihrer Gesellschaft?
Onde fica a **sede** da sua empresa?

DIE ZWEIGSTELLE/DIE ZWEIGNIEDERLASSUNG/DIE FILIALE: **FILIAL**

Unsere Gesellschaft hat Zweigstellen in den wichtigsten Städten des Landes.
Nossa empresa tem **filiais** nas cidades mais importantes do país.

DAS HAUPTGESCHÄFT/DAS KERNGESCHÄFT: **ATIVIDADE PRINCIPAL DE UMA EMPRESA**
ARBEITEN NACH AUßEN VERGEBEN/HERAUSVERLAGERN: **TERCEIRIZAR**
DAS OUTSOURCING/DIE AUSLAGERUNG DER PRODUKTION: **TERCEIRIZAÇÃO**

Die Strategie der Gesellschaft ist, sich auf ihr Hauptgeschäft zu konzentrieren und die anderen Abteilungen nach außen zu vergeben.
A estratégia da empresa é focar na **atividade principal** e **terceirizar** os outros departamentos.

DER MARKTANTEIL: **PARTICIPAÇÃO DE MERCADO**

Der Marktanteil unserer Gesellschaft wächst, seitdem wir eine neue Vertriebsstrategie eingeführt haben.
A **participação de mercado** de nossa empresa vem aumentando desde que adotamos uma nova estratégia de vendas.

DER KONKURRENT: CONCORRENTE, EMPRESA CONCORRENTE

Hat Ihr Unternehmen viele Konkurrenten?
A sua empresa tem muitos **concorrentes**?

DIE KONKURRENZ: CONCORRÊNCIA

Die Konkurrenz zwischen den zwei führenden Autofabrikanten ist sehr hart.
A **concorrência** entre os dois principais fabricantes de automóveis é realmente acirrada.

KAUFEN/KAUFTE/HAT GEKAUFT – ANSCHAFFEN/SCHAFFTE... AN/HAT ANGESCHAFT: COMPRAR, ADQUIRIR

Diese Gesellschaft weist ein gutes Wachstum auf, da sie nach und nach kleinere Unternehmen anschaffte.
Essa empresa tem demonstrado um bom crescimento, já que gradualmente foi **adquirindo** negócios menores.

DIE ANSCHAFFUNG: AQUISIÇÃO

Die letzte Anschaffung war eine Softwarefirma aus Stuttgart.
A última **aquisição** foi uma empresa de software em Stuttgart.

FUSIONIEREN/SICH ZUSAMMENSCHLIEβEN: UNIR(-SE), FUNDIR(-SE)

Die beiden Firmen haben sich entschlossen, zu fusionieren.
As duas empresas decidiram **fundir-se**.

DIE FUSIONIERUNG/DER ZUSAMMENSCHLUSS: FUSÃO DE EMPRESAS

Die Gewinne haben sich mehr als verdoppelt seit der Fusionierung.
Os lucros mais do que dobraram desde a **fusão**.

EIN PRODUKT AUF DEN MARKT BRINGEN: LANÇAR UM PRODUTO

Hat Ihre Gesellschaft dieses Jahr neue Produkte auf den Markt gebracht?
A sua empresa **lançou** algum **produto** novo este ano?

DIE MARKTEINFÜHRUNG: LANÇAMENTO

Wenn alles gut klappt, sollten wir in der Lage sein, die Markteinführung des neuen Produkts im nächsten Quartal zu schaffen.
Se tudo correr bem, deveremos estar em condições de conseguir o **lançamento** do novo produto no próximo trimestre.

DIE WERBEKAMPAGNE: CAMPANHA PUBLICITÁRIA

"Ich meine die Werbekampagne sollte auch Plakatwände einbeziehen", sagte Rudolf in der Sitzung.
"Eu acho que a **campanha publicitária** deveria incluir também outdoors", disse Rudolf na reunião.

WERBEN/WARB/HAT GEWORBEN: ANUNCIAR, FAZER PUBLICIDADE, DIVULGAR

Wie planen Sie, für dieses neue Produkt zu werben?
Como os srs. planejam **divulgar** o novo produto?

DAS MUSTER: AMOSTRA

Können Sie uns ein paar Muster von Ihren Produkten senden?
Os srs. podem nos enviar algumas **amostras** dos seus produtos?

DIE MESSE (DIE FACH-, DIE HANDELS-, DIE WAREN-): FEIRA COMERCIAL, FEIRA DE NEGÓCIOS

Unsere Gesellschaft wird dieses Jahr einen Messestand bei der internationalen Messe in Hannover haben.
Nossa empresa vai ter um estande na **feira** internacional de **negócios** em Hannover este ano.

DAS BUDGET/DER FINANZPLAN/DER HAUSHALTSPLAN: ORÇAMENTO

Die Finanzabteilung ist für das Budget des Unternehmens verantwortlich.
O departamento financeiro é responsável pelos **orçamentos** da empresa.

DER KOSTENDECKUNGSPUNKT/DIE GEWINNSCHWELLE ERREICHEN: ALCANÇAR O PONTO DE EQUILÍBRIO, COMEÇAR A DAR LUCRO

Wie lange hat es gebraucht, bis dieses neue Geschäft die Gewinnschwelle erreichte?
Quanto tempo levou para esse novo negócio **alcançar o ponto de equilíbrio**?

DER BREAK-EVEN-POINT/DIE RENTABILITÄTSSCHWELLE: PONTO DE EQUILÍBRIO

Das Geschäft brauchte etwas mehr wie ein Jahr, um den Break-even-Point zu erreichen.
A empresa levou pouco mais de um ano para alcançar o **ponto de equilíbrio**.

AUS DEN ROTEN ZAHLEN KOMMEN: SAIR DO PREJUÍZO, DO VERMELHO

Nach zwei Quartale und einer völligen Umstrukturierung der Kundenbedienung kam das Schuhgeschäft aus den roten Zahlen.
Após dois trimestres e uma reestruturação completa no atendimento ao cliente a loja de calçados **saiu do prejuízo**.

DER AKTIONÄR/DER GESELLSCHAFTER: ACIONISTA

Die Aktionäre schienen mit den in der Sitzung vorgestellten Ergebnissen zufrieden.
Os **acionistas** pareciam estar satisfeitos com os resultados apresentados na reunião.

DAS ABSATZZIEL/DIE VERTRIEBSQUOTE: METAS DE VENDAS

Unsere Vertreter waren für das dritte Quartal imstande, das Absatzziel zu erreichen.
Nossa equipe de vendas conseguiu alcançar as **metas de vendas** para o terceiro trimestre.

7.11 Você pode pedir para ele retornar a ligação? (Diálogo) – Könnten Sie ihn bitten, mich zurückzurufen? (Dialog)

🎧 **Faixa 38**

Telefonistin: Viacom International, Schmitz, guten Tag!
Hartung: Guten Tag, ich hätte gern Herrn Specht gesprochen.
Telefonistin: Einen Augenblick bitte, ich verbinde Sie mit seiner Sekretärin.
Hartung: Danke.
Sekretärin: Kraus, guten Tag.
Hartung: Guten Tag, könnte ich bitte Herrn Specht sprechen?
Sekretärin: Es tut mir leid, da ist gerade besetzt. Können Sie warten oder wollen Sie es später nochmal versuchen?
Hartung: Ich warte mal ab.
(Einige Minuten später...)
Sekretärin: Entschuldigung, aber Herr Specht spricht immer noch. Kann ich ihm etwas ausrichten?
Hartung: Ja, bitte! Mein Name ist Hartung. Könnten Sie ihn bitten, mich zurückzurufen?
Sekretärin: Selbstverständlich, hat er Ihre Telefonnummer?
Hartung: Ich glaube schon, aber ich gebe sie Ihnen auf jeden Fall. Also meine Nummer ist die 662-59-29-84.
Sekretärin: Also noch einmal 662-59-29-84.
Hartung: Richtig.Vielen Dank!
Sekretärin: Gern geschehen! Auf Wiederhören[1]!
Hartung: Auf Wiederhören!
» Veja a tradução desse diálogo na p. 315.

---

1. Ao telefone usa-se **Auf Wiederhören** no lugar de **Auf Wiedersehen**, ambos significam "até logo".

7.12 Fazendo uma ligação (Frases-chave) – Anrufen (Redewendungen)

PEDINDO AJUDA À TELEFONISTA – UM HILFE BEI DER AUSKUNFT BITTEN

» Veja 7.13 Vocabulário ativo: Ligações telefônicas p. 118.

Ich möchte Brasilien anrufen. – Gostaria de fazer uma ligação para o Brasil.

Können Sie mir bitte helfen, einen Anruf nach Brasilien zu machen? – O(A) sr.(a) pode, por favor, me ajudar a ligar para o Brasil?

Welche ist die Vorwahl(nummer) von Berlin/Wien/Zürich usw.? – Qual é o código de área de Berlin/Viena/Zurique etc.?

Ich möchte ein R-Gespräch[1] nach... machen. – Gostaria de fazer uma ligação a cobrar para...

Ich komme zu Herrn/Frau... nicht durch. – Não consigo ligar para o(a) sr.(a)...

Können Sie bitte langsamer sprechen? – O(A) sr.(a) pode falar mais devagar, por favor?

LIGAÇÕES TELEFÔNICAS: FRASES USUAIS (A) – TELEFONATE: ÜBLICHE SÄTZE (A)

» Veja 7.13 Vocabulário ativo: Ligações telefônicas p. 118.

Wer spricht bitte? – Quem está falando, por favor?

Wie ist/war (nochmal) Ihr Name bitte? – Como é/era (mesmo) seu sobrenome?

Worum geht es bitte? – Do que se trata, por favor?

In welcher Angelegenheit bitte? – Qual é o assunto, por favor?

(Einen) Augenblick, bitte. – Um segundo, por favor.

(Einen) Moment, bitte. – Um instante, por favor.

Bleiben Sie bitte am Apparat. – Por favor, aguarde na linha.

Bitte, bleiben Sie dran! – Por favor, aguarde!

Bleiben Sie dran, ich verbinde. – Fique na linha, vou transferir.

Ich verbinde! – Vou transferir sua ligação!

Da ist gerade besetzt./Da wird gerade gesprochen. – A linha está ocupada.

Könnte er/sie mich bitte zurückrufen? – Será que ele/ela poderia retornar a ligação?

Können Sie bitte später zurückrufen? – O(A) sr.(a) pode retornar mais tarde?

Ich rufe Sie später zurück. – Eu retorno mais tarde.

Möchten Sie eine Nachricht hinterlassen? – O(A) sr.(a) gostaria de deixar um recado?

Es tut mir leid, aber Sie haben die falsche Nummer gewählt. – Sinto muito, mas o(a) sr.(a) discou o número errado.

Entschuldigung, Sie sind falsch verbunden. – Desculpe, o(a) sr.(a) foi transferido errado.

LIGAÇÕES TELEFÔNICAS: FRASES USUAIS (B) – TELEFONATE: ÜBLICHE SÄTZE (B)

» Veja 7.13 Vocabulário ativo: Ligações telefônicas p. 118.

Hallo, hier (ist/spricht) Krüger/Matties. – Alô, aqui (quem fala é) Krüger/Matties.

Es geht um (+A)... – É a respeito de.../Trata-se de...

Ich rufe im Namen von... an. – Estou ligando em nome de...

1. O **R** de **R-Gespräch** se refere à forma de cobrança retroativa (do inglês **Reverse-Charge**). Após aceitação da chamada quem recebe a ligação é quem paga, a uma taxa mais elevada que a comum. Na Alemanha apenas linhas fixas da Deutsche Telekom podem receber esse tipo de chamada.

Ist Herr/Frau Schmidt da? – O(A) sr.(a) Schmidt está?

Könnten Sie ihn/sie bitten, mich zurückzurufen? – O(A) sr.(a) pode pedir a ele/ela para retornar minha ligação?

Entschuldigung, die Verbindung ist sehr schlecht, kann ich Sie zurückrufen? – Desculpe, a ligação está péssima, posso ligar de volta?

Ich habe eine Nachricht auf Ihrem/deinem Anrufbeantworter hinterlassen. – Deixei um recado na sua secretária eletrônica.

Es tut mir leid, Sie haben sich verwählt! – Sinto muito, o(a) sr.(a) discou errado!

7.13 Vocabulário ativo: Ligações telefônicas – Aktiver Wortschatz: Telefonate

WÄHLEN/WÄHLTE/HAT GEWÄHLT: DISCAR, LIGAR

Wenn Sie einen Notfall haben, wählen Sie die 110 für den Notdienst.
Quando tiver uma emergência, **ligue** para 110 para o serviço de emergência.

ANS TELEFON GEHEN: ATENDER UMA CHAMADA, AO TELEFONE

Das Telefon klingelt. Kannst du bitte ans Telefon gehen?
O telefone está tocando. Você pode **atender ao telefone** por favor?

DER ANRUFBEANTWORTER: SECRETÁRIA ELETRÔNICA

Benjamin hat eine Nachricht auf Susannes Anrufbeantworter hinterlassen.
O Benjamin deixou um recado na **secretária eletrônica** da Susanne.

JEMANDEN ZURÜCKRUFEN: LIGAR DE VOLTA, RETORNAR UMA LIGAÇÃO

Ich bin im Moment beschäftigt. Darf ich dich später zurückrufen?
Estou ocupado agora. Posso te **ligar de volta** mais tarde?

DEN HÖRER AUFLEGEN/EINHÄNGEN: DESLIGAR O TELEFONE AO FINAL DE UMA CONVERSA, COLOCAR O TELEFONE NO GANCHO

"Bitte legen Sie nicht auf!", sagte der Telefonist.
"Não **desligue** por favor", disse o telefonista.

EINFACH DEN HÖRER AUFLEGEN: DESLIGAR O TELEFONE NA CARA DE ALGUÉM

Ich kann es nicht glauben, dass sie einfach den Hörer auf diese Weise auflegte!
Ainda não consigo acreditar que ela **desligou o telefone na minha cara** daquele jeito!

DIE VERBINDUNG IST UNTERBROCHEN WORDEN: A LIGAÇÃO/A LINHA CAIU

Ich habe gerade mit Jens am Telefon gesprochen, als plötzlich die Verbindung unterbrochen worden ist.
Estava falando com o Jens ao telefone quando de repente **a linha caiu**.

Sie haben XYZ International erreicht. Bitte wählen Sie die gewünschte Durchwahl, warten Sie auf Hilfe oder drücken Sie die Taste 3 und hinterlassen Sie Ihre Nachricht nach dem Ton bitte.

O(A) sr.(a) ligou para XYZ International. Por favor, disque o **ramal** desejado, espere para ser atendido ou tecle três e deixe um recado depois do bip, por favor.

DAS FERNGESPRÄCH: **INTERURBANO**

Ich muss ein Ferngespräch machen. Wissen Sie, ob es in der Nähe eine Telefonzelle gibt?

Preciso fazer um **interurbano**. O(A) sr.(a) sabe se tem um telefone público aqui perto?

DAS MOBIL(TELEFON), DAS HANDY, DAS NATEL (CH): **TELEFONE CELULAR**

Hast du mein Handy irgendwo gesehen? Ich weiß nicht, wo ich es gelassen habe.

Você viu o meu **celular** por aí? Não sei onde eu o deixei.

DIE FREISPRECHEINRICHTUNG: **VIVA-VOZ**

Einen Augenblick, ich stelle es auf die Freisprecheinrichtung ein, so kann dich jeder hören.

Só um segundo. Vou colocar você no **viva-voz** para que todos o ouçam.

7.14 **Dinheiro, a mola do mundo (Diálogo)** – Geld regiert die Welt (Dialog)

🎧 Faixa 39

Hermann: Manchmal denke ich über die Zukunft des Geldes nach.
Luise: Was meinst du damit?
Hermann: Ob das Geld vielleicht eines Tages verschwinden wird. Dabei denke ich an Scheine und Münzen und ob etwas anderes sie ersetzen wird.
Luise: Also, eine wachsende Anzahl von Menschen benutzt regelmässig die Kreditkarte oder das sogenannte Plastikgeld*.
Hermann: Das ist zweifellos ein Trend, aber ich glaube, etwas anderes könnte passieren. Ich denke an all die neuen technologischen Entwicklungen von heute, wir werden sicher in einigen Jahren nur noch auf elektronische Weise mit Geld umgehen.
Luise: Ja, das kann bestimmt passieren, aber Geld wird immer eine bedeutende Rolle in unserem Leben spielen. Du weißt doch: Geld regiert die Welt!
» ***Plastikgeld**: veja Dicas culturais 14 e 32 p. 56 e 120.
» Veja a tradução desse diálogo na p. 316.

7.15 Sem tempo para passar em um caixa eletrônico (Diálogo) - Keine Zeit um am Geldautomaten vorbeizugehen (Dialog)

🎧 **Faixa 40**

Tobias: Hallo Max. Kannst du mir zwanzig Euro* leihen?

Max: Na klar. Wofür brauchst du die?

Tobias: Ich sage es dir später. Ich habe es sehr eilig und habe auch keine Zeit, um am Geldautomaten vorbeizugehen und Geld abzuheben. Ich zahle sie es dir morgen zurück.

Max: Na, dann, alles klar!

» ***Euro**: veja Dica cultural 32 a seguir.

» Veja a tradução desse diálogo na p. 316.

DICA CULTURAL 32: CÉDULAS E MOEDAS

LANDESKUNDLICHER TIPP 32: GELDSCHEINE UND MÜNZEN

O euro (€ ou EUR) é a moeda oficial de 16 dos 27 países da União Europeia, dos quais fazem parte a Alemanha e Áustria. A partir de dezembro de 1998, o euro foi introduzido progressivamente e paralelamente à moeda nacional nesses países. Em 2002, o euro passou a vigorar como moeda única, válida nos países da Zona do Euro. O Banco Central Europeu, com sede em Frankfurt am Main, Alemanha, controla a emissão de euros e a política cambial da União Europeia. O **Cent** (centavo) equivale à centésima parte do euro. As moedas correntes são de 1, 2, 5, 10, 20 e 50 centavos e de 1 e 2 euros. As cédulas utilizadas são de: 5, 10, 20, 50, 100, 200 e 500 euros. Apenas em português e espanhol o euro e o cent têm forma plural com **-s** final, nas outras línguas são invariáveis quando precedido de um número, por ex., **50 Euro** em alemão, mas 50 euros em português. Porém se não houver indicação de valor, mas ideia de plural, então tem **-s: Ein Geldbeutel voller Euros und Cents** (uma carteira cheia de euros e cents).

Na Suíça, a moeda é o franco suíço abreviado como SFr. ou Fr., ou ainda pela norma ISO CHF. Em alemão chama-se **Schweizer Franken**, que se subdivide em 100 centavos, e cujo nome na parte alemã é **Rappen**. Há sete moedas nos valores: 5, 10, 20 centavos, 1/2, 1, 2 e 5 francos suíços. As cédulas tem os valores de 10, 20, 50, 100, 200 e 1000 CHF. De tempos em tempos, a Suíça muda totalmente o design das cédulas, por uma questão de segurança. A paridade entre o euro e o franco suíço mantém-se aproximadamente de 1 euro para 1,50 CHF.

7.16 Vocabulário ativo: Dinheiro, a mola do mundo - Aktiver Wortschatz: Geld regiert die Welt

DIE WÄHRUNG: **MOEDA CORRENTE**

Der Schweizer Franken ist die Währung in der Schweiz.

O franco suíço é a **moeda corrente** na Suíça.

DER WECHSELKURS: TAXA DE CÂMBIO

Warten wir auf einen besseren Wechselkurs. Wenn wir jetzt wechseln, verlieren wir Geld.
Vamos esperar por uma taxa de câmbio mais favorável. Nós vamos perder dinheiro se trocarmos agora.
Wie steht der Wechselkurs zwischen Euro und US Dollar jetzt?
Qual é a taxa de câmbio do euro para o dólar americano agora?

LEIHEN/LIEH/HAT GELIEHEN: EMPRESTAR DINHEIRO OU OUTRAS COISAS

Kannst du mir bitte fünfzig Euro leihen? Ich zahle sie morgen zurück.
Você pode me emprestar 50 euros? Pago de volta amanhã.
Könnten Sie mir bitte Ihren Kuli einen Augenblick leihen?
O(A) sr.(a) poderia me emprestar sua esferográfica por um segundo?

BORGEN/BORGTE/HAT GEBORGT: PEDIR EMPRESTADO, DINHEIRO OU OUTRAS COISAS

Wir haben kein Geld mehr. Wir müssen von jemandem etwas borgen.
Não temos mais dinheiro. Precisamos pedir algum emprestado de alguém.
Ich habe mir die digitale Kamera von meinem Vater über das Wochenende geborgt.
Eu peguei a câmera digital emprestada do meu pai no fim de semana.

DAS DARLEHEN: EMPRÉSTIMO
TILGEN: QUITAR, PAGAR TUDO

Die Familie Müller überlegt sich, ob sie nicht ein Darlehen bei der Bank nehmen soll, um ihre Schulden zu tilgen.
A família Müller está pensando se não deve pegar um empréstimo bancário para quitar suas dívidas.

DIE AKTIENBÖRSE/DIE WERTPAPIERBÖRSE: BOLSA DE VALORES

Maximilian legt den größten Teil seines Geldes an der Aktienbörse an.
Maximilian investe a maior parte de seu dinheiro na bolsa de valores.

DIE AKTIEN (PL.): AÇÕES

Aktien zu kaufen, kann ein riskantes Geschäft sein, wenn man nicht weiß, wie der Aktienmarkt funktioniert.
Comprar ações pode ser um negócio arriscado se você não sabe como a bolsa de valores funciona.

DAS SPARKASSENKONTO: CONTA POUPANÇA

Hast du schon daran gedacht, ein Sparkassenkonto zu eröffnen?
Você já pensou em abrir uma conta poupança?

DAS KONTOKORRENT/DAS GIROKONTO: **CONTA-CORRENTE**

EINEN SCHECK AUSSTELLEN: **PREENCHER UM CHEQUE, FAZER UM CHEQUE**

Können Sie bitte den Scheck im Namen von "Naumann & Söhne GmbH" ausstellen?
O(A) sr.(a) pode fazer o cheque para "Naumann & Filhos Ltda.", por favor?

DER GELDAUTOMAT/DER AUTOMATISCHE BANKSCHALTER/DER MULTIFUNKTIONALE BANKAUTOMAT: **CAIXA ELETRÔNICO**

Wissen Sie, ob es hier einen Bankautomaten gibt?
O(A) sr.(a) sabe se tem um caixa eletrônico aqui perto?

GELD ABHEBEN: **SACAR DINHEIRO**

Ich muss Geld von meinem Girokonto abheben, um einige Bezahlungen zu machen.
Preciso sacar dinheiro da minha conta para fazer alguns pagamentos.

EINEN SCHECK PLATZENLASSEN: **DEIXAR UM CHEQUE VOLTAR, POR FALTA DE FUNDOS**

Ich haben den letzten Scheck platzenlassen.
O último cheque voltou, não tinha fundos.

EINEN GEPLATZTEN/UNGEDECKTEN SCHECK: **CHEQUE SEM FUNDO**

Im Allgemeinen erheben Banken eine Gebühr für geplatzte Schecks.
Geralmente os bancos cobram uma taxa por cheques sem fundos.

DIE TELEGRAPHISCHE/ELEKTRONISCHE (GELD)ÜBERWEISUNG: **TRANSFERÊNCIA ELETRÔNICA, FAZER UM DOC**

Sie können bar, mit einem Scheck oder per telegraphische Geldüberweisung bezahlen, wie es Ihnen lieber ist.
O(A) sr.(a) pode pagar em dinheiro, cheque ou fazer um doc, como o(a) sr.(a) preferir.

EINEN SCHECK EINLÖSEN: **TROCAR UM CHEQUE**

Ich muss zur Bank gehen, um diesen Scheck einzulösen.
Preciso ir a um banco para trocar este cheque.

8. RELACIONAMENTOS - BEZIEHUNGEN

8.1 Um novo namorado (Diálogo) - Ein neuer Freund (Dialog)

🎧 **Faixa 41**

Heike: Du bist anders. Du siehst glücklicher aus. Gibt es etwas Neues?

Claudia: Kann man das so deutlich erkennen?

Heike: Was denn? Ich habe keine Ahnung, wovon du sprichst.

Claudia: Also, ich habe einen neuen Typen kennengelernt.

Heike: Astrein! Also deshalb! Ein neuer Freund! Na also erzähl mal! Wie sieht er denn aus?

Claudia: Er ist mittelgroß, weder dick noch dünn. Seine Haare sind hellbraun und seine Augen grün. Schau mal, ich habe ein Bild von ihm auf meinem Handy.

Heike: Toll, er sieht hübsch aus! Du hast aber ein Glück!

Claudia: Ich weiß.

Heike: Wie alt ist er?

Claudia: Neunzehn. Er wird zwanzig nächsten Monat.

Heike: Um so besser für dich!

» Veja a tradução desse diálogo na p. 316.

DICA CULTURAL 33: DIA DOS NAMORADOS E FLORES
LANDESKUNDLICHER TIPP 33: VALENTINSTAG UND BLUMEN

O Dia dos Namorados, **Valentinstag**, é festejado no dia 14 de fevereiro com flores e cartões para a namorada ou a esposa. A origem dessa festa é uma combinação de crenças pagãs e cristãs. Uma das crenças era de que o primeiro homem que uma donzela avistasse no dia de São Valentim se tornaria seu marido no decorrer do ano. Assim muitos jovens aguardavam suas amadas com um buquê de flores na mão nas primeiras horas do dia, antes que avistassem outro homem. Hoje em dia afirma-se que as floriculturas resgataram essa crença como um lance de marketing. Um buquê de flores vermelhas na Alemanha é uma declaração de amor inequívoca, portanto, apenas para a mulher amada! Em outras circunstâncias opte por cores neutras, como amarelo ou salmão, e recomenda-se uma composição de flores mistas, para não privilegiar nenhuma cor ou flor, pois a cada uma é associada uma simbologia. Com um arranjo misto evita-se ser mal-interpretado. Arranjos com rosas brancas ou flores somente brancas são dados apenas a uma jovem (1ª comunhão), uma noiva na festa de casamento ou num enterro. Os arranjos também devem conter um número ímpar de flores e não 12 ou 24, evitando-se, porém, o número 13. Além disso, ao oferecer as flores, segure-as para cima e retire a embalagem de papel antes de entregá-las, apenas embalagens transparentes ou abertas em cima podem ser mantidas. Flores em vasos são presenteadas somente quando se conhece bem as preferências da pessoa por algum tipo de flor ou planta.

8.2 Descrevendo a aparência (Frases-chave) – Das Aussehen beschreiben (Redewendungen)

DESCREVENDO A APARÊNCIA: ALTURA E PESO – DAS AUSSEHEN BESCHREIBEN: GRÖßE UND GEWICHT

Wie sieht er aus? – Como é que ele é?/Qual é a aparência dele?
Er ist mittelgroß. – Ele tem estatura mediana.
Sein Gewicht liegt im Durchschnitt. – Ele tem peso mediano.
Er ist weder dick noch dünn. – Ele não é gordo nem magro.
Er ist groß/klein. – Ele é alto/baixo.
Er ist dick/dünn. – Ele é gordo/magro.
Er ist schlank. – Ele é esbelto.
Er ist mager. – Ele é bem magro.

DESCREVENDO A APARÊNCIA: CABELOS E OLHOS – DAS AUSSEHEN BESCHREIBEN: HAARE UND AUGEN

Er hat lange schwarze Haare. – Ele tem cabelo preto comprido.
Er hat kurze blonde Haare. – Ele tem cabelo loiro curto.
Er hat lockige braune Haare. – Ele tem cabelo castanho cacheado.

Sie ist blond/brünett. – Ela é loira/morena.
Sie hat rotes Haar. – Ela é ruiva.
Er hat glattes Haar. – Ele tem cabelo liso.
Sie hat gewellte Haare. – Ela tem cabelo ondulado.
Die Ponyfrisur steht ihr wirklich gut. – A franja ficou realmente bem para ela.
Sie hat braune Augen. – Ela tem olhos castanhos.
Sie hat hell-/dunkelbraune Augen. – Ela tem olhos castanhos claros/escuros.
Sie hat grüne/blaue Augen. – Ela tem olhos verdes/azuis.

DESCREVENDO OUTRAS CARACTERÍSTICAS – ANDERE EIGENSCHAFTEN BESCHREIBEN

Er hat eine Glatze. – Ele tem uma careca.
Er ist kahlköpfig. – Ele é careca.
Er trägt eine Perücke. – Ele usa peruca.
Er hat/trägt einen Bart. – Ele tem/usa barba.
Er hat einen Schnurrbart. – Ele tem bigode.
Er hat einen Kinn-/Spitzbart. – Ele tem cavanhaque.
Er ist gut trainiert/fit/topfit. – Ele é sarado.
Er hat breite Schultern. – Ele tem ombros largos.
Sie ist schön/hübsch/bezaubernd/reizend. – Ela é bonita/linda/encantadora/charmosa.
Sie ist anmutig/entzückend. – Ela é graciosa/encantadora.
Sie ist attraktiv. – Ela é atraente.
Sie ist elegant. – Ela é elegante.
Er ist mollig/rundlich. – Ele é rechonchudo/gordinho.
Er ist stämmig/untersetzt. – Ele é atarracado.
Er ist übergewichtig/dick. – Ele está acima do peso/é gordo.
Sie hat etwas Übergewicht. – Ela está um pouco acima do peso.
Sie hat breite Hüften. – Ela tem quadril largo.
Sie hat eine schlanke Taille. – Ela tem cintura fina.

8.3 Descrevendo traços de personalidade (Frases-chave)
– Charakterzüge beschreiben (Redewendungen)

DESCREVENDO TRAÇOS DE PERSONALIDADE – CHARAKTERZÜGE BESCHREIBEN

Wie ist er? – Como ele é?
Wie ist deine Schwester? – Como é a sua irmã?
Sie ist nett. – Ela é legal/gentil.
Er ist kontaktfreudig/gesellig und freundlich. – Ele é extrovertido/sociável e amigável.
Sie ist höflich und verantwortlich. – Ela é educada/gentil e responsável.
Er ist scheu und zurückhaltend. – Ele é tímido e reservado.
Er ist ernsthaft und zuverlässig/vertrauenswürdig. – Ele é sério e confiável/digno de confiança.
Er ist intellektuell und systematisch. – Ele é intelectual e metódico.

Sie ist diszipliniert und ordentlich. – Ela é disciplinada e certinha/correta.

Er ist perfektionistisch und organisiert. – Ele é perfeccionista e organizado.

Sie ist kommunikativ/geschwätzig. – Ela é comunicativa/tagarela.

Sie ist reif und geduldig. – Ela é madura e paciente.

Er ist ein gemütlicher/umgänglicher/gelassener/unbekümmerter Typ. – Ele é um cara agradável/de trato fácil/tranquilo/despreocupado.

Er ist verständnisvoll/teilnehmend. – Ele é compreensivo/solidário.

Obs.: A forma dos adjetivos é a mesma para masculino, feminino e neutro no singular e plural, enquanto não precederem um substantivo.

» Veja Guia de referência gramatical 5. Adjetivos p. 236.

DESCREVENDO OUTROS TRAÇOS DE PERSONALIDADE – ANDERE CHARAKTERZÜGE BESCHREIBEN

Er ist lustig/witzig. – Ele é engraçado/divertido.

Er ist warmherzig. – Ele é caloroso.

Er ist aufmerksam/rücksichtsvoll. – Ele é atencioso/trata com consideração.

Er ist ehrlich. – Ele é sincero/honesto.

Er ist offenherzig. – Ele é franco/aberto.

Sie ist treu. – Ela é fiel.

Er ist großzügig und ausgeglichen. – Ele é generoso e equilibrado.

Sie ist kreativ. – Ela é criativa.

Sie ist empfindlich und sensibel. – Ela é sensível e emotiva.

Er ist engagiert/motiviert/hartknäckig. – Ele é empenhado/motivado/teimoso.

Obs.: A forma dos adjetivos é a mesma para masculino, feminino e neutro no singular e plural, enquanto não precederem um substantivo.

» Veja Guia de referência gramatical 5. Adjetivos p. 236.

DESCREVENDO TRAÇOS NEGATIVOS DE PERSONALIDADE – NEGATIVE CHARAKTERZÜGE BESCHREIBEN

Er ist anspruchsvoll. – Ele é exigente.

Er ist arrogant. – Ele é arrogante.

Er ist langweilig. – Ele é chato.

Er ist eigensüchtig/egoistisch. – Ele é egoísta.

Er ist gierig und geizig. – Ele é ganancioso e avarento.

Sie ist eifersüchtig. – Ela é ciumenta.

Sie ist verwöhnt. – Ela é mimada.

Sie ist grob/derb. – Ela é grosseira/desajeitada.

Er ist unhöflich. – Ele é mal-educado.

Er ist frech. – Ele é desbocado/sem-vergonha.

Sie ist ungeduldig. – Ela é impaciente.

Sie ist sauer. – Ela está ofendida/irritada/chateada.

Er ist böse. – Ele está bravo.

Er ist unausstehlich/widerlich. – Ele é insuportável/nojento.
Er geht mir auf die Nerven. – Ele me irrita profundamente./Ele é muito chato.
Er ist unruhig. – Ele é agitado/irrequieto.
Sie ist rastlos. – Ela não tem parada/irrequieta.
Er ist nachlässig/schlampig/unordentlich. – Ele é relapso/descuidado/desorganizado.
Obs.: A forma dos adjetivos é a mesma para masculino, feminino e neutro no singular e plural, enquanto não precederem um substantivo.
» Veja Guia de referência gramatical 5. Adjetivos p. 236.

8.4 **Separações são sempre difíceis! (Diálogo)** – Trennungen sind immer schwer! (Dialog)

🎧 **Faixa 42**

Christine: Was ist mit dir los? Du siehst elend aus!
Johanna: Ich habe mich mit Thorsten gestritten. Es ist aus.
Christine: Was ist passiert? Warum habt ihr euch gestritten?
Johanna: Also zuerst hat er mehrmals gelogen. Dann habe ich herausgefunden, dass er mit Julia ausgeht. Du weißt doch das niedliche Mädchen in der Schule. Jetzt reicht es mir aber!
Christine: Mensch, da weiß ich wirklich nicht, was ich dazu sagen soll. Das ist mir auch schon passiert. Bist du sicher, dass ihr euch nicht versöhnen könnt?
Johanna: Auf keinen Fall!
» Veja a tradução desse diálogo na p. 317.

8.5 **Vocabulário ativo: Namorando** – Aktiver Wortschatz: Einen Freund haben

» Veja Vocabulário ativo: 8.16 Amor, romance e sexo p. 138, Dicas culturais 35 e 36 p. 131 e 138.

MIT JEMANDEM AUSGEHEN/MIT JEMANDEM ZUSAMMEN SEIN: **NAMORAR**

Käthe sieht viel glücklicher aus, seitdem sie mit Lukas zusammen ist.
Käthe parece muito mais feliz desde que está **namorando** o Lukas.

EINE VERABREDUNG/EIN TREFFEN MIT JEMANDEM HABEN: **TER UM ENCONTRO COM**

Sophie schminkt sich und zieht ihre besten Kleider an, wenn sie eine Verabredung mit ihrem Freund hat.
A Sophie se maquia e veste seus melhores vestidos quando **tem um encontro com** o namorado.

DER FREUND/DIE FREUNDIN: **O NAMORADO, A NAMORADA**

Kennst du schon den neuen Freund von Christa?
Você conhece já **o novo namorado** da Christa?

VERLIEBT SEIN (IN): **ESTAR APAIXONADO(A) (POR)**

Wenn man verliebt ist, kann man nicht immer richtig denken.
As pessoas nem sempre pensam direito quando **estão apaixonadas**.
Verliebt sein macht die Leute glücklicher.
Estar apaixonado deixa as pessoas mais felizes.

SICH IN JEMANDEN VERLIEBEN: **APAIXONAR-SE POR**
LIEBE AUF DEN ERSTEN BLICK: **AMOR À PRIMEIRA VISTA**

René hat sich in Lili verliebt, sobald er sie gesehen hat. Für ihn war es Liebe auf den ersten Blick!
René **se apaixonou pela** Lili assim que a viu. Para ele foi **amor à primeira vista**!

FLIRTEN: **PAQUERAR, DEMONSTRAR INTERESSE POR ALGUÉM**

Christian und Ida haben den ganzen Abend auf Margots Party geflirtet.
Christian und Ida **paqueraram** a noite toda na festa da Margot.

MIT JEMANDEM EINE FESTE LIEBESBEZIEHUNG HABEN: **NAMORAR FIRME ALGUÉM**

Patrick hat eigentlich mit keiner Frau noch eine feste Liebesbeziehung gehabt. Er möchte lieber nur Quatsch machen.
Na verdade, Patrick ainda nunca **namorou firme** nenhuma mulher. Ele prefere só fazer bobagem.

MIT JEMANDEM GEHEN: **NAMORAR ALGUÉM**

Seit wann geht Philipp mit Margit?
Desde quando o Philipp está **namorando** a Margit?

ZUSAMMENBLEIBEN/-LEBEN: **MORAR, VIVER JUNTO**
HEIRATEN: **CASAR-SE**

Wolfgang und Tanja haben lange zusammengelebt. Als das erste Kind kam, heirateten sie.
Wolfgang e Tanja **viveram** muito tempo **juntos**. Quando chegou a primeira criança eles **se casaram**.

MIT JEMANDEM GUT AUSKOMMEN/ZURECHTKOMMEN: **TER UM BOM RELACIONAMENTO COM; ENTENDER-SE COM; DAR-SE BEM COM**

Harald und Angelika haben entschieden, Schluss zu machen, da sie nicht mehr miteinander zurechtkamen.
Harald e Angelika decidiram se separar já que não conseguiam mais se entender.

LIEBE MACHT BLIND: O AMOR É CEGO

Wenn man verliebt ist, kann man nur die schöne Seite des Geliebten sehen. Wie das Sprichwort sagt: Liebe macht blind!
Quando as pessoas estão apaixonadas só conseguem enxergar o lado bom de seus amados. Como diz o ditado: **O amor é cego!**

SICH VON JEMANDEM TRENNEN/SCHEIDEN – MIT JEMANDEM SCHLUSS MACHEN: ROMPER COM ALGUÉM; TERMINAR UM RELACIONAMENTO

Wir waren alle überrascht, als Klaudia uns ankündigte, dass sie sich von Leon getrennt hatte.
Ficamos todos surpresos quando Klaudia anunciou que tinha **rompido com** o Leon.

ÜBERWINDEN: SUPERAR (O FIM DO RELACIONAMENTO); "ESQUECER"

Es hat eine Ewigkeit gedauert, bis Verena ihren Liebeskummer überwunden hatte und im Leben weitermachen konnte.
Levou uma eternidade até que a Verena **superasse** sua decepção amorosa e pudesse tocar a vida.

SICH MIT JEMANDEM VERSÖHNEN/SICH MIT JEMANDEM WIEDER VERTRAGEN: FAZER AS PAZES

Es ist gut zu wissen, dass Gerhard sich mit Erna nach dem heftigen Streit versöhnt hat.
É bom saber que Gerhard e Erna já **fizeram as pazes** após a discussão acalorada.

DIE HOCHZEIT: CASAMENTO

Wusstest du schon, dass Helga und Heinrich bald heiraten? Sie haben ihre Hochzeit gestern Abend angekündigt.
Você já sabia que a Helga e o Heinrich vão se casar? Eles anunciaram o **casamento** deles ontem à noite.

DIE VERLOBUNG: NOIVADO
DER VERLOBUNGSRING: ALIANÇA/ANEL DE NOIVADO

Am Tag der Verlobung hat Jürgen seiner Verlobten einen wunderschönen Verlobungsring geschenkt.
No dia do **noivado**, Jürgen deu à sua noiva um **anel de noivado** lindo.

VERLOBT SEIN: ESTAR NOIVO(A)

Simone und Gumpert sind seit etwa sechs Monaten verlobt.
Simone e Gumpert **estão noivos** há mais ou menos seis meses.

DER/DIE VERLOBTE: NOIVO(A) (DURANTE O NOIVADO)

DIE BRAUT: NOIVA (NAS SEMANAS QUE ANTECEDEM E NO DIA DO CASAMENTO)

DER BRÄUTIGAM: NOIVO (NAS SEMANAS QUE ANTECEDEM E NO DIA DO CASAMENTO)

DIE FLITTERWOCHEN (PL)/HOCHZEITSREISE: **LUA DE MEL, VIAGEM DE NÚPCIAS**

Das frischgebackene Ehepaar wird die Flitterwochen auf den Kanarischen Inseln verbringen.

Os recém-casados vão passar a **lua de mel** nas Ilhas Canárias.

DICA CULTURAL 34: FESTA DE DESPEDIDA DE SOLTEIRO
LANDESKUNDLICHER TIPP 34: DER POLTERABEND

"Scherben bringen Glück!" - Cacos trazem felicidade! - esse é o provérbio do **Polterabend**, uma festa de despedida de solteiro do casal com amigos. Quem chega na porta da casa dos pais da noiva ou da futura residência do casal, quebra uma louça velha e já lascada, trazida por eles mesmos. Segundo a tradição, que remonta ao século XVI, esse gesto traz sorte e felicidade ao casal, espantando os maus espíritos. Vidro e espelhos não podem ser quebrados, apenas louça ou cerâmica. O desafio do futuro casal é remover juntos o monte de cacos que vai se formando na entrada. Em algumas regiões da Alemanha, por volta de meia-noite, a calça do noivo e às vezes o sutiã da noiva são queimados e as cinzas são enterradas junto com uma garrafa de aguardente (**Schnaps**), que é desenterrada um ano mais tarde na mesma data e daí consumida. Em outras regiões, em vez de perder o sutiã, a noiva perde seus sapatos, que são pregados numa tábua. Portanto, as roupas do casal são geralmente simples e os sapatos fechados. Essa comemoração acontece geralmente numa sexta à noite antes do casamento ou alguns dias antes. Às vezes, a festa de casamento e o **Polterabend** acontecem juntos, sendo então uma **Polterhochzeit**. Na Áustria e na Suíça, o **Polterabend** é simplesmente uma reunião descontraída de amigos, o que na Alemanha equivale ao **Junggesellenabschied**, despedida de solteiro.

8.6 Convidando um colega de trabalho para jantar (Diálogo) - Einen Kollegen zum Abendessen einladen (Dialog)

🎧 Faixa 43

Herr Samzig: Feierabend[1]! Haben Sie schon etwas heute Abend vor?

Herr Pereira: Nein, eigentlich nicht. Ich wollte nur etwas Sport treiben.

Herr Samzig: Also darf ich Sie dann morgen zum Abendessen einladen?

Herr Pereira: Ja gern, das ist sehr nett von Ihnen. Gibt es einen besonderen Grund dafür?

Herr Samzig: Nein, einfach weil wir schon so lange zusammenarbeiten und kaum Gelegenheit haben, uns mal locker zu unterhalten.

---

1. **Feierabend!:** é uma expressão típica e abreviada de **Jetzt ist Feierabend!** que indica final de expediente e pode significar "chega por hoje" e/ou "bom descanso". Outras formas possíveis: **Jetzt machen wir Feierabend!** ("por hoje chega") ou uma forma irritada **Jetzt ist aber Feierabend!** ("Agora chega para mim!"). Na Áustria, o **Feierabend** também pode corresponder a "adeus" ou "está tudo perdido" numa situação sem perspectiva de solução, p. ex.: **Wenn der Computer jetzt nicht angeht, ist Feierabend!** - Se o computador não ligar agora, adeus!

Herr Pereira: Da haben Sie Recht. Ich nehme Ihre Einladung sehr gern an. Also, bis morgen und vielen Dank! Ich wünsche Ihnen noch einen schönen Abend!

Herr Samzig: Danke, ebenfalls!

» Veja a tradução desse diálogo na p. 317.

8.7 Propondo algo a alguém (Frases-chave) – Jemandem etwas vorschlagen (Redewendungen)

DICA CULTURAL 35: CONVIDANDO ALGUÉM PARA O "VOCÊ"

LANDESKUNDLICHER TIPP 35: JEMANDEN ZUM DUZEN EINLADEN

Ao convidar alguém para o "você" é muito importante não se cometer uma indelicadeza e achar que pode ser informal após um certo tempo de convívio. É sempre melhor aguardar o outro fazer o convite, formalizado por uma pergunta do tipo "Können wir uns duzen?". A partir daí não se volta mais a forma do **Sie**, caso isso aconteça, desculpe-se e retome imediatamente a forma **du**, pois retroceder corresponde a uma quebra de consideração e confiança – é tão grave quanto usar o **du** com alguém a quem se deve tratar por **Sie**. As frases abaixo estão no registro formal mas quando for necessário adapte para a forma **du**. Se estiver num barzinho (**Kneipe**) é provável que brindem a passagem ao **du**, esse ritual chama-se **mit jemandem auf Brüderschaft trinken**. Pelo ambiente de uma **Kneipe** ser informal já é até usual falar com os garçons usando **du**, mas não nos restaurantes.

» Veja também Dicas culturais 1 e 36 p. 18 e 138, Referência Gramatical 4.1 Pronomes pessoais p. 229

» Veja 4.9 No restaurante - Frases-chave p. 71, 4.2 Sair e divertir-se - Frases-chave p. 61, Vocabulário 10: Esportes p. 179.

Was meinen Sie, wenn wir zusammen in die Ausstellung am Samstag gehen würden? – O que o(a) sr.(a) acha se fossemos juntos à exposição no sábado?

Was halten Sie von einem Mittagessen am Sonntag? – O que o(a) sr.(a) acha de um almoço no domingo?

Möchten Sie morgen mit uns zu Abend essen? – O(A) sr.(a) gostaria de jantar com a gente amanhã?

Hätten Sie Lust heute Abend ins Konzert zu gehen? – O(A) sr.(a) teria vontade de ir ao concerto hoje à noite?

Am Sonntag grillen wir im Park. Sie sind herzlich eingeladen. – No domingo vamos fazer churrasco no parque. O(A) sr.(a) será muito bem-vindo.

Darf ich Sie zum Tanzen einladen? – Posso convidá-lo(a) para dançar?

Kommen Sie heute Abend in die Kneipe mit? – O(A) sr.(a) nos acompanha hoje à noite no barzinho?

Worauf hätten Sie Lust heute Abend? – O que o(a) sr.(a) estaria com vontade de fazer hoje à noite?

Ich hätte Lust tanzen zu gehen. Kennen Sie eine gute Disko? – Estaria com vontade de ir dançar. O(A) sr.(a) conhece uma boa discoteca?

Am Sonntagmorgen gehe ich am See Rad fahren. Möchten Sie mitkommen? – No domingo de manhã vou fazer um passeio de bicicleta no lago. O(A) sr.(a) gostaria de vir junto?

8.8 Fica para a próxima (Diálogo) – Etwas auf ein andermal verschieben (Dialog)

🎧 Faixa 44

Ulli: So, für mich ist jetzt Feierabend!

Marko: Na gut, was hältst du davon, einen in der Kneipe an der Ecke zu trinken?

Ulli: Ach ne, lass das heute sein! Ich fühle mich wirklich müde. Heute möchte ich einfach nach Hause und vor der Glotze[1] sitzen!

Marko: Ach was, komm, es ist ja noch gar nicht 6 Uhr. Trinken wir nur ein Pils. Es wird dir wohl tun!

Ulli: Um ehrlich zu sein, ich habe auch etwas Kopfschmerzen. Können wir das nicht auf morgen verschieben?

Marko: Also gut, du hast gewonnen! Gute Besserung und komm gut nach Hause!

» Veja a tradução desse diálogo na p. 317.

8.9 Recusando um convite educadamente (Frases-chave) – Eine Einladung höflich ablehnen (Redewendungen)

Vielen Dank für die Einladung, aber heute Abend bin ich schon verabredet. – Muito obrigado pelo convite, mas hoje à noite já tenho um compromisso.

Bei einer anderen Gelegenheit komme ich gern mit. – Numa outra oportunidade irei com prazer.

Ich würde sehr gern kommen, aber da bin ich beschäftigt. Können wir das für ein anderes Mal vereinbaren? – Eu adoraria vir, mas nesse dia estou ocupado. Podemos combinar para uma outra vez?

Es tut mir leid, aber für den Samstag habe ich schon etwas vor. – Sinto muito, mas já tenho programa para este sábado.

Tut mir leid, am Freitag kann ich nicht. Aber vielleicht ein anderes Mal? – Sinto muito, não posso na sexta. Mas talvez uma outra vez?

Es tut mir wirklich leid, aber ich habe gar keine Lust heute Abend auszugehen. – Sinto muito mesmo, mas não estou com vontade nenhuma de sair hoje à noite.

---

1. **die Glotze**: forma pejorativa de se referir à televisão, pela maneira passiva e entregue de assistir a ela. Origina-se do verbo **etwas oder jemanden anglotzen**, que significa olhar de maneira fixa e vidrada para alguém ou algo.

Ich bin mir nicht sicher, ob ich da nicht schon etwas habe. – Não tenho certeza se já não tenho um compromisso nesse horário.

Kann ich Sie später zurückrufen, um es zu bestätigen? – Posso retornar mais tarde para confirmar?

Lass (es) gut sein! – Deixe pra lá! (informal)

8.10 Você deveria sair com mais frequência! (Diálogo) – Du solltest öfters ausgehen! (Dialog)

∩ Faixa 45

Herbert: Hallo Mario! Mensch, du siehst gar nicht gut aus!
Mario: Ich bin total geschafft!
Herbert: Was ist denn los?
Mario: Ich stecke einfach bis über den Kopf in Arbeit. Ich würde viel darum geben, mich mal so richtig einen Abend entspannen zu können!
Herbert: Na los, du musst unbedingt mal raus und andere Leute treffen.
Mario: Ich weiß, ich muss... Ich habe einfach viel zu viel zu tun in letzter Zeit und ich habe dann kaum Zeit für mich selbst.
Herbert: Hör mal, heute Abend gehen wir in eine Disko, okay?
Mario: Was? Eine Disko? Ich weiß nicht, ich fühle mich fertig...
Herbert: Keine Ausreden! Ich hole dich um 9 Uhr ab. Sei fertig! Auf dem Weg zur Disko können wir eine Pizza essen.
» Veja a tradução desse diálogo na p. 318.

8.11 Você deveria sair com mais frequência! (Frases-chave) – Du solltest öfters ausgehen! (Redewendungen)

DESABAFANDO – SICH LUFT MACHEN

» Veja 5.4 Sentindo-se doente p. 84, 9.6 Falando sobre seu estado p. 143, 9.8 Sentindo-se cansado p. 144, 9.10 Sentindo-se mal p. 146.

Mir ist elend. – Estou me sentindo péssimo.
Ich bin total geschafft/fertig. – Estou totalmente esgotado/acabado.
Das macht mich fertig! – Isso acaba comigo!
Ich fühle mich fremd/allein. – Eu me sinto estranho/só.
Ich bin unglücklich mit... – Estou infeliz com...
Ich bin unzufrieden mit... – Estou insatisfeito com...
Diese Lage deprimiert mich. – Essa situação me deprime.
Ich habe die Nase voll (davon). – Estou farto (disso).
Ich habe es satt. – Estou cheio. (informal)

ANIMANDO AS PESSOAS – JEMANDEM WIEDER MUT MACHEN!

Mach dir (darum) keine Sorgen! – Não se preocupe (com isso)!
Du wirst es schon schaffen! – Você vai conseguir!
Das schaffst du schon, du musst es nur versuchen. – Você consegue, só precisa tentar.
Versuch es mal! – Faça uma tentativa!
Dazu gehört viel Mut. – É preciso ter muita coragem (para isso).
Und wenn es trotzdem nicht klappt, dann lass gerade jetzt den Kopf nicht hängen. – E se mesmo assim não der certo, não desanime logo agora!
Nur nicht den Kopf hängen lassen! – Só não desanime!
Kopf hoch! Du brauchst dich nicht so hundeelend zu fühlen. – Levante a cabeça! Você não precisa se sentir tão mal assim.
Das ist kein Grund, um sich so elend zu fühlen. – Isso não é razão para sentir-se assim tão mal.
Jetzt kann es nur aufwärts gehen! – Agora só pode melhorar.
Es kann nur besser werden. – Agora só pode melhorar.
Willst du deine Sorgen nicht loswerden? – Você não quer desabafar?
Für deine Probleme habe ich immer ein offenes Ohr. – Pode falar comigo sempre que precisar.
Einem Freund kann man das ganze Herz auschütten. – Com um amigo pode-se abrir o coração.
Komm wir trinken etwas, das wird dir wohl tun. – Vamos tomar alguma coisa isso vai lhe fazer bem.
Halte durch! – Aguenta firme aí!
Halt die Ohren steif! – Boa sorte!
Ich halte/drücke dir die Daumen. – Boa sorte! (fazendo o sinal de figa ou cruzando o dedo do meio sobre o indicador)
Mach dein Bestes! – Faça o melhor que puder!
Toi, toi, toi! – Boa sorte! (para desejar sorte e sucesso)

FAZENDO UM ELOGIO – JEMANDEM EIN KOMPLIMENT MACHEN

Gut gemacht! – Muito benfeito!
Gute Arbeit! – Bom trabalho!
Weiter so! – Continue assim!
Gratuliere! – Meus parabéns!
So wird's gemacht! – É assim que se faz!
So ist es richtig! – É assim mesmo!
Sie haben sich heute Morgen wirklich gut geschlagen! – Você se saiu muito bem esta manhã!
Ihr/dein Deutsch/Portugiesisch ist sehr gut! – Seu alemão/português é muito bom!
Sie sprechen sehr gut Deutsch/Portugiesisch! – Você fala alemão/português muito bem!
Du siehst sehr gut aus! – Você está ótima(o)!
Das Kleid steht dir sehr gut. – O vestido ficou muito bem em você.
Deine Haare sind so schön. Hast du etwas gemacht? – Seu cabelo está lindo, você mudou alguma coisa?
Mensch! Du bist aber wunderschön! – Nossa! Você está linda(o)!

Du hast eine schöne/gemütliche Wohnung. – Você tem um apartamento bonito/aconchegante.
Wie gemütlich hast du es hier! – Que casa gostosa a sua!

8.12 Queria lhe pedir desculpas por causa de ontem... (Diálogo)
– Ich möchte mich bei dir wegen gestern entschuldigen... (Dialog)

🎧 **Faixa 46**

Arnim: Darf ich mit dir einen Augenblick sprechen?
Elke: Na dann, schieß los!
Arnim: Ich möchte mich bei dir wegen gestern entschuldigen. Ich habe es nicht böse gemeint. Entschuldige mich bitte.
Elke: Also wenn du es wirklich wissen willst, war ich ganz schön sauer darüber gestern Abend.
Arnim: Ich weiß. Ich hätte nicht so gemein sein sollen. Ich bedaure wirklich, was ich dir gestern gesagt habe. Kannst du mich trotzdem entschuldigen?
Elke: Also gut, wir alle machen Fehler.
Arnim: Nimmst du es mir wirklich nicht übel?
Elke: Schon in Ordnung! Schwamm drüber!
» Veja a tradução desse diálogo na p. 318.

8.13 Pedindo desculpas (Frases-chave) – Sich entschuldigen (Redewendungen)

PEDINDO DESCULPAS (A) – SICH ENTSCHULDIGEN (A)

Entschuldigung!/Entschuldigen Sie!/Entschuldigen Sie, bitte! – Desculpe!/Com licença!
Entschuldigen Sie vielmals! – Com mil perdões!
Verzeihung!/Verzeihen Sie bitte! – Desculpe!/Com licença!
Ich bitte Sie vielmals um Verzeihung! – Peço-lhe mil desculpas!
Ich möchte mich wegen gestern entschuldigen. – Queria pedir desculpas por ontem.
Ich bedaure es wirklich, was ich gestern gesagt habe. – Lamento sinceramente o que eu disse ontem.
Ich möchte mich entschuldigen, dass ich so unhöflich war. – Gostaria de pedir desculpas por ter sido tão rude.
Ich muss mich bei Ihnen/dir entschuldigen. – Preciso me desculpar com o(a) sr.(a)/você.
Ich glaube, ich habe zu heftig reagiert. – Acho que tive uma reação exagerada.
Ich möchte zurücknehmen, was ich gestern darüber gesagt habe. – Queria retirar o que disse ontem a esse respeito.
Ich weiß, ich hätte das früher machen sollen, aber... – Eu sei, eu deveria ter feito isso antes, mas...
Es tut mir sehr leid, aber ich muss unseren Termin absagen. Könnten wir ihn verlegen? – Sinto muito mesmo mas tenho de cancelar nosso encontro. Poderíamos adiá-lo?

PEDINDO DESCULPAS (B) – SICH ENTSCHULDIGEN (B)

Entschuldigung, ich hatte keinesfalls die Absicht zu unterbrechen/zu stören. – Desculpe, não tive a mínima intenção de interromper/perturbar.

Ich konnte es nicht vermeiden. – Não pude evitar.

Ich bedauere sehr, dass ich Sie stören musste. – Lamento muito que precisei incomodá-lo(a).

Entschuldigen Sie bitte, ich habe Verspätung. – Desculpe, por favor, estou atrasado.

Entschuldigung für die Verspätung. Es wird sich nicht wiederholen. – Desculpe pelo atraso. Isso não vai acontecer de novo.

Die Stimmung der Party ist toll, aber ich muss wirklich/leider gehen. – A festa está ótima, mas eu preciso mesmo/infelizmente ir embora.

Entschuldigung, aber jetzt muss ich wirklich los. Morgen muss ich sehr früh aufstehen. – Desculpe, mas agora preciso ir embora mesmo. Tenho de levantar muito cedo amanhã.

Ich bitte Sie um Entschuldigung für den Fehler! – Eu lhe peço desculpas pelo erro!

Ich hatte nicht die Absicht,... zu + Infinitiv. – Não tive a intenção de...

Ich habe das nicht so gemeint! – Não foi isso que quis dizer.

Das ist nicht ernst gemeint. – Não estava falando sério.

Ich habe es nicht böse gemeint. – Não quis ofender.

Nimmst du/Nehmen Sie es mir nicht übel? – Você/o(a) sr.(a) não vai me levar a mal?

ACEITANDO UM PEDIDO DE DESCULPAS – EINE ENTSCHULDIGUNG ANNEHMEN

(Es) Macht nichts. – Não tem importância./Não foi nada.

Das macht doch nichts! – Não tem nenhuma importância!

(Es) Ist schon in Ordnung!/Ist ja gut!/Alles klar! – (Está) Tudo bem!

Kein Problem! – Sem problemas!

Nichts passiert. (A) – Não foi nada.

Ihre Entschuldigung nehme ich an. – Eu aceito suas desculpas.

Ich weiß, dass Sie nicht diese Absicht hatten. – Sei que o(a) sr.(a) não teve essa intenção.

Wir alle machen Fehler. – Todos cometem erros.

Mach dir keine Sorgen, dass du mich gekränkt hast, das ist bereits vergeben und vergessen. – Não se preocupe que você me ofendeu, já perdoei e esqueci.

Du brauchst dich nicht zu entschuldigen, das ist längst vergessen. – Você não precisa se desculpar, já esqueci tudo faz tempo.

Ich bin dir nicht mehr böse. – Não estou mais chateado(a)/zangado(a) com você.

Schwamm drüber! – Deixa pra lá!/Vamos esquecer isso!

8.14 É por isso mesmo que adoro este lugar! (Diálogo) – Deshalb schätze ich ja dieses Lokal so sehr! (Dialog)

🎧 **Faixa 47**

Dominik: Schau dir mal die reizende Puppe dort an!

Niklas: Wahnsinn! Einfach umwerfend schön, nicht wahr?

Dominik: In dieser Disko gibt es immer viele schöne Frauen!

Niklas: Ich weiß es genau! Deshalb schätze ich ja dieses Lokal[1] so sehr!

Dominik: Hoffentlich haben wir Glück heute Abend.

Niklas: Das hoffe ich auch, Mann!

» Veja a tradução desse diálogo na p. 318.

8.15 Paquerar (Frases-chave) – Flirten (Redewendungen)

Die Stimmung ist hier toll! (Nicht wahr?) – O astral daqui é maravilhoso! (Não é?)

Kommen Sie/Kommst du oft hierher? – O/A sr.(a)/você vem muito aqui?

Sind Sie/Bist du oft hier? – O/A sr.(a)/você está sempre por aqui?

Sie sind/Du bist einer Freundin sehr ähnlich. – O/A sr.(a)/você parece muito com uma amiga.

Haben wir uns nicht schon irgendwo getroffen? – Nós já não nos encontramos em algum lugar?

Sie tanzen/Du tanzt sehr gut! – O/A sr.(a)/você dança muito bem!

Gehen wir mal tanzen! – Vamos dançar!

Sie haben/Du hast ein so schönes Lächeln! – A sra./você tem um sorriso tão bonito!

Sie sind/Du bist wunderschön/bezaubernd! – A sra./você é linda/encantadora!

Darf ich mich zu Ihnen/dir setzen? – Posso sentar-me ao seu lado?

Ist der Platz frei? – O lugar está livre?

Darf ich Ihnen/dir ein Getränk spendieren? – Posso lhe/te oferecer uma bebida?

Möchten Sie/Möchtest du etwas trinken? – Gostaria de beber alguma coisa?

Essen/trinken wir mal etwas? – Vamos comer/beber alguma coisa?

Gehen wir mal hinaus, die Musik ist sehr laut. – Vamos para fora um pouco, a música está muito alta.

Darf ich Sie/dich nach Hause fahren? – Posso levá-la(o) de volta para casa?

Mach/Machen Sie mich nicht an! – Não mexa comigo/não me provoque!

Lass/Lassen Sie mich doch in Ruhe! – Deixe-me em paz!

Diese Frau macht mich nicht an! – Essa mulher não me atrai!

1. **das Lokal**: é sinônimo de **Gaststätte** ou **Gasthaus**, que são termos gerais para todo lugar onde se possa comer e/ou beber. Assim há composições como **das Speiselokal** para restaurante, **das Tanzlokal** para danceteria, **das Weinlokal** (**Weinstube**) para adega de vinho.

DICA CULTURAL 36: PAQUERAR – LANDESKUNDLICHER TIPP 36: FLIRTEN

Paquerar usando **Sie**? Dependendo da informalidade da situação pode-se usar diretamente o **du**. Para contornar temporariamente a decisão pelo **Sie** ou **du** pode-se fazer afirmações gerais do tipo: **Die Stimmung ist hier toll!, Ist es warm hier drin!** (Como está calor aqui dentro!), **Ich habe Durst. Ich brauche drigend etwas zum Trinken.** (Estou com sede. Preciso tomar algo urgentemente.) Também pode-se propor algo usando o imperativo na 1ª pessoa do plural (**wir**), o que já indica uma certa informalidade: **Gehen wir mal tanzen!, Essen/trinken wir mal etwas?, Gehen wir mal hinaus, die Musik ist sehr laut,** ou ainda **Darf ich ein Getränk spendieren?, Ist der Platz noch frei?** Essas frases ajudam apenas a ganhar tempo e a avaliar qual opção deve ser feita: **Sie** ou **du**. Tudo é uma questão de tato!

» Veja 1.2 Frases-chave: Quebrando o gelo p. 15, Dicas culturais 1 e 35 p. 18 e 131, Referência Gramatical 4.1 Pronomes pessoais p. 229

8.16 **Vocabulário ativo: Amor, romance e sexo** – Aktiver Wortschatz: Liebe, Romanze und Sex

» Veja 8.5 Vocabulário ativo: Namorando p. 127, Dicas culturais 35 e 36 p. 131 e 138.

DIE FLOTTE MIEZE/DIE SÜßE PUPPE/DAS MÄDCHEN: **"GATA ATRAENTE"/BONECA ADORÁVEL/ MENINA**

Dieses Tanzlokal ist voller flotten Miezen!
Esta danceteria está cheia de **gatas** atraentes!

JEMANDEN EROBERN: **CONQUISTAR**

Alexander hat seine neue Freundin bei einem Reifenwechsel erobert.
Alexander **conquistou** sua nova namorada numa troca de pneus.

JEMANDEM SCHÖNE AUGEN MACHEN: **OLHAR APAIXONADO PARA ALGUÉM**

Barbara machte ihrem Mathematiklehrer schöne Augen.
Barbara **olhava apaixonada** para seu professor de matemática.

FLIRTEN/FLIRTETE/HAT GEFLIRTET: **PAQUERAR, FLERTAR**

Du kennst doch Fritz. Er muss immer mit jeder Frau, die er sieht, flirten!
Você conhece o Fritz. Está sempre **paquerando** toda mulher que ele vê.

DER CHARMEUR: **PAQUERADOR**
DAS FLIRTEN/DER FLIRT: NAMORO CURTO

Sei vorsichtig mit Ferdinand! Du weißt doch, dass er ein Charmeur ist und das Flirten nicht lassen kann.
Cuidado com o Ferdinand! Você sabe que ele é um **paquerador** incorrigível.

Steffen ist so ein Charmeur! Er kann es einfach nicht vermeiden.
O Steffen é tão **paquerador**! Ele simplesmente não consegue evitar.

DAS TECHTELMECHTEL: **NAMORO CURTO, SEM MUITA IMPORTÂNCIA, ROLO**

Joachim hatte nur ein Techtelmechtel mit Liselotte.
Joachim teve apenas um **rolo** com a Liselotte.

JEMANDEM DEN LAUFPASS GEBEN/JEMANDEN VERLASSEN: **"DAR O FORA EM ALGUÉM"; LARGAR**

Rolf konnte es kaum fassen, als seine Freundin ihm den Laufpass gab.
Rolf quase não acreditou quando sua namorada **o largou**.

MIT JEMANDEM SCHLUSS MACHEN: **ROMPER COM ALGUÉM; TERMINAR UM RELACIONAMENTO**
MIT ANDEREN FRAUEN FLIRTEN/AUSGEHEN: **"PULAR A CERCA"**

Isolde hat mit ihrem Freund Schluss gemacht, als sie entdeckte, dass er mit anderen Frauen flirtete.
Isolde **rompeu com** o namorado quando descobriu que ele estava **pulando a cerca com** outras mulheres.

MIT JEMANDEM GESCHLECHTSVERKEHR/SEX HABEN: **TER RELAÇÃO SEXUAL COM ALGUÉM, FAZER SEXO**
BUMSEN/FICKEN/VÖGELN (VULGARES): **TRANSAR**

Meinst du, dass Sven mit Nadine schon Geschlechtsverkehr hatte?
Você acha que o Sven já **teve relação sexual** com a Nadine?

JEMANDEM EINEN BLASEN: **FAZER SEXO ORAL**

Michaela hat ihrem Freund einen geblasen.
Michaela fez **sexo oral** com o namorado.

EJAKULIEREN, ABSPRITZEN/SPRITZTE AB/HAT ABGESPRITZT (VULGAR): **EJACULAR, GOZAR**

Erik hat nicht lange gebraucht, bis er abgespritzt hat.
Erik não demorou muito para **ejacular**.

DIE SAMENFLÜSSIGKEIT: **ESPERMA**

Es gab einige Samenflüssigkeitsflecken auf den Bettlaken.
Havia algumas **manchas de esperma** nos lençóis.

DAS EINMALIGE SEXUELLE ABENTEUER: **RELACIONAMENTO SEXUAL PASSAGEIRO, QUE NORMALMENTE DURA SÓ UMA NOITE, TRANSA SEM COMPROMISSO**

Dennis hat das einmalige sexuelle Abenteuer satt.
O Dennis está cansado de **transas sem compromisso**.

JEMANDEM FREMDGEHEN: **TRAIR, SER INFIEL**

Evi hat den Verdacht, dass ihr Mann ihr fremdgegangen ist.
Evi suspeita que o marido a **traiu**.

DAS VERHÜTUNGSMITTEL: **CONTRACEPTIVO**
DIE PILLE: **A PÍLULA**
DIE SPIRALE: **O DIU**
DAS PESSAR, DAS DIAPHRAGMA: **O DIAFRAGMA**
DAS PRÄSERVATIV, DAS/DER KONDOM, DAS GUMMI, DER PARISER: **A CAMISINHA, O PRESERVATIVO**

Gehen Sie keine Risiken ein. Denken Sie immer daran ein Verhütungsmittel bei Ihnen zu haben!
Não corra riscos. Sempre tenha um contraceptivo/preservativo com você!

DIE BESTIMMUNG/DIE RICHTLINIE: **DETERMINAÇÃO, NORMA DE CONDUTA**

Welche ist die Richtlinie gegenüber sexueller Belästigung?
Qual é a **determinação** da empresa com relação a assédio sexual?

9. VIVENDO, APENAS! (PARTE 1) - EINFACH NUR LEBEN! (TEIL 1)

9.1 Uma rotina diária (Diálogo) - Eine tägliche Routine (Dialog)

🎧 **Faixa 48**

Arno: Hast du eine tägliche Routine, Volker?
Volker: Aber sicher, ich stehe immer um 7 Uhr auf, wasche mich, frühstücke und dann gehe ich um 8 Uhr zur Arbeit.
Arno: Und um wie viel Uhr fängst du an zu arbeiten?
Volker: Etwa um halb acht, wenn der Verkehr gut ist.
Arno: Liest du jeden Tag die Zeitung?
Volker: Nein, ich lese die Zeitung nur am Wochenende, um die Nachrichten nachzuholen, aber ich sehe oft die letzten Nachrichten im Fern.
Arno: Also dann gehst du nicht sehr früh ins Bett?
Volker: So gegen Mitternacht.
Arno: Fühlst du dich dann nicht müde am nächsten Morgen?
Volker: Eigentlich nicht. Sieben Stunden Schlaf sind genug für mich.

» Veja a tradução desse diálogo na p. 319.

9.2 Falando sobre hábitos e rotinas (Frases-chave) - Über tägliche Gewohnheiten und Routinen sprechen (Redewendungen)

Jeden Tag laufe ich fünf Kilometer. - Todos os dias corro cinco quilômetros.
Im Allgemeinen macht Maria ihre Hausaufgaben nachmittags. - Maria geralmente faz a lição de casa à tarde.
Mein Wecker klingelt immer um 7 Uhr. - Meu despertador sempre toca às sete da manhã.
Vor 22 Uhr gehe ich nie ins Bett. - Eu nunca vou dormir antes das 22 horas.
Manchmal gehe ich mit Freunden am Freitagabend aus. - Às vezes eu saio com amigos nas noites de sexta.
Selten fahren wir mit dem Auto zur Arbeit. - Raramente vamos de carro para o trabalho.
Sie kommen selten verspätet zur Arbeit. - Eles/elas raramente chegam atrasados no trabalho.

9.3 A vida no Brasil e na Alemanha (Diálogo) - Das Leben in Brasilien und in Deutschland (Dialog)

🎧 **Faixa 49**

Wilhelm: Hast du schon überlegt, wie das Leben in Brasilien anders als in Deutschland ist?
Marco: Ja, die Unterschiede sind sehr groß. Manchmal fällt es mir plötzlich auf, besonders wenn ich deutsche Filme sehe und die Figuren beobachte, um gar nicht vom Klima zu sprechen!

Wilhelm: Schau dir mal die Häuser an, zum Beispiel. In Brasilien sind sie alle ganz unterschiedlich voneinander. Manche sind älter und gleich daneben steht ein ganz modernes Haus. Jeder darf bauen, wie er will!

Marco: Das stimmt, in Deutschland wird das ganz anders geregelt. Als ich dort war, ist mir aufgefallen, wie die Fassaden je nach Stadtviertel einheitlich waren. Aber was mir dort wirklich gefehlt hat, war das warme Essen abends.

Wilhelm: Ach ja! In Deutschland isst man abends meistens kalt, nur Vollkornbrot mit Butter, Käse oder Wurst. Dann im Winter isst man eher eine warme Suppe. Aber wir haben eine Hauptmahlzeit wie ihr hier, das Mittagessen.

Marco: Also, was mir am meisten in Brasilien gefällt, ist das gute und warme Wetter!

Wilhelm: Mir auch, ich liebe sonnige Tage!

» Veja a tradução desse diálogo na p. 319.

» Veja Dica cultural 21: Jantar, p. 72.

9.4 Fazendo comparações (Frases-chave) – Vergleiche ziehen (Redewendungen)

COMPARAÇÕES DE IGUALDADE – VERGLEICHE IM POSITIV: SO... WIE

» Veja Guia de referência gramatical: 5.5 Grau comparativo e superlativo do adjetivo p. 240.
Paul ist so groß wie Peter. – Paul é tão alto quanto Peter.

Ein BMW ist so teuer wie ein Porsche. – Um BMW é tão caro quanto um Porsche.

Es ist so interessant in Brasilien wie in Europa zu verreisen. – É tão interessante viajar pelo Brasil quanto pela Europa.

Das Wetter hier ist so warm wie in Spanien. – O tempo aqui é tão quente quanto na Espanha.

COMPARAÇÕES DE SUPERIORIDADE – VERGLEICHE IM KOMPARATIV: ALS

» Veja Guia de referência gramatical: 5.5 Grau comparativo e superlativo do adjetivo p. 240.
Eine kleine Wohnung ist billiger als ein großes Haus. – Um apartamento pequeno é mais barato do que uma casa grande.

Das Wetter in Brasilien ist wärmer als in Österreich. – O tempo no Brasil é mais quente do que na Áustria.

Ein kleines Haus ist teurer als eine kleine Wohnung. – Uma casa pequena é mais cara do que um apartamento pequeno.

Dieser Raum ist geräumiger als dieser. – Este cômodo é mais espaçoso do que esse.

SUPERLATIVO – SUPERLATIV

» Veja Guia de referência gramatical: 5.5 Grau comparativo e superlativo do adjetivo p. 240.
Brasilien ist das größte Land in Südamerika. – O Brasil é o maior país da América do Sul.

Der braune Stuhl dort ist der schwerste Stuhl von allen. – A cadeira marrom ali é a mais pesada de todas.

São Paulo ist das wichtigste Finanzzentrum von Brasilien. – São Paulo é o centro financeiro mais importante no Brasil.
Dieser Science-Fiction-Film ist am interessantesten. – Esse filme de ficção científica é o mais interessante.

9.5 Como está quente aqui dentro! (Diálogo) – Ist es warm hier drin! (Dialog)

∩ Faixa 50

Eduard: Mensch, ist es warm hier drin! Darf ich die Klimaanlage anschalten?
Bernd: Das würde ich auch machen, aber die ist außer Betrieb!
Eduard: Ach nein! Das gibt's doch nicht!
Bernd: Die soll bald repariert werden.
Eduard: Ach, jetzt würde ich gern schwimmen gehen!
Bernd: Ich auch, warum gehen wir nicht später ins Schwimmbad?
» Veja a tradução desse diálogo na p. 319.

9.6 Falando sobre seu estado (Frases-chave) – Über sein Befinden sprechen (Redewendungen)

» Veja 5.4 Sentindo-se doente p. 84, 8.11 Desabafando p. 133, 9.8 Sentindo-se cansado p. 144, 9.10 Sentindo-se mal, p. 146.
Ich habe Hunger. – Estou com fome.
Ich verhungere./Ich sterbe vor Hunger. – Estou faminto./Estou morrendo de fome.
Ich bin durstig. – Estou com sede.
Mir ist warm/kalt. – Estou com calor/frio.
Mir wird es zu warm/kalt. – Estou ficando com calor/frio demais.
Ich bin glücklich/froh. – Estou feliz.
Ich bin traurig. – Estou triste.
Ich bin begeistert. – Estou entusiasmado.
Ich bin überrascht/erstaunt. – Estou surpreso/espantado.
Ich habe Angst. – Estou com medo.
Ich bin entsetzt. – Estou horrorizado.
Ich bin hoffnungsvoll. – Estou esperançoso.
Ich bin verärgert über.../böse auf.../sauer. – Estou irritado com.../bravo com.../chateado.
Ich schäme mich. – Estou com vergonha.
Ich bin gut/schlecht gelaunt. – Estou de bom/mau humor.
Ich habe keine Lust zu tanzen/auszugehen. – Não estou com vontade de dançar/sair.
Ich habe Lust zu schwimmen. – Estou com vontade de nadar.
Ich möchte gern tanzen gehen. – Gostaria muito de ir dançar.

Ich bin in der richtigen Stimmung zum Tanzen. – Estou com astral legal para dançar.
Mir ist nicht nach Scherzen zu Mute. – Não estou para brincadeiras.

9.7 Sentindo-se cansado (Diálogo) – Sich müde fühlen (Dialog)

🎧 **Faixa 51**

Frank: Ich bin total fertig. Können wir nicht einfach nach Hause gehen?
Ruth: Ich muss noch schnell etwas kaufen.
Frank: Noch schnell? Und was noch?
Ruth: Schuhe, erinnerst du dich? Ich möchte mir mal das neue Schuhgeschäft anschauen.
Frank: Was meinst du, ich setze mich ins Café drüben, während du dir die Schuhe anschaust?
Ruth: Ach Schatzi! Du weißt doch, dass ich deine Meinung brauche. Ich fühle mich viel sicherer, wenn du dabei bist und mir gleich sagst, was mir am besten steht.
Frank: Na gut! Du hast mal wieder gewonnen. Los, aber wir erledigen das schnell, ja?
Ruth: Toll, das verspreche ich dir!
» Veja a tradução desse diálogo na p. 320.

9.8 Sentindo-se cansado (Frases-chave) – Sich müde fühlen (Redewendungen)

» Veja 5.4 Sentindo-se doente p. 84, 8.11 Desabafando p. 133, 9.6 Falando sobre seu estado p. 143, 9.10 Sentindo-se mal, p. 146.
Ich bin müde. – Estou cansado.
Ich fühle mich müde. – Eu me sinto cansado.
Ich bin total fertig. – Estou supercansado/acabado.
Ich bin tot müde. – Estou morto.
Ich bin erschöpft. – Estou exausto.
Ich bin k.o. (geschlagen). – Estou nocauteado/morto.

Ich fühle mich nicht sehr wohl. – Não estou me sentindo muito bem.
Heute bin ich nicht ganz auf der Höhe. – Hoje não estou muito legal./Hoje estou indisposto.
Heute bin ich nicht ganz auf dem Damm. – Hoje não estou muito legal./Hoje estou indisposto.

9.9 Um dia difícil (Diálogo) – Ein schlimmer Tag (Dialog)

🎧 **Faixa 52**

Walter: Du siehst etwas mitgenommen?
Günther: Ich hatte einen anstrengenden Tag.
Walter: Was war denn?
Günther: Also, heute morgen hatte ich zuerst mal einen flachen Reifen, als ich zur Arbeit fahren wollte. Aber das ist nicht alles!
Walter: Was ist noch passiert?
Günther: Als ich endlich im Büro ankam, merkte ich, dass ich meine Aktentasche mit einigen wichtigen Berichten zu Hause vergessen hatte.
Walter: Na also, du musstest den ganzen Weg nach Hause zurück, um sie zu holen, richtig?
Günther: So ist es! Und rate mal, was dann passierte, als ich zum Büro zurückfuhr?
Walter: Keine Ahnung!
Günther: Wegen einem Unfall stand der ganze Verkehr und ich brauchte mehr als eine Stunde, um wieder im Büro zu sein. Das hatte schließlich zur Folge, dass ich die Sitzung mit den Verkäufern verpasste!
Walter: Mensch, du hattest wirklich einen schlimmen Tag!

» Veja a tradução desse diálogo na p. 320.

9.10 **Sentindo-se mal (Frases-chave)** – Sich nicht wohl fühlen (Redewendungen)

» Veja 5.4 Sentindo-se doente p. 84, 8.11 Desabafando p. 133, 9.6 Falando sobre seu estado p. 143, 9.8 Sentindo-se cansado p. 144.

Ich bin deprimiert/schwermütig. – Estou deprimido.

Ich bin niedergeschlagen. – Estou desanimado.

Ich bin enttäuscht. – Estou decepcionado.

Ich bin nervös. – Estou nervoso.

Ich bin gespannt. – Estou tenso.

Ich bin gespannt auf... – Estou ansioso por...

Ich bin ein Nervenbündel. – Estou uma pilha de nervos.

Ich fühle mich allein/einsam/verlassen. – Eu me sinto só/solitário/abandonado.

Ich fühle mich fehl am Platz. – Sinto-me deslocado.

Mir fehlt meine Familie/mein Haus. – Eu sinto saudade da minha família/da minha casa.

Ich langweile mich. – Estou me chateando/entediando.

Es hat mich schrecklich gelangweilt. – Foi um tédio só.

Ich bin böse/wütend auf sie. – Estou bravo/furioso com ela/eles.

Ich habe die Nase voll von allem./Ich habe es satt. – Estou farto de tudo./Estou cheio.

Ich bin besorgt wegen... – Estou preocupado por causa...

Ich mache mir Sorgen um (jemanden)... – Estou preocupado com (alguém)...

9.11 **Você pode me dar uma mão? (Diálogo)** – Kannst du mir mal bitte helfen? (Dialog)

🎧 **Faixa 53**

Arthur: Du! Eugen, kannst du mir mal bitte helfen?

Eugen: Aber klar, was brauchst du?

Arthur: Kannst du mir helfen, diese Kisten umzustellen?

Eugen: Okay. Wohin möchtest du sie stellen?

Arthur: Dahin, neben das Fenster.

Eugen: Alles klar. Los, packen wir an! Mensch! Die sind aber schwer! Was ist da drin?

Arthur: Nichts außer Papierkram!

» Veja a tradução desse diálogo na p. 320.

9.12 **Pedindo ajuda e favores (Frases-chave)** – Um Hilfe oder einen Gefallen bitten (Redewendungen)

Können/Könnten Sie mir bitte einen Gefallen tun? – O(A) sr.(a) pode/poderia me fazer um favor?

Kann ich Sie/dich um einen Gefallen bitten? – Posso lhe pedir um favor?

Ich habe eine Bitte an Sie/dich. – Eu tenho um pedido para (te) fazer ao/à sr.(a)

Ich möchte Sie/dich um einen großen Gefallen bitten. – Eu gostaria de lhe/te pedir um grande favor.

Ich habe mich gefragt, ob es möglich wäre, dass Sie... – Eu estava me perguntando se seria possível que o(a) sr.(a)...

Darf ich Ihnen (bei irgendetwas) behilflich sein? – Posso lhe ser útil em alguma coisa?

Kannst du mir bitte helfen? – Você pode me ajudar?

Moment, ich mache das schon. – Um instante, pode deixar comigo.

9.13 Obrigado pela carona! (Diálogo) – Vielen Dank für die Fahrt! (Dialog)

🎧 **Faixa 54**

Franz: Hallo Jonathan! Wohin gehst du denn?

Jonathan: Franz! Was für eine kleine Welt! Ich gehe gerade zum Stadtzentrum.

Franz: Da hast du Glück! Ich fahre auch dahin. Komm, steig ein!

Jonathan: Toll! Vielen Dank für die Fahrt! Es ist echt eine große Hilfe!

Franz: Gern geschehen Jonathan!

» Veja a tradução desse diálogo na p. 321.

9.14 Agradecendo (Frases-chave) – Sich bedanken (Redewendungen)

Vielen Dank für... – Muito obrigado pelo(a)...

Vielen herzlichen Dank! – Muito obrigado mesmo!/Muitíssimo obrigado!

Haben Sie vielen Dank für Ihre Hilfe! – Eu agradeço muito pela sua ajuda!

Tausend Dank! – Mil vezes obrigado!

Es ist sehr nett von Ihnen/dir, vielen Dank. – É muito gentil de sua parte, muito obrigado.

Ich weiß gar nicht, wie ich Ihnen danken soll. – Não sei nem como posso lhe agradecer.

Danke! Du hast was gut bei mir. – Obrigado! Fico te devendo uma.

Vielen Dank für die Fahrt/die Mitfahrgelegenheit (MFG)/den Tipp/usw. – Muito obrigado pela carona/dica/etc.

10. VIVENDO, APENAS! (PARTE 2) - EINFACH NUR LEBEN! (TEIL 2)

10.1 Como era a vida antes do computador (Diálogo) - Wie das Leben vor dem Computer war (Dialog)

🎧 **Faixa 55**

Klaus: Kannst du dir das Leben vorstellen, bevor es Computer gab?

Janina: Nein, ich kann es mir kaum vorstellen. Mein Großvater hat noch eine alte Schreibmaschine. Ich kann es einfach nicht glauben, dass die Leute so was gebraucht haben. Man kann sie gar nicht mit einem aktuellen Textverarbeitungssystem vergleichen. Die Computer haben das Leben wesentlich vereinfacht.

Klaus: Ja, stell dir nur vor, wie das Leben ohne E-Mail wäre.

Janina: Ich sende und bekomme E-mails jeden Tag. Ich kann mir mein Leben ohne sie nicht vorstellen. Ich glaube unsere Generation hat immerhin viel Glück. Das Leben ist viel leichter heute.

Klaus: Also, da bin ich mir nicht so sicher. Wie du weißt, alles hat seine Schattenseiten. Wegen all dieser technologischen Entwicklung, arbeiten die Leute heutzutage viel mehr wie früher.

Janina: Das stimmt. Wenn du einen Laptop hast, verfolgen dich die E-Mails überall, egal wohin du gehst, und telefonische Anrufe auch, wenn du ein Handy hast.

» Veja a tradução desse diálogo na p. 321.

10.2 Vocabulário ativo: Usando um computador - Aktiver Wortschatz: Einen Computer benutzen

DER COMPUTER/DER RECHNER: **COMPUTADOR**
STARTEN X AUSSCHALTEN: **LIGAR X DESLIGAR**

Jeden Morgen starte ich den Computer und schalte ihn erst abends aus.
Toda manhã **ligo o computador** e só **desligo** à noite.

DAS WORLD WIDE WEB/DAS WELTWEITE NETZ (WWW): **REDE MUNDIAL DE COMPUTADORES**

DIE INTERNETSEITE/DIE WEBSITE: **PÁGINA/SITE NA INTERNET; DOMÍNIO NA INTERNET**

Warum gestaltet ihr nicht eine Website? Es wäre ein tolles Werkzeug, damit könnt ihr für eure Produkte werben.
Por que vocês não criam um **site**? Seria uma ótima ferramenta com a qual vocês poderiam divulgar seus produtos.

DAS AT-ZEICHEN (@): ARROBA, USADO EM ENDEREÇOS DE E-MAIL
DER PUNKT (DOT): PONTO, USADO EM ENDEREÇOS DE E-MAIL E INTERNET

Welche ist deine E-Mail-Adresse?
Es ist mein Name at mein Unternehmen Punkt com Punkt br (myname@mycompany.com.br).
Qual é o seu endereço de e-mail?
É meu nome **arroba** minha empresa **ponto** com **ponto** br.

EINGEBEN/EINTASTEN: DIGITAR
DER EMPFÄNGER/DER ADRESSAT: DESTINATÁRIO

Vergiss nicht den Namen des Empfängers der Mitteilung einzugeben!
Não se esqueça de **digitar** o nome do **destinatário** da mensagem!

ETWAS PER E-MAIL SCHICKEN/SENDEN: ENVIAR POR E-MAIL, MANDAR UM E-MAIL

Können Sie mir bitte diese Unterlage per E-Mail so bald wie möglich schicken?
O(A) sr.(a) pode, por favor, me **enviar** este documento por **e-mail** assim que possível?
Ich sende Ihnen den Vertrag per E-Mail später.
Vou lhe **enviar** o contrato **por e-mail** mais tarde.

INS INTERNET GELANGEN/KOMMEN: ACESSAR A INTERNET; ENTRAR NA INTERNET

Die meisten fünfjährigen Kinder können von selbst heutzutage ins Internet gelangen.
A maioria das crianças de cinco anos de idade sabe **acessar** sozinha **a internet** hoje em dia.

DAS PASSWORT/DAS KENNWORT: SENHA

Sie sind nicht imstande ins Internet zu gelangen, wenn Sie Ihr Passwort nicht eingeben.
O(A) sr.(a) não vai conseguir acessar o sistema se não digitar a **senha**.

DIE STARTSEITE/DIE HAUPTSEITE/DIE HOMEPAGE: PRIMEIRA PÁGINA DE UM SITE, PÁGINA PRINCIPAL, HOME PAGE

Können Sie bitte den ganzen Namen des Unternehmens auf ihrer Startseite überprüfen?
O(A) sr.(a) pode checar o nome completo da empresa na **home page** deles, por favor?

DAS INTERNETCAFÉ: CYBER CAFÉ

Gehen wir ins Internetcafé. Ich muss meine E-Mails checken.
Vamos a um **cyber café**. Preciso checar meus e-mails.

IM INTERNET SURFEN: SURFAR NA INTERNET, NAVEGAR NA INTERNET, VISITAR PÁGINAS DA INTERNET

Johannes surft jeden Tag stundenlang im Internet.
Johannes passa horas **navegando na internet** todos os dias.

DIE SUCHMASCHINE: SITE DE BUSCA

Welche Suchmaschine benutzt du am liebsten?
Qual é o seu **site de busca** favorito?

HERUNTERLADEN/DOWNLOADEN: BAIXAR DA INTERNET, FAZER DOWNLOAD
DIE DATEI: ARQUIVO
DIE DATEN (PLURAL): DADOS

Richard hat einen sehr leistungsfähigen Computer. Er kann in kürzester Zeit große Dateien herunterladen.
Richard tem um computador muito potente. Ele consegue **baixar arquivos** grandes **da internet** em pouco tempo.
Man braucht länger, um Bilder herunterzuladen, als wenn man Texte downloadet.
Leva-se mais tempo para **fazer download** de imagens do que para **baixar** texto.

ABSPEICHERN/SPEICHERTE... AB/HAT ABGESPEICHERT: SALVAR
DIE DATENSICHERUNGSKOPIE/DIE SICHERHEITSKOPIE: UMA CÓPIA DE BACKUP, CÓPIA DE SEGURANÇA

Speichern Sie alle Dateien auf einer CD ab. Sie wissen doch wie wichtig Datensicherungskopien sind.
Salve todos os arquivos num CD. O(A) sr.(a) sabe como **cópias de backup** são importantes.

DATEN SICHERN/SICHERSTELLEN – EINE SICHERHEITSKOPIE MACHEN: FAZER BACKUP

Vergessen Sie nicht, die Daten sicherzustellen, bevor Sie den Computer ausschalten.
Não se esqueça de **fazer um backup** dos dados antes de desligar o computador.

DAS INTRANET/DAS INTERNE NEZTWERK: INTRANET, REDE PRIVADA QUE INTERLIGA OS DEPARTAMENTOS DE UMA EMPRESA E QUE SE RESTRINGE À MESMA

Die meisten Unternehmen haben ein Intranet, das die Abteilungen miteinander verbindet.
A maioria das empresas tem uma **intranet** interligando seus departamentos.
Alle wichtigen Mitteilungen werden über das Intranet des Unternehmens gesandt.
Todas as mensagens importantes são enviadas pela **intranet** da empresa.

LÖSCHEN/LÖSCHTE/HAT GELÖSCHT: DELETAR, APAGAR

Stellen Sie sicher, dass Sie jede suspekte Mitteilung löschen. Sie kann einen Computervirus mit sich bringen.
Não deixe de **deletar** toda mensagem suspeita. Ela pode conter vírus.

DIE ANTIVIRENSOFTWARE/DAS ANTIVIRENPROGRAMM: **ANTIVÍRUS**
DIE FESTPLATTE: **DISCO RÍGIDO**

Sie sollten ein aktuelles Antivirenprogramm in Ihrem Computer installieren. Sicher wünschen Sie sich kein Virusprogramm, der Ihre Festplatte auslöscht.

O(A) sr.(a) deveria instalar um **antivírus** atualizado em seu computador. Certamente o(a) sr.(a) não deseja que um vírus apague o seu **disco rígido**.

AUFRÜSTEN/RÜSTETE AUF/HAT AUFGERÜSTET/UPGRADEN: **FAZER UM UPGRADE, ATUALIZAR, MODERNIZAR**
DAS AUFRÜSTEN/DAS UPGRADE: **ATUALIZAÇÃO, UPGRADE**

Sie werden dieses Programm nicht ausführen können, es sei denn Sie rüsten Ihre Festplatte auf.

O(A) sr.(a) não vai conseguir rodar esse software a menos que **faça um upgrade** do seu disco rígido.

Es gibt eine auf den neusten Stand gebrachte Version vom Programm, das Sie benutzen. Sie können ein freies Upgrade über Internet herunterladen.

Há uma nova versão do programa que o(a) sr.(a) está usando. O(A) sr.(a) pode baixar uma **atualização** gratuita da internet.

DAS TEXTVERARBEITUNGSPROGRAMM: **PROCESSADOR DE TEXTOS**

Mit einem Textverarbeitungsprogramm kann man jede Textsorte schreiben.

Com um **processador de texto** pode-se escrever todo tipo de texto.

DIE TABELLENKALKULATION: **PLANILHA ELETRÔNICA**

Stellen wir eine Tabellenkalkulation auf, um einen Überblick über unsere monatlichen Ausgaben mit Benzin zu behalten.

Vamos montar uma **planilha** para mantermos uma visão geral das nossas despesas mensais de gasolina.

AUSDRUCKEN: **IMPRIMIR UMA CÓPIA**
DIE DRUCKAUSGABE: **CÓPIA IMPRESSA**

Ich brauche eine Druckausgabe des Dokuments. Können Sie mir bitte eine ausdrucken?

Preciso de uma **cópia impressa** do documento. O(A) sr.(a) pode **imprimi-la** para mim, por favor?

DER SPAM: **MENSAGEM NÃO SOLICITADA, RECEBIDA POR E-MAIL, ENVIADA A MUITOS DESTINATÁRIOS AO MESMO TEMPO, NORMALMENTE DIVULGANDO ALGUM PRODUTO OU SERVIÇO, SPAM**

In letzter Zeit habe ich viel zu viele Spam bekommen. Kennen Sie irgendeinen Anti-Spam-Filter?

Tenho recebido **spam** demais ultimamente. O(A) sr.(a) conhece algum software para filtrá-los?

DER HACKER: AFICIONADO POR COMPUTADORES QUE UTILIZA SEU CONHECIMENTO DE INFORMÁTICA PARA DESCOBRIR SENHAS E INVADIR SISTEMAS, HACKER

Der Hacker wurde verhaftet, nachdem er in mehrere Rechnernetze einbrach.
O **hacker** foi preso após invadir várias redes de computadores.

DER WEB-DESIGNER: PROFISSIONAL QUE PROJETA E DESENVOLVE SITES, WEBDESIGNER

Nikolas arbeitet als Web-Designer in einer dot-com-Firma.
Nikolas trabalha como **webdesigner** em uma empresa pontocom.

DER WEBMASTER/DER SEITENVERWALTER: RESPONSÁVEL POR UM SITE NA INTERNET, PROVEDOR, WEBMASTER

Der Webmaster hat auf seiner Webseite mitgeteilt, dass jede Beschwerde ihm per E-Mail gesendet werden soll.
O **provedor** colocou uma mensagem no site dizendo que toda reclamação deveria ser enviada para ele por e-mail.

DER/DAS LAPTOP/DER TRAGBARE RECHNER: LAPTOP, COMPUTADOR PORTÁTIL

Ich wünschte mir, ich hätte jetzt einen Laptop dabei. Wir könnten das sofort erledigen.
Gostaria de ter um **laptop** comigo agora. Poderíamos resolver isso imediatamente.

DAS NOTEBOOK: COMPUTADOR PORTÁTIL, NOTEBOOK

Ich überlege mir ein Notebook anzuschaffen. Es wäre sehr nützlich bei meinen Geschäftsreisen.
Estou pensando em adquirir um **notebook**. Ele seria muito útil nas minhas viagens a negócios.

10.3 **E se você não fosse um webdesigner? (Diálogo)** – Und wenn du kein Web-Designer wärest? (Dialog)

∩ Faixa 56

Birgit: Also, was wärest du von Beruf, wenn du kein Web-Designer wärest?
Dieter: Meine Güte! Ich weiß es nicht. Ich kann mir keinen anderen Beruf vorstellen. Vielleicht wäre ich Tierarzt geworden, denn ich liebe Tiere.
Birgit: Tatsächlich? Hast du Haustiere?
Dieter: Aber klar, ich habe zwei Hunde und eine Katze.
Birgit: Und du bist derjenige, der sich um sie kümmert, oder?
Dieter: Ja genau. Meine Frau ist nicht so wild auf Tiere, so normalerweise bin ich derjenige, der sie füttert und sich um sie sorgt.
» Veja Vocabulário 23: Animais e bichos de estimação p. 203.
» Veja a tradução desse diálogo na p. 321.

10.4 Expressando preferências (Frases-chave) – Vorlieben und Abneigungen ausdrücken (Redewendungen)

» Veja 4.2 Sair e divertir-se – Frases-chave: Atividades de lazer p. 61.
Ich liebe Reisen. – Eu adoro viagens.
Ich mag Dokumentare sehen. – Eu gosto de assistir a documentários.
Ich lese (sehr) gern/höre (sehr) gern Musik. – Eu gosto (muito) de ler/escutar música.
Ich kümmere mich gern um Haustiere. – Eu gosto de cuidar de animais de estimação.
Es macht mir viel Freude aufs Land zu reisen. – Tenho muito gosto em viajar para o interior.
Ich habe immer viel Spaß an Komödien. – Eu sempre me divirto muito assistindo comédias.
Ich finde Science-Fiction-Filme spannend/interessant. – Acho os filmes de ficção cientíifica emocionantes/interessantes.
Ich finde es langweilig, in der Schlange zu stehen. – Acho um tédio ter de esperar na fila.
Ich mag nicht früh aufstehen. – Não gosto de levantar cedo de manhã.
Es gefällt mir nicht, mit herrschsüchtigen Personen umzugehen. – Não me agrada lidar com pessoas mandonas.
Ich hasse es, auf verspätete Personen zu warten. – Odeio esperar por pessoas atrasadas.
Ich bin auf vegetarisches Essen aus. – Eu sou chegado em comida vegetariana.
Ich habe nicht viel für Sport übrig. – Não sou muito chegado em esportes.
Ich bin nicht so wild auf Radtouren. – Não sou muito chegado em passeios ciclísticos.

10.5 Ele me parece um bom profissional (Diálogo) – Er scheint mir ein echter Profi (Dialog)

🎧 **Faixa 57**
Elias: Na, was hältst du vom neuen Mitarbeiter im Büro?
Tom: Ich glaube er macht's gut. Er scheint mir ein echter Profi.
Elias: Wie lange arbeitet er schon bei uns?
Tom: Ungefähr 5 Wochen schätze ich.
Elias: Tatsächlich? Die Zeit vergeht so schnell.
» Veja a tradução desse diálogo na p. 321.

10.6 Expressando opinião (Frases-chave) – Seine Meinung ausdrücken (Redewendungen)

» Veja 10.12 Por mim tudo bem! – Frases-chave: Concordando p. 158, Discordando p. 159.
Ich meine, es ist einwandfrei/tadellos/perfekt. – Acho que está irretocável/perfeito.
Meiner Meinung/Ansicht nach... – Na minha opinião...
Von meinem Standpunkt aus... – No meu ponto de vista...
Ich glaube, dass... – Acredito que...

Es kommt mir vor, dass... – Me parece que...

Ich habe den Eindruck, dass... – Tenho a impressão de que...

Ich würde auch meinen, dass... – Eu também pensaria que...

So wie ich das sehe... – Da forma que eu vejo...

Er scheint ein ernsthafter Typ zu sein. – Ele parece ser um cara sério.

Ich bin mir nicht so sicher, ich möchte es mir mal überlegen. – Não tenho tanta certeza, gostaria de refletir.

Kann ich die Sache überschlafen, bevor ich Ihnen meine Entscheidung gebe? – Posso pensar até amanhã antes de lhe dar minha decisão?

10.7 Preciso de um conselho (Diálogo) – Ich brauche deinen Rat (Diálogo)

🎧 **Faixa 58**

Tim: Hast du eine Minute Zeit?

Luca: Aber klar. Was gibt's Neues?

Tim: Also, ich möchte mit dir etwas besprechen. In Wirklichkeit brauche ich einen Rat von dir über...

Luca: Ich bin ganz Ohr! Schieß los!

Tim: Du weißt doch, dass ich bald das Abitur mache, und danach wollte ich wie mein Vater Jura studieren.

Luca: Ja, du hast das schon immer gesagt, dass du Rechtsanwalt wie dein Vater werden wolltest.

Tim: Stimmt und das ist gerade der Punkt. Da bin ich mir nicht mehr so sicher...

» Veja a tradução desse diálogo na p. 322.

10.8 Preciso do seu conselho (Frases-chave) – Ich brauche deinen Rat (Redewendungen)

PEDINDO CONSELHO – UM RAT BITTEN

Können Sie/Kannst du mir einen Rat über... geben? – O(A) sr.(a)/Você pode me dar um conselho sobre...
Welche ist Ihre/deine Meinung zu/über...? – Qual é a sua opinião sobre...?
Was meinen Sie/meinst du, was ich machen sollte? – O que o(a) sr.(a)/você acha que eu deveria fazer?
Was würden Sie/würdest du mir raten zu tun? – O que o(a) sr.(a)/você me aconselharia a fazer?
Was würden Sie/würdest du an meiner Stelle tun? – O que o(a) sr.(a)/você faria se estivesse em meu lugar?
Was hältst du davon? – O que você acha disso?

DANDO CONSELHOS – EINEN RAT GEBEN

Wenn ich Sie/du wäre, würde ich... – Se eu fosse o(a) sr.(a)/você eu...
Wenn ich Sie/du wäre, würde ich das nicht machen. – Se eu fosse o(a) sr.(a)/você eu não faria isto.
An Ihrer/deiner Stelle würde ich... – No seu lugar eu...
Warum fragen Sie/fragst du nicht mal nach? – Por que o(a) sr.(a)/você não se informa?
Ich meine/denke Sie sollten/du solltest... – Eu acho/penso que o(a) sr.(a)/você deveria...
Wie wär's mit...? – Que tal...?
Wie steht's damit? – Em que pé está...?
Wie wär's, wenn wir... – Que tal se a gente...?
Was wäre, wenn Sie/du... – E que tal se o(a) sr.(a)/você...

10.9 Posso falar com o gerente, por favor? (Diálogo) – Darf ich bitte den Leiter sprechen? (Dialog)

⌒ Faixa 59

Verkäufer: Guten Tag, was kann ich für Sie tun?

Gudrun: Guten Tag. Darf ich bitte den Leiter sprechen?

Verkäufer: Sicher, aber vielleicht kann ich Ihnen behilflich sein, wenn Sie mir erklären worum es geht.

Gudrun: Gut, also, ich habe diesen Mixer gestern hier gekauft und ich war überrascht, als er heute morgen nicht richtig funktionierte.

Verkäufer: Haben Sie Ihre Quittung dabei?

Gudrun: Selbstverständlich, hier ist sie.

Verkäufer: Schön, alles in Ordnung. Ich hole Ihnen einen anderen Mixer. Einen Augenblick, bitte.

Verkäufer: Hier ist ein neues Stück und damit es keine Probleme gibt, testen wir ihn gleich.

Gudrun: Das finde ich gut.

Verkäufer: Dieser Mixer ist in Ordnung, er funktioniert einwandfrei. Bitte schön.

Gudrun: Herzlichen Dank für Ihre Hilfe. Auf Wiedersehen!

» Veja a tradução desse diálogo na p. 322.

10.10 Posso falar com o gerente, por favor? (Frases-chave) – Darf ich bitte den Leiter sprechen? (Redewendungen)

RECLAMANDO – SICH BESCHWEREN

Ich möchte eine Beschwerde über.... einlegen. – Queria fazer uma reclamação sobre...

Ich möchte mich über... beschweren. – Queria reclamar a respeito de...

Der Fernseher/das CD-Abspielgerät, den/das ich gestern hier gekauft habe, funktioniert nicht. – A televisão/aparelho de CD que comprei aqui ontem não está funcionando.

Ich möchte das DVD-Abspielgerät, das ich hier vor ein paar Tage gekauft habe, zurückgeben. – Queria devolver este DVD que comprei aqui há alguns dias.

Der Verkäufer, der uns bediente, war sehr unfreundlich. – O vendedor que nos atendeu foi muito grosseiro.

Er war sehr unhöflich. – Ele foi muito mal-educado.

Es ist doch nicht zu fassen, dass Sie Kunden so schlecht behandeln. – Não acredito que o(a) sr.(a) trate os clientes tão mal assim.

Das war sehr unfreundlich von Ihnen. – Isto foi muito grosseiro da sua parte.

Das gibt's doch nicht! – Como é possível uma coisa dessas?

LIDANDO COM RECLAMAÇÕES – MIT BESCHWERDEN UMGEHEN

Wir bedauern sehr, was passiert ist. – Lamentamos muito pelo ocorrido.

Wir müssen zugeben, dass Sie Recht haben. – Nós temos de admitir que o(a) sr.(a) tem razão.

Es wird sicher ein Missverständnis gewesen sein. – Com certeza deve ter havido um mal-entendido.

Es tut uns leid, das entspricht nicht unserem regelmäßigen Arbeitsverfahren. – Sentimos muito, isto não corresponde a nosso procedimento padrão.

Es tut uns sehr leid, Ihnen diese Mühe zu bereiten. – Sentimos muito de lhe causar esse incômodo.

Wie können wir Sie dafür entschädigen? – Como podemos compensá-lo pelo que aconteceu?

Was können wir für Sie tun, um das wieder gutzumachen? – O que podemos fazer pelo(a) sr.(a) para resolvermos isso?

Hier ist der Kunde König! – Aqui o cliente é rei!

10.11 Por mim tudo bem! (Diálogo) – Von mir aus gerne! (Dialog)

⌒ Faixa 60

Ruprecht: Was hältst du davon, wenn wir bei Igor heute Abend mal vorbeigehen würden? Wir haben ihn schon lange nicht mehr gesehen.

Leopoldo: Gute Idee. Ich frage mich, was er in letzter Zeit angestellt hat.

Ruprecht: Ist dir 7 Uhr recht?

Leopoldo: Kann es etwas später sein, so gegen 8?

Ruprecht: Alles klar. Soll ich bei dir vorbeikommen und dich abholen?

Leopoldo: Ja, das wäre toll! Na, dann könnten wir zusammen beim Griechen essen. Was meinst du?

Ruprecht: Von mir aus gerne! Ich bin mir sicher, dass Igor auch nichts dagegen hat. Er liebt ja griechisches Essen. Rufst du ihn an?

Leopoldo: Also gut. Bis später! Tschüß!

» Veja a tradução desse diálogo na p. 322.

10.12 Por mim tudo bem! (Frases-chave) – Von mir aus gerne! (Redewendungen)

CONCORDANDO – EINVERSTANDEN SEIN

Ich bin ganz Ihrer/deiner Meinung. – Estou plenamente de acordo.

Ich bin mit Ihnen/dir völlig einverstanden. – Concordo plenamente com o(a) sr.(a)/você.

Ich stimme mit Ihnen/dir ganz überein. – Estou completamente de acordo com o(a) sr.(a)/você.

In diesem Punkt sind wir uns einmal einig. – Por uma vez estamos de acordo nesse ponto.

Ich stimme zu. – Estou de acordo.

Ich glaube du hast Recht. – Acho que você está certo.

Das kannst du laut sagen!/Das kann man wohl sagen! – É mesmo!

Das geht so in Ordnung! – Tudo bem!

Das ist für mich in Ordnung! – Por mim, tudo bem!

Das ist okay für mich! – Para mim, tudo bem!

Von mir aus gerne! – Por mim, tudo bem!

Alles klar! – Tudo certo!/Tudo bem!
Ich habe nichts dagegen. – Não tenho nada contra.

DISCORDANDO – NICHT EINVERSTANDEN SEIN

Ich fürchte, ich bin nicht Ihrer/deiner Meinung. – Receio de que não tenha a mesma opinião que o(a) sr.(a)/você.
Ich bin damit nicht einverstanden. – Não concordo com isso.
Diese Ansicht kann ich nicht teilen. – Não posso compartilhar esta opinião.
Da muss ich Ihnen/dir widersprechen. – Nesse ponto preciso discordar do(a) sr.(a)/de você.
Da bin ich anderer/verschiedener Meinung. – Sobre esse aspecto tenho uma opinião diferente.
Da kann ich mit Ihnen/dir nicht übereinstimmen. – Nesse aspecto não posso concordar com o(a) sr.(a)/você.
Vielleicht. Darüber würde ich gerne etwas nachdenken. – Talvez. Gostaria de refletir um pouco a este respeito.

10.13 **Novos tempos, novas profissões! (Diálogo)** – Neue Zeiten, neue Berufe! (Dialog)

🎧 **Faixa 61**

Caio: Wie stellst du dir die Welt in 20 Jahren vor?
Norbert: Meine Güte! Das ist ziemlich schwierig zu sagen. Alles verändert sich so schnell heute.
Caio: Meinst du, dass die Leute nicht mehr von zu Hause zur Arbeit pendeln werden?
Norbert: Also, ich kann mir gut vorstellen, dass viele Leute von zu Hause aus arbeiten werden. Ich habe schon ein paar Freunde, die heute bereits so arbeiten.
Caio: Und die Berufe? Glaubst du, dass einige verschwinden werden?
Norbert: Da bin ich mir sicher, dass so was passieren wird. Schau mal den Beruf des Schneiders, zum Beispiel, man sieht kaum noch welche.
Caio: Das stimmt. Auf der anderen Seite hat Technologie neue Berufe mit sich gebracht, wie zum Beispiel Web-Designer!
» Veja a tradução desse diálogo na p. 323.

II. VOCABULÁRIO
WORTSCHATZ

VOCABULÁRIO 1: PROFISSÕES E OCUPAÇÕES
WORTSCHATZ 1: BERUFE UND BESCHÄFTIGUNGEN

Advogado(a): **der Rechtsanwalt/die Rechtsanwältin, der Staatsanwalt/die Staatsanwältin**

Agente de viagens: **der Reiseberater(in)[1], der Reisekaufmann/die Reisekauffrau**

Agrônomo: **der Agrarwissenschaftler(in), der Agronom(in)**

Analista de sistemas: **der Systemanalytiker(in)**

Arquiteto(a): **der Architekt(in)**

Assistente social: **der Sozialarbeiter(in), der Sozialassistent(in)**

Ator/Atriz: **der Schauspieler(in), der Darsteller(in)**

Auditor(a): **der Rechnungsprüfer(in), der Revisor(in), der Auditor(in)**

Balconista: **der/die kaufmännische Angestellte, der Verkäufer(in)**

Bancário(a): **der Bankangestellter, die Bankangestellte**

Banqueiro: **der Bankier**

Barbeiro: **der (Herren)Friseur(in), der Frisör(in)**

Bibliotecário(a): **der Bibliothekar(in)**

Biólogo(a): **der Biologe(in)**

Cabeleireiro(a): **der Frisör(in), der Friseur(in), der Haarschneider(in)**

Caixa
em banco: **der Bankkassierer(in), der Kassierer(in)**
em supermercado, lojas etc.: **der Kassierer(in)/Kassier(e) (CH, A)**

Cantor(a): **der Sänger(in)**

Chefe de cozinha: **der Küchenchef(in), der Chefkoch/die Chefköchin**

Comerciante: **der Kaufmann/die Kauffrau**

Comissário(a) de bordo: **der Flugbegleiter(in), der Steward, die Stewardess**

Comprador(a): **der Käufer(in), der Einkäufer(in), der Erwerber(in), der Abnehmer(in)**

Consultor(a): **der Fachberater(in), der Konsultant(in)**

Contador(a): **der Buchhalter(in), der Bilanzbuchhalter(in)**

Corretor(a) de imóveis: **der Immobilienmakler(in)**

Corretor(a) de seguros: **der Versicherungsvertreter(in)**

Cozinheiro(a): **der Koch, die Köchin**

Dançarino(a): **der Tänzer(in)**

Dentista: **der Zahnarzt/die Zahnärztin**

Diretor(a): **der Direktor(in), der Leiter(in)**
diretor(a) administrativo(a): **der Verwaltungsdirektor(in)**
diretor(a) comercial: **der kaufmännische Direktor(in)**
diretor(a) financeiro: **der Finanzdirektor(in)**
diretor(a) industrial: **der Betriebsdirektor(in), der technische Direktor(in), der Produktionsleiter(in)**
diretor(a) de marketing: **der Direktor(in) der Werbeabteilung**
diretor(a) de recursos humanos: **der Leiter(in) der Personalabteilung**

---

1. **(in)**: Para formar o feminino do substantivo acrescenta-se muitas vezes -in no final do substantivo masculino. A forma feminina será indicada por extenso apenas quando for irregular.

Dona(o) de casa: **die Hausfrau,**
der Hausmann
Economista:
der Wirtschaftswissenschaftler(in),
der Volkswirtschaftler(in)
Eletricista: **der Elektriker(in),**
der Elektroinstallateur(in)
Empreiteiro: **der Bauunternehmer(in)**
empreiteiro de obras: **der Maurermeister**
Empresário(a): **der Unternehmer(in),**
der Geschäftsmann/die Geschäftsfrau
Engenheiro(a): **der Ingenieur(in)**
engenheiro(a) civil: **der Bauingenieur(in)**
engenheiro(a) químico:
der Chemieingenieur(in)
engenheiro(a) de alimentos:
Lebensmittelingenieur(in)
engenheiro(a) de produção:
der Wirtschaftsingenieur(in)
engenheiro(a) de produto:
der Entwicklungsingenieur(in)
engenheiro(a) elétrico:
der Elektroingenieur(in)
Encanador: **der Installateur(in),**
der Spengler(in) (A, CH, Süddt.)
Enfermeiro(a): **der Krankenpfleger(in),**
die Krankenschwester, Schwester!
(para chamar)
Escritor(a): **der Schriftsteller(in)**
Estagiário(a): **der Praktikant(in), der/die**
Auszubildende (abrev. Azubi, Azubine),
der Lehrling, der Trainee
Farmacêutico(a): **der Apotheker(in),**
der Pharmazeut(in)
Faxineiro(a): **der Raumpfleger(in),**
der Gebäudereiniger(in), der Putzmann/
die Putzfrau
Fiscal: **der Prüfer(in), der Kontrolleur(in),**
der Aufseher(in)
Físico(a): **der Physiker(in)**
Fisioterapeuta: **der Krankengymnast(in),**

der Physiotherapeut(in)
Fotógrafo(a): **der Fotograf(in)**
Funcionário(a) público(a): **der Beamte(in),**
der/die öffentliche Angestellte
Garçom: **der Kellner(in), der Ober,**
Bedienung!/Hallo! (para chamar
levantando a mão)
Garçonete: **die Bedienung, Bedienung!/**
Hallo! (para chamar levantando a mão),
das Fräulein, Fräulein! (em desuso)
Gerente: **der Abteilungsleiter(in), der**
Geschäftsführer(in), der Filialleiter(in)
gerente administrativo:
der Verwaltungsleiter(in)
gerente da fábrica: **der Werkleiter(in)**
gerente financeiro: **der Finanzleiter(in)**
gerente de vendas: **der Vertriebsleiter(in)**
gerente de marketing:
der Marketingmanager(in)
gerente de recursos humanos:
der Leiter(in) der Personalabteilung
gerente de produção:
der Produktionsleiter(in)
Guia turístico: **der Reiseleiter(in),**
der Fremdenführer(in)
Intérprete: **der Dolmetscher(in)**
Jornalista: **der Journalist(in)**
Lixeiro: **der Müllmann/die Müllfrau**
Mecânico: **der Mechaniker(in)**
Médico(a): **der Arzt/die Ärztin**
Motorista: **der Fahrer(in)**
motorista de ônibus: **der Busfahrer(in)**
motorista de táxi: **der Taxifahrer(in)**
Músico: **der Musiker(in)**
Operador de telemarketing:
der Telefonverkäufer(in)
Orientador(a): **der Doktorvater,**
die Doktormutter
Personal trainer: **der Sportberater(in),**
der Privattrainer(in)
Piloto de avião: **der Flugzeugpilot(in)**

Piloto de helicóptero:
 der Hubschrauberpilot(in)
Piloto de automóveis: **der Rennfahrer(in)**
Porteiro: **der Pförtner(in)**
Professor(a): **der Lehrer(in)**
 professor universitário titular:
 der Professor(in)
Profissional que projeta e desenvolve sites
 (webdesigner): **der Web-Designer(in)**
Projetista: **der Konstrukteur(in),**
 der Designer(in)
Promotor de vendas:
 der Handelsvertreter(in),
 der Vertriebsmitarbeiter(in)
Psicanalista: **der Psychoanalytiker(in)**
Psicólogo(a): **der Psychologe(in)**
Químico(a): **der Chemiker(in)**
Recepcionista: **der Empfangschef(in),**
 die Empfangsdame, der Rezeptionist(in)
Relações públicas: **Mitarbeiter(in) für**
 Presse- und Öffentlichkeitsarbeit

Responsável por um site na internet:
 der Seitenverwalter(in), der Webmaster
Secretário(a): **der Sekretär(in)**
Supervisor: **der/die Dienstvorgesetzte,**
 der/die Aufsichtsbeamte,
 der Vorarbeiter(in)
Técnico: **der Techniker(in),**
 der Fachmann/die Fachfrau
Telefonista: **der Telefonist(in)**
Tradutor(a): **der Übersetzer(in)**
Vendedor(a) (em uma empresa): **der**
 Handelsvertreter(in),
 der Vertriebsingenieur(in)
Vendedor(a) (em uma loja):
 der Ladenverkäufer(in), der Verkäufer(in)
Veterinário(a): **der Tierarzt, die Tierärztin**
Vigia: **der Wächter(in),**
 der Nachtwächter(in)
Zelador: **der Hausmeister(in),**
 der Hausverwalter(in),
 der Hausbesorger(in) (A)

VOCABULÁRIO 2: PAÍSES E NACIONALIDADES
WORTSCHATZ 2: LÄNDER UND STAATSANGEHÖRIGKEITEN

PAÍS	LAND	NACIONALIDADE	STAATSANGEHÖRIGKEIT
África	Afrika	Africano(a)	Afrikaner(in)
Alemanha	Deutschland	Alemão/Alemã	Deutsche(r)/Deutsche
Argentina	Argentinien	Argentino(a)	Argentinier(in)
Austrália	Australien	Australiano(a)	Australier(in)
Áustria	Österreich	Austríaco(a)	Österreicher(in)
Bélgica	Belgien	Belga	Belgier(in)
Bolívia	Bolivien	Boliviano(a)	Bolivianer(in)
Brasil	Brasilien	Brasileiro(a)	Brasilianer(in)
Bulgária	Bulgarien	Búlgaro(a)	Bulgare/Bulgarin
Canadá	Kanada	Canadense	Kanadier(in)
Cingapura	Singapur	Cingapuriano(a)	Singapurer(in)
Chile	Chile	Chileno(a)	Chilene/Chilenin
China	China	Chinês/Chinesa	Chinese/Chinesin
Colômbia	Kolumbien	Colombiano(a)	Kolumbianer(in)
Coreia do Norte	Nordkorea	Norte-coreano(a)	Nordkoreaner(in)
Coreia do Sul	Südkorea	Sul-coreano(a)	Südkoreaner(in)
Cuba	Kuba	Cubano(a)	Kubaner(in)
Dinamarca	Dänemark	Dinamarquês/Dinamarquesa	Däne/Dänin
Egito	Ägypten	Egípcio(a)	Ägypter(in)
Equador	Ecuador	Equatoriano(a)	Ecuadorianer(in)
Escócia	Schottland	Escocês/Escocesa	Schotte, Schottin
Espanha	Spanien	Espanhol(a)	Spanier(in)
Eslováquia	Slowakei	Eslovaco(a)	Slowake/Slowakin
Estados Unidos	die Vereinigten Staaten	Americano(a)	Amerikaner(in)
Filipinas	Philippinen	Filipino(a)	Philippiner(in)
Finlândia	Finnland	Finlandês/Finlandesa	Finne/Finnin
França	Frankreich	Francês/Francesa	Franzose/Französin
Grécia	Griechenland	Grego(a)	Grieche/Griechin
Groenlândia	Grönland	Groenlandês(a)	Grönländer(in)

Guatemala	Guatemala	Guatemalense	Guatemalteke/ Guatemaltekin
Haiti	Haiti	Haitiano(a)	Haitianer(in)
Holanda	Holland; die Niederlande	Holandês/ Holandesa	Holländer(in)
Honduras	Honduras	Hondurenho(a)	Honduraner(in)
Hungria	Ungarn	Húngaro(a)	Ungar(in)
Índia	Indien	Indiano(a)	Inder(in)
Indonésia	Indonesien	Indonésio(a)	Indonesier(in)
Inglaterra	England	Inglês/Inglesa	Engländer(in)
Irã	der Iran	Iraniano(a)	Iraner(in)
Iraque	der Irak	Iraquiano(a)	Iraker(in)
Irlanda	Irland	Irlandês/Irlandesa	Ire/Irin
Islândia	Island	Islandês/Islandesa	Isländer(in)
Israel	Israel	Israelita	Israeli
Itália	Italien	Italiano(a)	Italiener(in)
Jamaica	Jamaika	Jamaicano(a)	Jamaikaner(in)
Japão	Japan	Japonês/Japonesa	Japaner(in)
Kuwait	Kuwait	Kuwaitiano(a)	Kuwaiter(in)
Líbano	der Libanon	Libanês/Libanesa	Libanese/Libanesin
Marrocos	Marokko	Marroquino(a)	Marokkaner(in)
México	Mexiko	Mexicano(a)	Mexikaner(in)
Nepal	Nepal	Nepalês/Nepalesa	Nepalese/Nepalesin
Nicarágua	Nicaragua	Nicaraguense	Nicaraguaner(in)
Nigéria	Nigeria	Nigeriano(a)	Nigerianer(in)
Noruega	Norwegen	Norueguês/ Noruequesa	Norweger(in)
Nova Zelândia	Neuseeland	Neozelandês/ Neozelandesa	Neuseeländer(in)
Panamá	Panama	Panamenho(a)	Panamaer(in)
Paquistão	Pakistan	Paquistanês/ Paquistanesa	Pakistaner(in)
Paraguai	Paraguay	Paraguaio(a)	Paraguayer(in)
Peru	Peru	Peruano(a)	Peruaner(in)
Polônia	Polen	Polonês/Polonesa	Pole, Polin
Porto Rico	Puerto Rico	Porto-riquenho(a)	Puerto Ricaner(in)
Portugal	Portugal	Português/ Portuguesa	Portugiese/ Portugiesin
Rep. Tcheca	Tschechische Republik	Tcheco(a)	Tscheche/Tschechin

Romênia	Rumänien	Romeno(a)	Rumäne/Rumänin
Rússia	Russland	Russo(a)	Russe/Russin
Suécia	Schweden	Sueco(a)	Schwede/Schwedin
Suíça	die Schweiz	Suíço(a)	Schweizer(in)
Turquia	die Türkei	Turco(a)	Türke/Türkin
Uruguai	Uruguay	Uruguaio(a)	Uruguayer(in)
Venezuela	Venezuela	Venezuelano(a)	Venezolaner(in)

VOCABULÁRIO 3: NÚMEROS
WORTSCHATZ 3: ZAHLEN

NÚMEROS CARDINAIS GRUNDZAHLEN	NÚMEROS ORDINAIS ORDNUNGSZAHLEN
0: null	der/die/das
1: eins	1[1]. erste
2: zwei	2. zweite
3: drei	3. dritte
4: vier	4. vierte
5: fünf	5. fünfte
6: sechs	6. sechste
7: sieben	7. siebte
8: acht	8. achte
9: neun	9. neunte
10: zehn	10. zehnte
11: elf	11. elfte
12: zwölf	12. zwölfte
13: dreizehn[2]	13. dreizehnte
14: vierzehn	14. vierzehnte
15: fünfzehn	15. fünfzehnte
16: sechzehn	16. sechzehnte
17: siebzehn	17. siebzehnte
18: achtzehn	18. achtzehnte
19: neunzehn	19. neunzehnte
20: zwanzig	20. zwanzigste
21: einundzwanzig	21. einundzwanzigste
22: zweiundzwanzig	22. zweiundzwanzigste
23: dreiundzwanzig	23. dreiundzwanzigste
24: vierundzwanzig	24. vierundzwanzigste
25: fünfundzwanzig	25. fünfundzwanzigste
26: sechsundzwanzig	26. sechsundzwanzigste
27: siebenundzwanzig	27. siebenundzwanzigste
28: achtundzwanzig	28. achtundzwanzigste
29: neunundzwanzig	29. neunundzwanzigste
30: dreißig	30. dreißigste
40: vierzig	40. vierzigste
50: fünfzig	50. fünfzigste
60: sechzig	60. sechzigste

70: siebzig	70: siebzigste
80: achtzig	80: achtzigste
90: neunzig	90: neunzigste
100: (ein)hundert	100: hundertste
101: (ein)hunderteins	101: hunderterste
129: (ein)hundertneunundzwanzig	129: hundertneunundzwanzigste
199: (ein)hundertneunundneunzig	199: hundertneunundneunzigste
200: zweihundert	200: zweihundertste
300: dreihundert	300: dreihundertste
1 000: (ein)tausend[3]	1 000: tausendste
1 999: tausendneunhundertneunundneunzig	
2 000: zweitausend	
3 000: dreitausend	
9 000: neuntausend	
9 001: neuntausendeins	
9 999: neuntausendneunhundertneunundneunzig	
10 000: zehntausend	
20 000: zwanzigtausend	
90 000: neunzigtausend	
90 999: neunzigtausendneunhundertneunundneunzig	
100 000: hunderttausend	
300 000: dreihunderttausend	
900 000: neunhunderttausend	
999 999: neunhundertneunundneunzigtausendneunhundertneunundneunzig	
1 000 000: eine Million	1 000 000: millionste
1 000 000 000: eine Milliarde (um bilhão)	1 000 000 000: milliardste
1 000 000 000 000: eine Billion (um trilhão)	1 000 000 000 000: billionste

1. Os números ordinais em alemão são marcados por um ponto após o último algarismo e fala-se, por exemplo, **fünfzehnten**, acrescentando-se "-ten" ao final do número.

2. A partir do número 13 fala-se primeiro a unidade e em seguida a dezena: **dreizehn**, **achtzehn**. A partir do 21 acrescenta-se "und" entre a unidade e a dezena: **einundzwanzig**, **vierundvierzig**. Os números são escritos uns seguidos dos outros sem espaço entre eles.

3. Para indicar o milhar usa-se apenas um espaço.

FRAÇÕES BRUCHZAHLEN		
metade/meio	1/2	die Hälfte/ein-halb-/ein Zweitel
um terço	1/3	ein Drittel
um quarto	1/4	ein Viertel
um quinto	1/5	ein Fünftel
um décimo	1/10	ein Zehntel
um vigésimo	1/20	ein Zwanzigstel[1]
um centésimo	1/100	ein Hundertstel
um milésimo	1/1 000	ein Tausendstel
um milionésimo	1/1 000 000	ein Millionstel
dois terços	2/3	zwei Drittel
três quartos	3/4	drei Viertel
dois quintos	2/5	zwei Fünftel
três décimos	3/10	drei Zehntel
um e meio	1 1/2	eineinhalb/anderthalb
dois e meio	2 1/2	zwei(und)einhalb
cinco e três oitavos	5 3/8	fünf drei achtel
um vírgula um	1,1	eins Komma eins

1. A partir de 1/20 usa-se o sufixo **-stel** para formar a fração.

VOCABULÁRIO 4: DIAS DA SEMANA, MESES DO ANO E HORAS
WORTSCHATZ 4: DIE WOCHENTAGE, DIE MONATE DES JAHRES UND DIE UHRZEIT

Dias da semana - Die Wochentage

Segunda-feira: **der Montag**
Terça-feira: **der Dienstag**
Quarta-feira: **der Mittwoch**
Quinta-feira: **der Donnerstag**
Sexta-feira: **der Freitag**
Sábado: **der Samstag**
Domingo: **der Sonntag**

Meses do ano - Die Monate des Jahres

Janeiro: **der Januar**
Fevereiro: **der Februar**
Março: **der März**
Abril: **der April**
Maio: **der Mai**
Junho: **der Juni**
Julho: **der Juli**
Agosto: **der August**
Setembro: **der September**
Outubro: **der Oktober**
Novembro: **der November**
Dezembro: **der Dezember**

Que horas são? - Wie viel Uhr ist es?/Wie spät ist es?

FORMAL		INFORMAL
Es ist...	**São... horas**	**Es ist...**
...acht Uhr.	8:00 horas da manhã	...acht. ...acht Uhr morgens.
...zwanzig Uhr.	20:00 8:00 horas da noite.	...acht. ...acht Uhr abends.
...acht Uhr fünf. ...zwanzig Uhr fünf.	8:05 20:05	...fünf nach acht.
...acht Uhr fünfzehn. ...zwanzig Uhr fünfzehn.	8:15 20:15	...Viertel nach acht.
...acht Uhr zwanzig. ...zwanzig Uhr zwanzig.	8:20 20:20	...zwanzig nach acht. ...zehn vor halb neun.
...acht Uhr dreißig. ...zwanzig Uhr dreißig.	8:30 20:30	...halb neun.
...zwanzig Uhr fünfundvierzig. ...zwanzig Uhr fünfundvierzig.	8:45 20:45	...Viertel vor neun.
...acht Uhr fünfzig. ... zwanzig Uhr fünfzig.	8:50 20:50	...zehn vor neun.
...zwölf Uhr.	12:00	...zwölf./ ...zwölf Uhr mittags. ...Mittag.
...null Uhr.	24:00	...zwölf Uhr nachts./ Mitternacht.

Vocabulário adicional - Zusätzlicher Wortschatz

(Pouco) Antes/depois das sete horas. - **(Kurz) Vor/nach sieben Uhr.**
Às sete horas. - **Um sieben Uhr.**
Despertador - **der Wecker**
Meu relógio está adiantado. - **Meine Uhr geht vor.**
Meu relógio está atrasado. - **Meine Uhr geht nach.**
Por volta de sete horas. - **Etwa um/gegen sieben Uhr.**
Relógio da torre - **die Turmuhr**
Relógio de mesa - **die Standuhr**
Relógio de parede - **die Wanduhr**
Relógio de pulso - **die Armbanduhr**
Sete horas em ponto. - **Genau/Punkt sieben Uhr.**

VOCABULÁRIO 5: MEMBROS DA FAMÍLIA
WORTSCHATZ 5: FAMILIENANGEHÖRIGE

Afilhada: **die Patentochter**
Afilhado: **der Patensohn, das Patenkind**
Avô: **der Großvater**
Avó: **die Großmutter**
Avôs: **die Großeltern**
Bisavô: **der Urgroßvater**
Bisavó: **die Urgroßmutter**
Bisavôs: **die Urgroßeltern**
Bisneta: **die Urenkelin**
Bisneto: **der Urenkel**
Bisnetos: **die Urenkelkinder**
Cunhada: **die Schwägerin**
Cunhado: **der Schwager**
Enteada: **die Stieftochter**
Enteado: **der Stiefsohn**
Esposa: **die Ehefrau, die Frau**
Filha: **die Tochter**
Filho: **der Sohn**
Filhos: **die Kinder**
Genro: **der Schwiegersohn**
Irmã: **die Schwester**
Irmão: **der Bruder**
Irmãos (irmã e irmão): **die Geschwister**
Madrasta: **die Stiefmutter**
Madrinha de batismo: **die Taufpatin,
  die Patin**
Madrinha de casamento: **die Trauzeugin**
Mãe: **die Mutter**
Mamãe: **die Mama, die Mutti (carinhoso)**

Marido: **der Ehemann, der Mann**
Meia-irmã: **die Halbschwester/
  Stiefschwester**
Meio-irmão: **der Halbbruder/Stiefbruder**
Neta: **die Enkelin**
Neto: **der Enkel**
Netos: **die Enkelkinder**
Noiva (durante o noivado): **die Verlobte**
Noiva (no dia do casamento): **die Braut**
Noivo (durante o noivado): **der Verlobte**
Noivo (no dia do casamento): **der Bräutigam**
Nora: **die Schwiegertochter**
Padrasto: **der Stiefvater**
Padrinho de batismo: **der Taufpate, der Pate**
Padrinho de casamento: **der Trauzeuge**
Pai: **der Vater**
Pais: **die Eltern**
Papai: **der Papa, der Vati (carinhoso)**
Parentes: **die Verwandten**
Prima: **die Cousine, die Base**
Primo: **der Cousin, der Vetter**
Sobrinha: **die Nichte**
Sobrinho: **der Neffe**
Sogra: **die Schwiegermutter**
Sogro: **der Schwiegervater**
Tia: **die Tante**
Tio: **der Onkel**
Vovô: **der Opa (carinhoso)**
Vovó: **die Oma (carinhoso)**

VOCABULÁRIO 6: O AUTOMÓVEL
WORTSCHATZ 6: DAS AUTO

Acelerador: **das Gaspedal**
Airbag: **der Airbag**
Bagageiro: **der Dachgepäckträger**
Banco do motorista: **der Autofahrersitz**
Banco do passageiro: **der Beifahrersitz,
der Passagiersitz**
Bateria: **die Batterie**
Breque/freio de mão: **die Handbremse**
Breque/freio: **die Bremse, das Bremspedal**
Buzina: **die Hupe**
Caixa de câmbio: **die Gangschaltung**
Calota: **die Radkappe, der Nabendeckel**
Capô: **die Motorhaube**
Carteira de motorista: **der Führerschein**
Chapa: **das Autokennzeichen, das
Nummernschild**
Cinto de segurança: **der Sicherheitsgurt**
Direção hidráulica: **die Servolenkung**
Direção: **das Lenkrad, das Steuerrad**
Embreagem (pedal): **die Kupplung**
Embreagem: **der Schaltknüppel,
der Schalthebel, der Ganghebel**
Escapamento: **der Auspuff, das Abgasrohr**
Espelho retrovisor externo:
der Seitenspiegel
Espelho retrovisor interno: **der Rückspiegel**

Estepe: **der Ersatzreifen, der Reservereifen**
Faróis dianteiros: **der Frontscheinwerfer**
Limpadores de para-brisa:
der Scheibenwischer
Luz de freio: **das Bremslicht**
Macaco: **der Wagenheber**
Marcha: **der Gang**
Marcha a ré: **der Rückwärtsgang**
Mola: **die Feder**
Painel: **das Armaturenbrett**
Para-brisa: **die Windschutzscheibe**
Para-choque: **die Stoßstange**
Pisca-pisca: **der Blinker**
Pneu: **der Reifen**
Porta-luva: **das Handschuhfach**
Porta-malas: **der Kofferraum**
Pressão: **der Druck**
Radiador: **der Kühler**
Roda: **das Rad**
Tanque: **der Benzintank**
Teto solar: **das Schiebedach**
Triângulo: **das Warndreieck**
Velas: **die Kerzen (die Zündkerzen)**
Velocímetro: **der Tacho(meter),
der Geschwindigkeitsanzeiger**
Volante: **das Lenkrad, das Steuerrad**

Vocabulário adicional - Zusätzlicher Wortschatz

Bomba de gasolina: **die Zapfsäule**
Buzinar: **hupen**
Combustível: **der Treibstoff, der Betriebsstoff**
Conserto: **die Reparatur**
Consumo de combustível: **der Treibstoffverbrauch**
Dano na funilaria: **der Karosserieschaden, der Blechschaden**
Engatar a marcha a ré: **den Rückwärtsgang einschalten**
Este carro é movido a gasolina/álcool/diesel/eletricidade: **Dieses Auto wird mit Benzin/Alkohol/Dieselöl/Elektrizität betrieben.**
Funilaria: **die Karosserie**
Galão de gasolina: **der Benzinkanister**

Gasolina comum/super: **das Normalbenzin, das Superbenzin**
Gasolina sem chumbo: **das bleifreie Benzin**
Injeção eletrônica: **die Benzineinspritzung, die Kraftstoffeinspritzung**
Multa: **der Strafzettel**
Oficina: **die Werkstatt**
Posto de gasolina: **die Tankstelle**
Regulagem do motor: **das Tuning, den Wagen/Motor einstellen**
Seguro: **die Versicherung**
Trocar de marcha: **den Gang wechseln**
Trocar o pneu: **den Reifen wechseln**
Suspender o carro: **den Wagen aufbocken**
Verificar o nível do óleo: **den Ölstand prüfen**

VOCABULÁRIO 7: A MOTOCICLETA
WORTSCHATZ 7: DAS MOTORRAD

Capacete: **der Helm**
Espelho: **der Spiegel**
Guidão: **die Lenkstangen (pl), der Lenker**
Joelheira: **der Knieschutz**
Luvas: **die Handschuhe**
Macacão de motociclista: **Motorradanzug**

Motor: **der Motor, das Triebwerk**
Proteção lombar: **der Nierengurt**
Pezinho: **die Seitenstütze**
Roda: **das Rad**
Selim: **der Sattel**
Viseira: **das Visier**

VOCABULÁRIO 8: A BICICLETA
WORTSCHATZ 8: DAS FAHRRAD

Bagageiro: **der Gepäckträger**
Breque/freio: **die Handbremse**
Bomba: **die Luftpumpe**
Corrente: **die Kette**
Garfo: **die Fahrradgabel**
Guidão: **der Lenker**
Lanterna: **die Lampe, die Leuchte**
Marcha: **der Schalthebel**
Quadro: **der Rahmen**
Para-lama: **das Schutzblech**

Pedal: **das Pedal**
Pneu: **der Reifen**
Pezinho: **der Fahrradständer**
Refletor traseiro: **der Rückstrahler, das Rücklicht**
Roda dianteira/traseira: **das Vorderrad/ Hinterrad**
Selim: **der Sattel**
Válvula: **das Ventil**

VOCABULÁRIO 9: ROUPAS E CALÇADOS
WORTSCHATZ 9: BEKLEIDUNG UND SCHUHE

» Veja 3.16 Vocabulário ativo: Roupas e calçados p. 59.

Agasalho esportivo: **der Freizeitanzug, der Jogginganzug, der Trainer (CH)**
Blazer: **der Blazer, die Sportjacke**
Blusa de lã de gola alta: **der Rollkragenpulli**
Boné: **die Mütze**
Botas: **die Stiefel**
Cachecol: **das Halstuch, der Schal**
Calção de banho: **die Badehose, der Badeshorts**
Calças: **die Hose**
Calcinha: **die Unterhose, der Schlüpfer**
Camisa: **das Hemd**
Camisa de mulher: **die Bluse**
Camisa polo: **das Polohemd**
Camiseta: **das T-Shirt**
Capa de chuva: **der Regenmantel**
Casaco: **die Jacke**
Casaquinho de lã: **die Strickjacke**
Chapéu: **der Hut**
Chinelos: **die Badelatschen (pl), der Flip-Flop, die Havaianas**
Chuteira: **der Fußballschuh**
Colete: **die Weste (aberto), das Pullunder (fechado)**

Conjunto/terninho: **das (Damen-) Kostüm**
Cueca: **die Unterhose**
Cueca samba-canção: **der Boxer Shorts**
Fraldas: **die Windeln**
Gravata: **die Krawatte**
Jaqueta de couro: **die Lederjacke**
Jeans: **die Jeans(hose)**
Maiô: **der Badeanzug (fem), die Badehose (masc)**
Meias: **die Strümpfe, die Socken**
Minissaia: **der Minirock**
Moletom: **das Sweatshirt, die Sweathose, die Trainingskleidung**
Saia: **der Rock**
Sandálias: **die Sandalen (pl)**
Sapatos: **die Schuhe**
Sobretudo: **der Mantel, der Wintermantel, der Sommermantel**
Suéter (de lã): **der Pullover, der Pulli, der Sweater**
Sutiã: **der Büstenhalter**
Tênis: **die Turnschuhe (pl)**
Terno: **der Anzug**
Vestido: **das Kleid**

VOCABULÁRIO 10: ESPORTES
WORTSCHATZ 10: SPORTARTEN

Alpinismo: **das Bergsteigen**
Asa-delta: **das Drachenfliegen**
Atletismo: **die Leichtathletik, die Athletik**
Automobilismo: **der Autorennsport,**
  das Autorennen
Basquetebol: **der Basketball, der Korbball**
Beisebol: **der Baseball**
Boliche: **das Kegeln, das Bowlen**
Boxe: **das Boxen, der Boxsport**
Caratê: **das Karate**
Ciclismo: **der Radsport, das Radfahren**
Corrida: **der Laufsport, das Laufen,**
  das Rennen, das Joggen
Esqui: **das Skifahren, der Skilauf,**
  der Skisport
Futebol: **der Fußball**
Golfe: **das Golf, das Golfspiel**
Handebol: **der Handball**
Hóquei: **das Hockey**
Levantamento de peso: **das Gewichtheben**
Mergulho: **das Sporttauchen,**

  das Gerätetauchen
Natação: **das Schwimmen**
Patinação: **der Rollschuhlauf,**
  der Rollschuhsport
Patinação no gelo: **der Eislauf,**
  das Schlittschuhlaufen, der Eiskunstlauf
Pesca: **das Fischen**
Skate: **das Skateboard fahren**
Squash: **das Squash**
Surfe: **das Surfen, das Wellenreiten**
Tênis: **das Tennis**
Tênis de mesa: **das Tischtennis**
Trilha: **das Wandern, die Wanderung**
Velejar: **das Segeln**
Voleibol: **der Volleyball**
Windsurf: **das Windsurfen**

Para dar a largada numa competição ou em
  brincadeiras:
Atenção! Preparar! Já!/Um, dois, três e já!:
  Auf die Plätze!/Achtung! Fertig! Los!

VOCABULÁRIO 11: AFAZERES DOMÉSTICOS E OUTRAS TAREFAS
WORTSCHATZ 11: HAUSARBEIT UND WEITERE AUFGABEN

» Veja 6.6 Vocabulário ativo: Afazeres domésticos p. 97.

Arrumar a cama: **das Bett machen**
Arrumar a casa: **die Wohnung aufräumen**
Cozinhar: **kochen**
Encher a máquina de lavar roupas e ligar:
  die Waschmaschine füllen und betätigen
Esvaziar a lava-louça:
  die Geschirrspülmaschine leeren
Fazer as compras: **die Einkäufe machen**
Fazer um bolo: **einen Kuchen backen**
Ir ao mercado: **zum Markt gehen**
Lavar as roupas: **die Wäsche waschen**

Lavar os pratos: **das Geschirr spülen**
Limpar as janelas: **die Fenster putzen**
Limpar o banheiro: **das Badezimmer putzen**
Passar o aspirador: **mit dem Staubsauger**
  reinigen, absaugen
Passar roupas: **bügeln, plätten, glätten (CH)**
Pôr a mesa: **den Tisch decken**
Regar as plantas: **die Pflanzen gießen**
Tirar o pó: **den Staub wischen, abstauben**
Varrer o chão: **den Boden kehren/fegen**

Vocabulário adicional – Zusätzlicher Wortschatz

Aspirador de pó: **der Staubsauger**
Balde: **der Eimer**
Desinfetante: **der Reiniger**
Detergente: **das (Geschirr)Spülmittel**
Escova: **die Bürste**
Esponja: **der Schwamm**
Ferro de passar: **das Bügeleisen**
Lavadora de pratos: **die Spülmaschine**

Máquina de lavar roupas:
  die Waschmaschine
Sabão em pó: **das Waschmittel**
Secadora: **der (Wäsche)Trockner**
Tábua de passar roupa: **das Bügelbrett/**
  Plättbrett
Vassoura: **der Besen**

VOCABULÁRIO 12: COMIDAS E BEBIDAS
WORTSCHATZ 12: LEBENSMITTEL UND GETRÄNKE

O CAFÉ DA MANHÃ - DAS FRÜHSTÜCK

Achocolatado: **das Kakaopulver**
Açúcar: **der Zucker**
Adoçante: **der Süßstoff, das Saccharin**
Café: **der Kaffee**
Café com leite: **der Milchkaffee, der Kaffee mit Kondensmilch/Kaffeesahne[1]**
Café puro: **der schwarze Kaffee**
Cereal: **die Getreideflocken (pl)**
Flocos de milho: **die Maisflocken, die Cornflakes (pl)**
  flocos de aveia: **die Haferflocken**
Chá: **der Tee**
  chá preto: **schwarzer Tee**
  chá verde: **grüner Tee**
  chá de ervas: **Kräutertee**
Geleia: **die Marmelade, die Konfitüre (com pedaços de fruta)**
  geleia de cereja: **die Kirschmarmelade**
  geleia de damasco: **die Aprikosenmarmelade**
  geleia de framboesa: **die Himbeermarmelade**
  geleia de laranja: **die Orangenmarmelade**
  geleia de morango: **die Erdbeermarmelade**
Granola/Muesli: **das Müsli**
Iogurte: **der Joghurt/Yogurt, der Trinkjoghurt**
Leite: **die Milch**
Linguiça de massa mole para ser passada no pão: **die Streichwurst***
» *Veja nota sobre Aufstrich (pasta) em O jantar e lanche p. 188.
Manteiga: **die Butter**
Margarina: **die Margarine**
Mel: **der Honig**
Ovo (cozido): **das (gekochte) Ei**
  ovo frito: **das Spiegelei**
Pão: **das Brot**
  Pãozinho: **das Brötchen, die Semmel, der Weck, die Schrippe**
  Pão branco/preto: **das Weißbrot/Schwarzbrot**
  Pão com manteiga: **das Butterbrot**
Presunto: **der Schinken**

1. **Kondensmilch/Kaffeesahne**: leite evaporado, servido nos cafés em pequenos potes ou saquinhos plásticos, que acompanham as xícaras de café. É difícil encontrar nosso leite condensado doce que se chama **gezuckerte Kondensmilch** ("leite condensado açucarado").

Queijo: **der Käse**
Queijo de passar no pão: **der Streichkäse**
Suco: **der Saft**
  suco de laranja: **der Orangensaft**
  suco de maçã: **der Apfelsaft**
  suco de uva: **der Traubensaft**
Torrada: **der Toast, das Toastbrot**

O ALMOÇO – DAS MITTAGESSEN

Uma refeição leve: **eine leichte Mahlzeit**
Uma refeição substancial: **eine herzhafte Mahlzeit**

ACOMPANHAMENTO – DIE GARNITUR, DIE BEILAGE

Arroz: **der Reis**
Batata: **die Kartoffel**
  batata cozida: **die gekochten Kartoffeln, Salzkartoffeln[1]**
  batata cozida com a casca: **Pellkartoffel**
  batatas cozidas, cortadas e fritas: **die Bratkartoffeln, die Rostkartoffeln**
  batata cozida servida com salsa: **Petersilienkartoffel**
  batata fatiada gratinada: **der Kartoffelgratin**
  batata frita: **die Pommes (Frites), die Fritten (pl)**
  croquete de batata frito: **die Krokette**
  nhoque grande de batata: **der Kartoffelkloß, der Kartoffelknödel**
  panqueca de batata cozida ou crua, ralada: **die Rösti, die Röschti (CH)**
  panqueca de batata (outro tipo): **der Kartoffelpuffer, der Reibekuchen**
  purê de batata: **das Kartoffelpüree, der Kartoffelbrei**
  salada de batata: **der Kartoffelsalat**
» Veja Dica cultural 22: Batatas p. 73.
Bolinho de carne: **die Frikadelle**
Cozido: **der Eintopf**
Caldo de frango: **das Hühnerbouillon**
Canapé: **der Appetithappen**
Chucrute: **das Sauerkraut**
Coquetel de camarões: **der Krabbencocktail**
Espaguete: **die Spaghetti (pl)**
  Espaguete com almôndegas: Spagetti mit Fleischklößchen
Macarrão: **die Nudeln (pl)**

---

1. batata cozida com a casca, descascada quente à mesa e servida com queijo branco com ervas, sal e mantei-ga, ou patê de fígado (**Leberwurst**) ou salada de arenque (**Heringssalat**): **die Pellkartoffel, der Quallmann (região do Reno), die Quellmänner (A), Gschwellti (CH)**

Massas: **die Nudeln (pl), die Teigwaren (pl)**
  Lasanha: **die Lasagne**
  Massa de macarrão ralada: **die Spätzle (pl)**[1]
Nhoque de semolina: **der Semmelkloß**
Omelete: **das Omelett, der Eierkuchen**
Ovos: **die Eier (pl) (das Ei – ovo)**
  ovo cozido: **gekochtes Ei**
  ovo frito: **das Spiegelei**
  ovo mexido: **das Rührei**
Ovos de codorna: **die Wachteleier**
Panqueca: **der Pfannkuchen, der Eierkuchen**
Purê de maçã: **das Apfelmus**
Queijo ralado: **der geriebene Käse**
Raclette: **das Raclette (CH)**
Salada de alface: **der grüne Salat**
Salada mista: **der gemischte Salat**
Salada de tomate: **der Tomatensalat**
Sopa: **die Suppe**
  canja de galinha: **die Hühnersuppe**
  sopa de batata: **die Kartoffelsuppe**
  sopa de cebola: **die Zwiebelsuppe**
  sopa de legumes: **die Gemüsesuppe**
Suflê: **der Auflauf, das Soufflé**
  suflê de queijo: **der Käseauflauf**
  suflê de espinafre: **der Spinatauflauf**
  suflê de macarrão: **der Nudelauflauf**
Torta de cebola: **der Zwiebelkuchen**

CARNES – FLEISCH

Carne: **Fleisch**
  carne bovina: **das Rindfleisch**
  carne de porco: **das Schweinefleisch**
  carne de veado: **das Rehfleisch**
  carne de carneiro: **das Hammelfleisch, das Schaffleisch**
  carne de coelho: **das Kaninchenfleisch**
  carne de cordeiro: **das Lammfleisch**
Embutidos (todos os tipos): **die Wurst**
Javali: **das Wildschwein**
Linguiça: **die Wurst**
  Linguiça frita: **die Bratwurst (de carne de porco principalmente)**

1. **Spätzle**: especialidade do sul da Alemanha, é uma massa tipo nhoque que é ralada sobre água fervente e seu formato final são pedacinhos de massa cozidos. É acompanhado de um molho ou gratinado.

Linguiça fervida: **die Bockwurst (de carne de boi e porco)**
Salsicha: **die Frankfurter Würstchen (pl), die Wiener Würstchen (pl)**
Salsicha branca: **die Weißwurst, die Nürnberger Würstchen (pl)**
Salsichão quadrado: **der Leberkäse (não contém nem Leber (fígado), nem Käse (queijo)).**
Vitela: **das Kalbfleisch**

CORTES DE CARNES – FLEISCHTEILE

Bife: **das Steak**
  bife bovino: **das Beefsteak, das Rindersteak**
  bife de contrafilé: **das Rumpsteak**
  bife de filé-mignon: **das Filet, das Filetsteak**
  bife rolê: **die Roulade**
Carne moída: **das Hackfleisch**
Costela (em geral): **das Kotelett, das Rippchen, das Karree (A)**
  costela de trás (minga): **das Lummerkotelett, das Lendenkotelett, das Nierenstück (CH)**
  costela de porco: **das Schweinekotelett**
  costelinha de porco: **das Schweinerippchen**
Coxa e sobrecoxa de frango: **die Hähnchenkeule, der Hähnchenschenkel**
Filé fino para ser frito: **das Schnitzel**
Filé de porco: **das Schweineschnitzel**
Filé-mignon: **das Filet, die Lende (die Rinderlende)**
Joelho de porco: **das Eisbein**[1]
Lombo: **die Lende (die Schweinelende)**
Nuca do porco: **der Schweinenacken**
Ombro dianteiro do porco: **die Schweineschulter, das Schäufele (Süddt.), das Schüfeli (CH)**
Peito de frango: **die Hähnchenbrust, die Hühnerbrust, das Hähnchenfilet**
Parte do quadril, para ser cozido: **der Tafelspitz**
Parte inferior da perna do boi, vitelo ou porco: **die Hachse/Haxe**
Pernil ou coxa: **die Keule**

PREPAROS – ZUBEREITUNGEN

Assado: **gebacken**
Bacon: **der Schinkenspeck**
Bife rolê: **die Roulade**
Bolo de carne moída: **der Hackbraten**
Carne assada: **der Braten**
Carne enrolada com barbante, recheada e assada: **der Rollbraten (Schweine-, Rind-, Kalbs-)**

---

1. **Eisbein** é um dos pratos mais conhecidos da Alemanha. Trata-se de uma carne muito macia e saborosa. Geralmente é salgada e cozida por muito tempo. Os acompanhamentos são purê de batata, chucrute (repolho fermentado e cozido), pão e purê de ervilhas em Berlim. No Sul da Alemanha ele pode ser assado ou grelhado, tendo assim uma crosta crocante, neste caso não é salmourado. Há uma série de termos equivalentes conforme a região: **die Hachse/Haxe, Hechse, Haspel, Hämmche, Bötel, Stelze, Knöchla, Gnagi (CH)**.

Cozido: **gekocht**
Da casa (artesanal): **hausgemacht**
Ensopado (apimentado) com páprica: **der Gulasch**
Filé à milanesa: **das panierte Schnitzel**
Frango assado: **das gegrillte Hähnchen**
Frito: **gebacken, frittiert**
Gratinado: **überbacken**
Linguiça frita servida cortada com ketchup ou um molho de curry e com curry em pó:
  die Currywurst
Lombo de porco defumado: **der Kasseler/der Kassler**
Molho: **die Soße**
  molho com alho: **die Knoblauchsoße**
  molho com creme de leite: **die Rahmsoße, (die Soße) mit Sahne**
  molho com creme de leite e cogumelos: **die Pilzrahmsoße**
  molho com ervas: **die Kräutersoße**
  molho com iogurte: **die Joghurtsoße**
  molho com raiz forte: **die Meerrettichsoße**
  molho com ricota: **die Quarksoße**
  molho com vinho branco: **die Weißweinsoße**
Preparação de carne e/ou legumes em gelatina: **die Sülze, der Aspik**
Picadinho: **der Gulasch, das Geschnetzelte (Süddt., A, CH)**
Ragu: **das Ragout**
Salmourado/salgado: **gepökelt**
Toucinho: **der Speck**
Torta de carne/de frango: **die Fleischpastete/die Hühnerpastete**

AVES – GEFLÜGEL

Codorna: **die Wachtel**
Frango: **das Hähnchen, das Hühnerfleisch**
Ganso assado: **der Gänsebraten**
Pato: **die Ente**
  pato assado: **der Entenbraten**
  pato selvagem: **die Wildente**
Peru: **der Truthahn, die Pute**
  peru assado: **der Putenbraten**
Sobrecoxa de peru: **die Putenoberkeule**

PEIXES E FRUTOS DO MAR – FISCHE UND MEERESFRÜCHTE

Arenque: **der Hering**
  arenque em salmoura: **der Matjeshering**
Atum: **der Thunfisch**
Bacalhau: **der Kabeljau**

Camarão: **die Krabbe, die Garnele**
Carpa: **die Karpfe**
Cavala: **die Makrele**
Enguia: **der Aal**
Lagosta: **der Hummer**
Linguado: **die Seezunge**
Lula: **der Tintenfisch**
Mexilhão: **die Muschel**
Ostra: **die Auster**
Peixe: **der Fisch**
Salmão: **der Lachs**
    salmão defumado: **der geräucherte Lachs, der Räucherlachs**
Sardinha: **die Sardine**
Truta: **die Forelle**

LEGUMES – GEMÜSE

Abóbora: **der Kürbis**
Abobrinha: **die Zucchini**
Acelga: **der Chinakohl**
Aipo: **der Sellerie (der Stangensellerie/Staudensellerie)**
Alcachofra: **die Artischocke**
Alface: **der Kopfsalat**
Alho: **der Knoblauch**
Alho-poró: **der Lauch**
Aspargo: **der Spargel**
Azeitona: **die Olive**
Batata: **die Kartoffel**
Berinjela: **die Aubergine**
Beterraba: **die Rote Beete/Rübe**
Brócolis: **der Broccoli/Brokkoli**
Cebola: **die Zwiebel**
Cebolinha: **der Schnittlauch**
Cenoura: **die Mohrrübe, die Karotte**
Cogumelo: **der Pilz, der Champignon**
Couve-de-bruxelas: **der Rosenkohl, die Kohlsprosse (A)**
Couve-de-milão (couve-lombarda): **der Wirsing, der Wirsingkohl, der Wirz (CH)**
Couve-flor: **der Blumenkohl**
Couve-rábano: **der Kohlrabi**
Ervilhas: **die Erbsen (pl)**
Espinafre: **der Spinat**
Feijão: **die Bohnen (pl)**
Grão-de-bico: **die Kichererbse**

Lentilha: **die Linse**
Milho verde (espiga): **der Mais(kolben)**
Nabo: **der Rettich**
Palmito: **die Palmherzen (pl)**
Pepino: **die Gurke**
Pimentão: **die Paprika**
Quiabo: **die Okra(schote)**
Rabanete: **das Radieschen**
Repolho: **der Kohlkopf**
  repolho branco: **das Weißkraut/der Weißkohl**
  repolho roxo: **das Rotkraut/der Rotkohl**
  repolho verde: **der Grünkohl/der Federkohl (CH)**
Salsinha: **die Petersilie**
Tomate: **die Tomate**
Vagens: **die grünen Bohnen**

FRUTAS – OBST

Abacate: **die Avocado**
Abacaxi: **der Ananas**
Ameixa: **die Pflaume, die Zwetschge/Zwetschke, die Zwetsche, die Quetsche**
Banana: **die Banane**
Caroço: **der Kern**
Cereja: **die Kirsche**
Coco: **die Kokosnuss**
Damasco: **die Aprikose, die Marille (A)**
Figo: **die Feige**
Framboesa: **die Himbeere**
Goiaba: **die Guave**
Laranja: **die Apfelsinne**
Limão siciliano: **die Zitrone**
Maçã: **der Apfel**
Manga: **die Mango**
Maracujá: **die Passionsfrucht, die Maracuja**
Melancia: **die Wassermelone**
Melão: **die Melone**
Mexerica: **die Mandarine**
Morango: **die Erdbeere**
Papaia: **die Papaya**
Pêssego: **der Pfirsich**
Pera: **die Birne**
Toranja: **die Grapefruit, die Pampelmuse**
Uvas: **die Trauben**

O JANTAR E LANCHE – DAS ABENDESSEN UND BELEGTE BROTE

Cachorro-quente: **der/das Hotdog**

Embutidos (todos tipos de salsichas e linguiças): **die Wurst[1]**

Embutido fatiado (todo tipo): **der Wurstaufschnitt**

Hambúrguer: **der Hamburger (sanduíche), die Frikadelle (bolinho de carne)**
  hambúrguer com queijo: **der Cheeseburger**

Lanche à noite: **das Abendbrot, die Brotzeit (süddt.)**

Omelete: **das Omelett, der Eierkuchen**

Ovos: **die Eier (pl) (das Ei – ovo)**
  ovo cozido: **gekochtes Ei**
  ovo frito: **das Spiegelei**
  ovo mexido: **das Rührei**

Pão de centeio: **das Roggenbrot, das Bauernbrot**

Pão integral: **das Vollkornbrot**

Pão em forma de laço: **die Bretzel**

Pão de alho: **das Knoblauchbrot**

Pãozinho com uvas passas: **das Rosinenbrötchen**

Patê ou pasta de passar no pão: **der (Brot)Aufstrich[2]**
  patê de fígado: **die Leberwurst**

Pizza: **die Pizza**
  um pedaço de pizza: **das Pizzastück**

Presunto: **der Schinken**

Queijo: **der Käse**
  queijo cremoso: **der Streichkäse**
  queijo fatiado: **der Käseaufschnitt**
  queijo cottage: **der Hüttenkäse**

Ricota: **der Quark**

Salsicha: **das Frankfurter Würstchen, das Wiener Würstchen**

Salgadinho: **das Knabbergebäck, das Salzgebäck**

Sanduíche: **das/der Sandwich, das belegte Brot**
  sanduíche de queijo: **das Käsebrot, das Käsesandwich**
  sanduíche de presunto: **das Schinkenbrot, das Schinkensandwich**

---

1. Divide-se o universo dos embutidos, que conta com aproximadamente 1.500 tipos nos países de língua alemã (D/A/CH), em três grandes categorias, conforme o processo de fabricação: as linguiças "cruas" (**Rohwurst**), as linguiças escaldadas (**Brühwürste**) e as linguiças cozidas (**Kochwurst**). Eis os nomes de algumas das mais conhecidas por categorias: **1. Rohwurst: Mettwurst, Salami, Schinkenwurst, Plockwurst, Cervelatwurst; 2. Brühwurst: Bierwurst, Mortadella, Leberkäse, Lyoner, Weißwurst, Rostbratwurst, Frankfurter Würstchen, Wiener Würstchen, Bockwurst, Knacker; 3. Kochwurst: Blutwurst, Leberwurst, Kochmettwurst, Pinkel.**
2. **Aufstrich** é tudo que possa ser espalhado no pão: manteiga, geleia, queijo cremoso, patês e/ou pastas incluindo alguns tipos de linguiças, como a **Leberwurst** e a **Mettwurst**, pasta de amendoim ou de avelãs com chocolate etc.

DOCES E SOBREMESAS – SÜßIGKEITEN UND NACHTISCHE

Arroz doce: **der Milchreis**
Bala: **der Bonbon**
Biscoito doce: **der Keks, das Plätzchen, das Gebäck**
Bolo: **der Kuchen[1]**
  bolo (torta) com frutas: **der Obstkuchen**
  torta de maçã: **der Apfelkuchen**
  torta de ameixa: **der Zwetschgenkuchen**
  torta de cereja: **der Kirschenkuchen**
  torta cream cheese: **der Käsekuchen**
  torta de framboesa: **die Himbeertorte**
  torta de morango: **die Erdbeertorte**
  bolo de chocolate: **der Schokoladenkuchen**
  bolo cuca: **der Streuselkuchen**
  bolo Floresta Negra: **die Schwarzwälderkirschtorte**
  bolo mármore/frapê: **der Marmorkuchen**
Bombom: **die Praline**
Creme chantili: **die Schlagsahne, die Sahne**
Florentina: **der Florentiner**
Rosca de nozes: **der Nusskranz**
Enroladinho com uvas passas: **die Schneckennudel mit Rosinen**
Gelatina: **die Gelatine, der Wackelpudding, die Götterspeise[2]**
Marzipã: **das/der Marzipan**
Palmier: **das Schweinsöhrchen**
Pudim: **der Pudding**
Rocambole: **die Biskuitrolle**
  rocambole de papoula: **die Mohnrolle**
Sagu de frutas vermelhas: **die rote Grütze**
Salada de fruta: **der Obstsalat**
» Veja Frutas p. 187.
Sonho: **der Berliner Pfannkuchen, der Krapfen (Süddt., A), der Kreppel**
Sorvete: **das Eis**
  sorvete de creme: **das Vanilleeis**
  sorvete de chocolate: **das Schokoladeeis**
Strudel de maçã: **der Apfelstrudel**
Torta de Linz (A): **die Linzer Torte**

1. **Kuchen** em alemão é bolo em geral, incluindo as tortas com massa fina e frutas por cima, não há, portanto, nossa distinção entre bolo e torta. Por outro lado existe o termo **Torte** que significa um bolo alto composto de várias camadas de massa, vários recheios, creme chantili e cobertura. Esses bolos confeitados podem ser apreciados em confeitarias, **Konditorei**, acompanhados de um bule de café, chá ou chocolate quente (**ein Kännchen Kaffee/Tee/Schokolade**), que equivale a duas xícaras.
2. Na Suíça, **Götterspeise** tem outro sentido. É um tipo de pavê feito de bolacha ou torrada doce, creme de baunilha, fruta em compota e creme chantili, montado em camadas e servido gelado.

Torta de queijo e cerejas: **der Käsekirschkuchen**
Tortinha de maçã de massa folhada: **die Apfeltasche**
Torta Sacher (Viena): **die Sachertorte (A) (bolo de chocolate com recheio de damasco)**
Ursinhos de goma: **die Gummibärchen**
Waffle: **die Waffel (tipo de panqueca servida quente, com geleia, mel, manteiga ou açúcar e canela)**
Biscoitos de Natal: **das Weihnachtsgebäck**
Biscoito de especiarias: **der Spekulatius**
Bolo de Natal com passas: **der Stolle(n)**
Pão de mel (tipo): **der Lebkuchen**
Suspiro de coco, de avelã etc: **die Kokosmakrone, die Haselnussmakrone usw.**

FRUTAS SECAS E CASTANHAS – TROCKENOBST UND NÜSSE

Ameixa seca: **die Trockenpflaume**
Amêndoa: **die Mandel**
Amendoim: **die Erdnuss**
Avelã: **die Haselnuss**
Castanha: **die Kastanie, die Maroni**
   castanha de caju: **die Caschunuss, die Cashewnuss**
   castanha-do-pará: **die Paranuss**
Macadâmia: **die Macadamianuss**
Mistura de frutas secas: **das Studentenfutter**[1]
Noz: **die Nuss (die Walnuss, die Pekannuss)**
Pistache: **die Pistazien (pl)**
Tâmara: **die Dattel**
Uva passa: **die Rosine**

CONDIMENTOS E ERVAS – GEWÜRZE UND KRÄUTER

Alcaparra: **die Kaper**
Alecrim: **der Rosmarin**
Aneto: **der Dill**
Azeite: **das Olivenöl**
Azeitonas: **die Oliven (pl)**
Baunilha: **die Vanille**
Canela: **der Zimt**
Cheiro verde: **die frischen Kräuter**
Cominho: **der Kümmel**
Condimento: **das Gewürz**

---

1. **Studentenfutter**: Dizem que antigamente os estudantes universitários, na falta de refeições completas e regulares, já que moravam longe de seus lares, alimentavam-se de uma mistura de frutas secas, como uvas passas, amêndoas, avelãs, nozes (mais recentemente também a castanha de caju). Daí o nome **Studentenfutter**, "ração de estudante". Hoje encontram-se vários tipos de misturas nos supermercados.

Condimentado: **würzig, gewürzreich, scharf, pikant**
Cravo: **die Nelke**
Ervas: **die Kräuter (pl.)**
Gengibre: **der Ingwer**
Ketchup: **der Ketchup**
Louro: **der Lorbeer**
Maionese: **die Mayonnaise, die Majonäse**
Manjericão: **das Basilikum**
Molho: **die Soße**
   molho de raiz forte: **die Meerrettichsoße**
   molho de tomate: **die Tomatensoße**
Mostarda: **der Senf**
Noz-moscada: **die Muskatnuss**
Orégano: **der Oregano**
Papoula: **der Mohn**
Páprica: **der/die Paprika**
Picante: **pikant, scharf**
Pimenta: **der Pfeffer**
Sal: **das Salz**
Sálvia: **die Salbei**
Tempero: **das Gewürz**
Tomilho: **der Thymian**
Trufa: **die Trüffel**
Vinagre: **der Essig**
Zimbro: **die Wacholderbeere**

BEBIDAS – GETRÄNKE

Água: **das Wasser, das Mineralwasser**
   água mineral com gás: **das Sprudelwasser, das Mineralwasser mit Kohlensäure**
Café: **der Kaffee**
   café com leite: **der Milchkaffee**
   café puro: **der schwarze Kaffee**
Cappuccino: **der Cappuccino**
Chá: **der Tee**
Leite achocolatado: **die Schokoladenmilch, die Schokomilch**
Limonada: **das Zitronenwasser, die Limonade (die Limo)**
Milkshake: **der Milchshake**
Refrigerante: **das Erfrischungsgetränk, die Limo, der Softdrink**
Suco: **der Saft**
» Veja Café da manhã p. 181.

BEBIDAS ALCOÓLICAS – ALKOHOLISCHE GETRÄNKE

Aperitivo: **der Aperitif (apenas bebida alcoólica)**
Cerveja: **das Bier**
  caneca de cerveja: **der Bierkrug**
  caneca de um litro de cerveja: **der Maßkrug (Baviera)**
  cerveja sem álcool: **das alkoholfreie Bier**
  cerveja sem colarinho: **das Bier ohne Schaum, ohne Kragen/Blume**
  chope: **das Fassbier, das Bier vom Fass**
  chope tirado na hora: **das frisch gezapfte Bier**
  chope claro/escuro: **ein helles/dunkles Bier**
  garrafa de cerveja: **die Bierflasche**
  latinha de cerveja: **die Bierdose**
Conhaque: **der Branntwein, der Weinbrand, der Brandy, der Kognak**
Coquetel/drinque: **das alkoholische Mischgetränk, der Cocktail**
  drinque doce feito com rum e suco de frutas: **der Daiquiri-Cocktail**
  drinque feito com suco de abacaxi, coco e vodca, ou outra bebida alcoólica como, por
  exemplo, aguardente: **piña colada**
  drinque feito com suco de tomate e vodca: **der/die Bloody Mary**
  drinque feito com tequila e suco de limão: **der Margarita**
  drinque feito com creme de cassis e vinho branco: **der Kir**
  drinque feito com creme de cassis e vinho espumante: **der Kir Royal**
Gim: **der Gin**
  gim-tônica: **der Gin Tonic**
Martini: **der Martini**
Ponche: **die Bowle**
Vinho: **der Wein**
  vinho branco: **der Weißwein**
  vinho espumante: **der Sekt**
  vinho tinto: **der Rotwein**
Vodca: **der Wodka**
  uma dose dupla: **ein doppelter Wodka**
Uísque: **der Whisky**
  com soda: **mit Soda(wasser)**
  puro: **pur**

VOCABULÁRIO 13: O ROSTO
WORTSCHATZ 13: DAS GESICHT

Amídalas: **die Mandeln (pl)**
Boca: **der Mund**
Bochecha: **die Backe, die Wange**
Cabelo: **das Haar**
Cílios: **die Augenwimpern**
Dentes: **die Zähne, der Zahn**
Garganta: **der Hals**
Gengiva: **das Zahnfleisch**
Lábios: **die Lippen**
Língua: **die Zunge**
Maxilar: **der Kiefer**
Nariz: **die Nase**
Nuca: **das Genick**
Olhos: **die Augen**
Orelhas: **die Ohren**
Pálpebra: **das Augenlid**
Pescoço: **der Hals**
Queixo: **das Kinn**
Sobrancelha: **die Augenbraue**
Testa: **die Stirn**

VOCABULÁRIO 14: O CORPO
WORTSCHATZ 14: DER KÖRPER

Apêndice: **der Blinddarm, der Appendix**
Artéria: **die Arterie, die Hauptader,**
  die Pulsader, die Schlagader
Baço: **die Milz**
Barriga: **der Bauch**
Bexiga: **die Blase**
Braço: **der Arm**
Cabeça: **der Kopf**
Calcanhar: **die Ferse**
Cintura: **die Taille**
Coluna vertebral: **die Wirbelsäule/**
  das Rückgrat
Coração: **das Herz**
Costas: **der Rücken**
Costela: **die Rippe**
Cotovelo: **der Ellbogen**
Coxa: **der Oberschenkel, der Schenkel**
Dedo anular: **der Ringfinger**
Dedo indicador: **der Zeigefinger**
Dedo médio: **der Mittelfinger**
Dedo mínimo, mindinho: **der kleine Finger**
Dedos da mão: **die Finger**
Dedos do pé: **die Zehen (pl)**
Estômago: **der Magen**

Fígado: **die Leber**
Joelho: **das Knie**
Mão: **die Hand**
Membro: **das Glied**
Músculo: **der Muskel**
Nádegas: **das Gesäß (die Gesäßbacken),**
  der Hintern (traseiro)
Ombro: **die Schulter**
Órgãos: **die Organe (pl)**
Peito: **die Brust**
Pé(s): **der Fuß (Füße)**
Pênis: **der Penis, das Glied**
Perna: **das Bein**
Polegar: **der Daumen**
Pulmões: **die Lungen**
Pulso: **das Handgelenk**
Quadril: **die Hüfte**
Rins: **die Nieren (pl)**
Seio: **der Busen**
Tórax: **der Brustkorb**
Tornozelo: **das Fußgelenk, der Fußknöchel**
Unha: **der Nagel**
Vagina: **die Vagina, die Scheide**
Veia: **die Vene, die Blutader**

VOCABULÁRIO 15: NO MÉDICO: SINTOMAS E DOENÇAS
WORTSCHATZ 15: BEIM ARZT: SYMPTOME UND KRANKHEITEN

Alergia: **die Allergie, der Hautausschlag, das Exanthem**

Amigdalite: **die Mandelentzündung**

Apendicite: **die Appendizitis, die Blinddarmentzündung**

Artrite: **die Arthritis, die Gelenkentzündung**

Asma: **das Asthma**

Ataque epiléptico: **der epileptische Anfall**

Atestado médico: **der Krankenschein**

Bolha: **die Hautblase, die Blase, das Bläschen**

Bronquite: **die Bronchitis, die Bronchienentzündung**

Cãibra: **der Krampf, die Verkrampfung**

Catapora: **die Windpocken (pl), die Schafblattern (pl) (A)**

Check-up: **die Kontrolluntersuchung, die ärztliche Untersuchung**

Cólicas estomacais: **die Magenschmerzen (pl)**

Cólicas menstruais: **die Regelschmerzen (pl), die Menstruationsbeschwerden (pl)**

Comprimido: **die Tablette**

Contágio: **die Ansteckung**

Contusão: **die Kontusion, die Prellung**

Convulsão: **der Krampfanfall, der Anfall**

Derrame: **der Schlaganfall, der Hirninfarkt**

Desmaio: **die Ohnmacht**

Diabete: **der Diabetes, die Zuckerkrankheit**

Diagnóstico: **die Diagnose**

Diarreia: **der Durchfall, die Diarrhö**

Dificuldades para evacuar: **Schwierigkeiten beim Stuhlgang**

Doloroso: **schmerzhaft**

Efeito colateral: **die Nebenfolge, die Nebenwirkung, der Nebeneffekt**

Enfarte: **der Herzanfall, der Herzinfarkt, die Herzattacke**

Enjoo: **die Übelkeit, der Brechreiz, das Übelsein**

Entorse: **die Verstauchung**

Enxaqueca: **die Migräne**

Erupção cutânea: **der Hautausschlag, das Exanthem**

Exame: **die Untersuchung**

Exame de sangue: **die Blutuntersuchung**

Ferida: **die Wunde**

Ferimento: **die Verletzung**

Fratura: **der Bruch**

Galo: **die Beule**

Hematoma: **der blaue Fleck, der Bluterguss, das Hämatom**

Hérnia: **die Hernie, der Bruch**

Inchaço: **die Schwellung**

Infecção: **die Infektion, die Infizierung**

Injeção: **die Spritze**

Insônia: **die Schlaflosigkeit, die Schlafstörung, die Insomnie**

Laringite: **die Kehlkopfentzündung, die Laryngitis**

Machucado: **die Prellung**

Manchas: **die Flecken**

Medicamento: **das Medikament, das (Arznei)Mittel**

Medicamento com receita médica: **das rezeptpflichtige Medikament**

Menstruação: **die Regel, die Menstruation, die Tage**

Náusea: **der Brechreiz, das Übelsein**

Obstipação: **die Verstopfung, die Obstipation**

Picada de inseto: der Insektenstich,
der Stich
Pneumonia: die Lungenentzündung,
die Pneumonie
Pomada: die Salbe
Pronto-socorro: die Notaufnahme,
die Unfallstation
Queimadura: die Verbrennung
Receita médica: das Rezept
Reumatismo: das Rheuma,
der (Gelenk)Rheumatismus
Rubéola: die Röteln (pl)
Sangramento: die Blutung
Sangrar: bluten/blutete/hat geblutet

Sarampo: die Masern (pl)
Seguro-saúde: die Krankenversicherung
Sinusite: die Sinusitis
Sutura: die (chirurgische) Naht
Suturar: zunähen, vernähen
Tirar os pontos: die Fäden ziehen
Tontura: der Schwindel,
das Schwindelgefühl
Tratamento: die Behandlung, die Therapie
Terapia: die (Psycho)Therapie
Tumor: die Geschwulst
Úlcera: das Geschwür
Varíola: die Pocken (pl)

Especialidades médicas - Facharztarten

Cardiologista: der Herzspezialist,
der Kardiologe
Cirurgião: der Chirurg
Clínico geral: der Arzt für Allgemeinmedizin,
praktischer Arzt, der Hausarzt
Geriatria: die Geriatrie, die Altersmedizin,
die Altersheilkunde
Ginecologista: der Frauenarzt(in),
der Gynäkologe/Gynäkologin

Neurologista: der Nervenarzt,
der Neurologe
Oftalmologista: der Augenarzt,
der Ophthalmologe
Ortopedista: der Orthopäde
Otorrinolaringologista: der Hals-Nasen-
Ohren-Arzt/Spezialist, der HNO-Arzt
Pediatra: der Kinderarzt, der Pädiater

VOCABULÁRIO 16: NO DENTISTA
WORTSCHATZ 16: BEIM ZAHNARZT

Anestesia: **die Narkose, die Betäubung, die Anästhesie**
Antisséptico bucal: **das Mundwasser**
Bochechar: **den Mund ausspülen**
Broca de dentista: **der Bohrer**
Canal: **der Wurzelkanal**
Cárie: **das Loch (im Zahn), die Kavität, die Karies (só singular), der Zahnverfall**
Coroa: **die Zahnkrone**
Dentadura: **das künstliche Gebiss, künstliche Zähne**
Dente de leite: **der Milchzahn**
Dente do siso: **der Weisheitszahn**
Escova de dente: **die Zahnbürste**
Escovar: **bürsten/bürstete/hat gebürstet**
Extrair um dente: **einen Zahn ziehen**
Fio dental: **die Zahnseide**
Gargarejar: **gurgeln/gurgelte/hat gegurgelt**
Gargarejo: **das Gurgelmittel**
Hora marcada no dentista: **der Zahnarzttermin**
Obturar um dente: **einen Zahn plombieren**
Obturação: **die Plombe, die Zahnfüllung**
Passar fio dental: **die Zahnseide benutzen/benutzte/hat benutzt**
Pasta de dente: **die Zahnpasta, die Zahnkreme**
Ponte: **die Brücke (die Zahnbrücke)**

VOCABULÁRIO 17: ARTIGOS DE DROGARIA
WORTSCHATZ 17: DROGERIE ARTIKEL

Acetona: **der Nagellackentferner**
Água oxigenada: **das Wasserstoffperoxyd**
Algodão: **die Watte**
Analgésico: **das Schmerzmittel, die Schmerztablette**
Aparelho de barbear: **der Rasierapparat, der Rasierer**
Aspirina: **das Aspirin, die Schmerztablette**
Atadura: **der Verband, der Stützverband, die Bandage, die Binde**
Barbeador elétrico: **der elektrische Rasierapparat, der Elektrorasierer**
Batom: **der Lippenstift**
Bronzeador: **die Sonnenmilch, die Sonnenlotion**
Calmante: **das Beruhigungsmittel**
Colírio: **die Augentropfen**
Condicionador de cabelos: **die Pflegespülung, die Haarspülung**
Cortador de unha: **die Nagelzange, der Nagelknipser**
Cotonete: **das Wattestäbchen, das Ohrenstäbchen**
Creme de barbear: **der Rasierschaum, die Rasierkrem**
Curativo adesivo: **das Pflaster, das Hansaplast (A)**
Desinfetar com iodo: **mit Jod desinfizieren**
Desodorante em bastão: **der Deodorantstift, der Deoroller**
Escova de cabelos: **die Haarbürste**
Escova de dente: **die Zahnbürste**
Esmalte: **der Nagellack**
Espuma de barbear: **der Rasierschaum**
Estojo de primeiros socorros: **der Sanitätskasten, der Erste-Hilfe-Kasten, der Verbandskasten**

Faixa elástica: **die elastische Binde, der elastische Verband**
Fio dental: **die Zahnseide**
Gaze: **die Gaze, der Verbandsmull, die Mullbinde**
Grampo de cabelo: **die Haarnadel**
Lâmina de barbear: **die Rasierklinge**
Lenço de papel: **das Papiertaschentuch**
Lixa de unha: **die Nagelfeile**
Loção pós-barba: **das Rasierwasser, die Aftershave-Lotion**
Papel higiênico: **das Toilettenpapier, das Klosettpapier, das WC-Papier**
Paracetamol: **Parazetamol**
Pasta de dente: **die Zahnpasta, die Zahnkreme**
Pente: **der Kamm**
Pincel de barba: **der Rasierpinsel**
Pomada: **die Salbe**
Preservativo: **das Kondom, das Präservativ, der Präser (informal)**
Presilha: **die Haarspange**
Protetor solar: **der Sonnenschutz, der Sonnenblocker**
Remédio para dor de ouvido: **die Ohrentropfen (pl)**
Rímel: **die Mascara, die Wimperntusche**
Sabonete: **die Seife**
Seringa: **die Spritze**
Supositório: **das Zäpfchen, das Suppositorium, das Stuhlzäpfchen**
Talco: **das Talkum, der Talkumpuder**
Tesoura: **die Schere**
Tintura de iodo: **die Jodtinktur**
Xampu: **das Shampoo, das Haarwaschmittel**
Xarope: **der Sirup (Hustensirup)**

VOCABULÁRIO 18: A CASA
WORTSCHATZ 18: DAS HAUS

Antena: **die Antenne**
Banheiro: **das Badezimmer**
Cerca: **der Zaun**
Chaminé: **der Schornstein**
Cozinha: **die Küche**
Dormitório: **das Schlafzimmer,**
   der Schlafraum (CH)
Garagem: **die Garage**
Jardim: **der Garten**
Lavanderia (em casa): **die Waschküche,**
   die Lingerie (CH)
Lavanderia com máquinas e moedas:
   die Münzwäscherei
Lavanderia a seco: **die Reinigung**
Piscina: **das Schwimmbad**
Porão: **der Keller**
Portão: **das Tor**
Quintal: **der Hof**
Sala de estar: **das Wohnzimmer,**
   der Wohnraum (CH)
Sala de jantar: **das Speisezimmer,**
   der Essraum (CH)
Sótão: **der Dachboden, die Mansarde,**
   der Estrich (CH, A)

VOCABULÁRIO 19: OBJETOS DA SALA DE ESTAR
WORTSCHATZ 19: GEGENSTÄNDE IM WOHNZIMMER

Abajur: **die Tischlampe**
Almofada: **das Kissen**
Aparelho de DVD: **der DVD-Spieler, der DVD-**
   Player
Console: **das TV-/DVD-/HiFi-Rack ou Regal**
Equipamento de som: **die Stereoanlage**
Estante: **das Regal**
Lareira: **der Kamin**
Mesa de centro: **der Wohnzimmertisch,**
   der Couchtisch
Poltrona: **der Sessel**
Sofá: **die Couch, das Sofa**
Tapete: **der Teppich**
Televisão: **der Fernseher**

VOCABULÁRIO 20: OBJETOS NA COZINHA
WORTSCHATZ 20: GEGENSTÄNDE IN DER KÜCHE

Armário: **der Küchenschrank, der Geschirrschrank, der Schaft (CH)**
Caneca: **der Becher, der Krug, die Tasse**
Colher: **der Löffel**
Copo: **das Glas**
Faca: **das Messer**
Fogão: **der Küchenherd, der Elektroherd, der Gasherd**
Forno: **der Ofen**
Forno de micro-ondas: **der Mikrowellenherd/Mikrowellenofen**
Freezer: **der Tiefkühlschrank, die Gefriertruhe**
Garfo: **die Gabel**
Geladeira: **der Kühlschrank**
Máquina de lavar pratos: **die Geschirrspülmaschine, die Spülmaschine**
Pia: **die Küchenspüle, der Abwaschbecken**
Prato: **der Teller**
Torneira: **der Wasserhahn**
Torradeira: **der Brotröster, der Toaströster**
Xícara: **die Tasse**

Vocabulário adicional – Zusätzlicher Wortschatz

Assar: **backen**
Comida congelada: **die Tiefkühlkost, die tiefgefrorenen Lebensmittel (pl)**
Descongelar: **abtauen, auftauen, entfrosten**
Esquentar: **aufheizen, aufwärmen, anheizen**
Lavar os pratos: **das Geschirr spülen/abwaschen**
Talheres: **das Besteck**

VOCABULÁRIO 21: OBJETOS NO DORMITÓRIO
WORTSCHATZ 21: GEGENSTÄNDE IM SCHLAFZIMMER

Armário: **der Kleiderschrank, der Kasten (süddt., A, CH)**
  armário embutido: **der Wandschrank**
Cabide: **der Kleiderbügel**
Cadeira: **der Stuhl**
Cama: **das Bett**
Cobertor: **die Bettdecke, die Wolldecke (de lã)**
Criado-mudo: **der Nachttisch**
Edredom: **die Steppdecke, die Daunendecke**
  (edredom com enchimento de penas pequenas de pato e ganso)
Despertador: **der Wecker**
Fronha: **der Kopfkissenbezug**
Lençol: **das Betttuch, das Bettlaken**
Mesa: **der Tisch**
Travesseiro: **das Kopfkissen**

Vocabulário adicional – Zusätzlicher Wortschatz

Dobrar o cobertor/os lençóis: **die Decke/das Betttuch falten**
Arrumar a cama: **das Bett machen**
Pendurar as roupas/colocar no cabide: **die Kleidung aufhängen/**
  auf einen Kleiderbügel hängen
Programar o despertador: **den Wecker einstellen**
Trocar os lençóis: **das Bett neu überziehen/die Bettwäsche wechseln**

VOCABULÁRIO 22: OBJETOS NO BANHEIRO
WORTSCHATZ 22: GEGENSTÄNDE IM BADEZIMMER

Banheira: **die Badewanne**
Chuveiro: **die Dusche**
Escova de cabelo: **die Haarbürste**
Escova de dente: **die Zahnbürste**
Espelho: **der Spiegel**
Luva de banho: **der Waschlappen**
Pasta de dente: **die Zahnpasta**
Pente: **der Kamm**
Pia: **das Waschbecken**
Sabonete: **die Seife**
Secador de cabelos: **der Haartrockner**
Toalha: **das Badetuch**
Toalha de rosto: **das Handtuch**

Vocabulário adicional – Zusätzlicher Wortschatz

Dar descarga: **die Toilettenspülung betätigen**
Escovar os dentes: **sich die Zähne bürsten/putzen**
Lavar o rosto: **sich das Gesicht waschen**
Olhar-se no espelho: **sich im Spiegel anschauen/betrachten**
Pentear o cabelo: **sich kämmen**
Secar o cabelo: **(sich) die Haare trocknen**
Tomar um banho de banheira: **baden, ein Bad nehmen**
Tomar um banho de chuveiro/uma ducha: **duschen**
» Veja Guia de referência gramatical: 4.3 Pronomes reflexivos p. 233.

VOCABULÁRIO 23: ANIMAIS E BICHOS DE ESTIMAÇÃO
WORTSCHATZ 23: TIERE UND HAUSTIERE

Bode: **die Ziege**
Boi: **der Ochse**
Cachorro: **der Hund**
Cavalo: **das Pferd**
Cisne: **der Schwan**
Cobra: **die Schlange**
Coelho: **der Hase**
Falcão: **der Falke**
Gado: **das Rindvieh**[1]
Galinha: **das Huhn**
Galo: **der Hahn**
Gato(a): **der Kater, die Katze**
Ganso: **die Gans**

Hamster: **der Hamster**
Leão: **der Löwe**
Macaco: **der Affe**
Papagaio: **der Papagei**
Pássaro: **der Vogel**
Pato: **die Ente**
Pavão: **der Pfau**
Peixinho dourado de aquário: **der Goldfisch**
Ovelha: **das Schaf**
Rinoceronte: **das Nashorn**
Tigre: **der Tiger**
Touro: **der Bulle**
Vaca: **die Kuh**[2]

Vocabulário adicional – Zusätzlicher Wortschatz

Aranha: **die Spinne**
Barata: **die Küchenschabe, die Kakerlake**
Besouro: **der Käfer**
Coleira (colocar/tirar): **das Halsband (anlegen/abnehmen)**
Formiga: **die Ameise**
Gaiola: **der Käfig**
Guia: **an der Leine sein/halten**
Inseticida: **das Insektengift**
Inseto: **das Insekt**

Joaninha: **der Maikäfer**
Latir: **bellen/bellte/hat gebellt**
Miar: **miauen/miaute/hat miaut**
Morder: **beißen/biss/hat gebissen**
Moscas: **die Fliegen**
Picada de inseto: **der Insektenstich**
Picar: **stechen/stach/hat gestochen**
Pulga: **der Floh**
Veterinário: **der Tierarzt**

---

1. Também usado para xingar: **Du Rindvieh!** – Seu idiota!, **So ein Rindvieh!** – Mas que idiota!
2. Também usado para xingar: **Blöde Kuh!** – Sua boba!

VOCABULÁRIO 24: O ESCRITÓRIO
WORTSCHATZ 24: DAS BÜRO

Arquivo: **der Aktenschrank**
Calculadora: **der (Taschen)Rechner, die Rechenmaschine**
Calendário: **der Kalender**
Cesto de lixo: **der Papierkorb**
Clipe: **die Aktenklammer, die Büroklammer**
Computador: **der Computer, der Rechner**
Copiadora: **der Fotokopierer, das Fotokopiergerät**
Escâner: **der Scanner, der Blattabtaster**
Estação de trabalho: **die Arbeitsstation, der Arbeitsplatz**
Fax: **das Faxgerät**
Furador: **der Locher**
Gavetas: **die Schubladen (pl), die Schubfächer (pl)**
Grampeador: **der Stapler, der Hefter**
Impressora: **der Drucker**
Mesa: **der Arbeitstisch**
Pasta arquivo: **die Aktenmappe, der Aktenordner, der Briefordner**

Vocabulário adicional - Zusätzlicher Wortschatz

Deixar um recado na secretária eletrônica: **eine Nachricht auf dem Anrufbeantworter
hinterlassen**
Enviar um fax: **faxen, telefaxen, anfaxen**
Escanear: **scannen, einscannen, abtasten**
Imprimir: **drucken, ausdrucken**
Jogar fora: **wegwerfen**
Mandar um e-mail: **eine E-Mail senden**
Tirar uma cópia: **eine Kopie anfertigen**

VOCABULÁRIO 25: DITADOS E PROVÉRBIOS
WORTSCHATZ 25: SPRÜCHE UND SPRICHWÖRTER

O uso de ditados e provérbios para descrever ou exemplificar situações é comum em todos os idiomas. Por isso, conhecer os ditados e provérbios mais comuns em alemão contribui para uma melhor compreensão dos falantes nativos, bem como de diálogos e textos. Veja na lista abaixo os principais ditados e provérbios empregados na conversação cotidiana. Você poderá observar que nem sempre existe equivalência literal entre os provérbios em alemão e os em português.

Cavalo dado não se olha os dentes. – **Einem geschenkten Gaul schaut man nicht ins Maul.**
Achado não é roubado. – **Wer's findet, dem gehört's, wer's verliert, hat Pech gehabt.**
Água mole em pedra dura tanto bate até que fura. – **Steter Tropfen höhlt den Stein.**
Águas passadas não movem moinho. – **Lass die Vergangenheit ruhen/sein.**
Anime-se! – **Kopf hoch!/Lass den Kopf nicht hängen./Fass Mut!/Sei guten Mutes!/Sieh es positiv!**
Antes só do que mal acompanhado. – **Besser allein als in schlechter Gesellschaft.**
Antes tarde do que nunca. – **Besser spät als gar nicht.**
As aparências enganam. – **Oft trügt der Schein.**
A prática leva à perfeição. – **Übung macht den Meister.**
A pressa é inimiga da perfeição. – **Eile mit Weile./Blinder Eifer schadet nur.**
Cão que ladra não morde. – **Hunde, die bellen, beißen nicht.**
Depois da tempestade vem a bonança. – **Nach dem Regen kommt Sonnenschein.**
Deus ajuda quem cedo madruga. – **Morgenstund hat Gold im Mund.**
Dinheiro não cai do céu. – **Das Geld fällt nicht vom Himmel./Das Geld liegt nicht auf der Straße.**
Diz-me com quem andas e te direi quem és. – **Gleich und gleich gesellt sich gern./Eine Krähe hackt der anderen kein Auge aus.**
Duas cabeças pensam melhor do que uma. – **Vier Augen sehen mehr als zwei.**
Em boca fechada não entra mosquito. – **Reden ist Silber, Schweigen ist Gold.**
É melhor prevenir do que remediar. – **Vorsicht ist besser als Nachsicht./Vorsicht ist die Mutter der Weisheit.**
Faça o que eu digo e não o que eu faço. – **Tu, was ich dir sage, und nicht, was ich selber tue!**
Falando do diabo, aparece o rabo. – **Wenn man vom Teufel spricht, dann ist er nicht weit./ Mal den Teufel nicht an die Wand!**
Falar é fácil, difícil é fazer! – **Leichter gesagt als getan!**
Gato escaldado tem medo de água fria. – **Das gebrannte Kind scheut das Feuer.**
Há males que vêm para o bem. – **Jedes Unglück hat auch sein Gutes.**
Mais vale um pássaro na mão do que dois voando. – **Lieber den Spatz in der Hand als die Taube auf dem Dach.**

Matar dois coelhos com uma cajadada só. – **Zwei Fliegen mit einer Klappe schlagen.**

Mente vazia, oficina do diabo. – **Müßiggang ist aller Laster Anfang.**

Não adianta chorar sobre o leite derramado. – **Was geschehen ist, ist geschehen.**

Não cuspa no prato em que come. – **An dem Ast sägen, auf dem man sitzt./In die Hand beißen, die einen füttert.**

Não deixe para amanhã o que você pode fazer hoje. – **Was du heute besorgen kannst, das verschiebe nicht auf morgen.**

Não dê o pulo maior do que a perna. – **Übernimm dich nicht!/Mute dir nicht zu viel zu./Das ist für ihn ein paar Nummern zu groß.**

Não faça tempestade em copo-d'água. – **Mach keinen Elefanten aus einer Mücke!**

Não ponha o carro na frente dos bois. – **Man soll das Pferd nicht beim Schwanz aufzäumen.**

Não tire conclusões precipitadas! – **Zieh keine voreiligen Schlüsse!**

Nem tudo o que brilha/reluz é ouro. – **Es ist nicht alles Gold, was glänzt.**

No amor e na guerra vale tudo. – **In der Liebe und im Krieg ist alles erlaubt.**

Para bom entendedor, meia palavra basta. – **Dem Weisen genügt ein Wort.**

O amor é cego. – **Liebe macht blind.**

O crime não compensa. – **Verbrechen macht sich nicht bezahlt.**

Onde há fumaça, há fogo. – **Irgendetwas ist immer dran.**

O que os olhos não veem, o coração não sente. – **Aus den Augen, aus dem Sinn.**

Quando o gato sai, o rato faz a festa. – **Ist die Katze aus dem Haus, tanzen die Mäuse auf dem Tisch.**

Quando um não quer, dois não brigam. – **Es gehören immer zwei dazu.**

Quem ama o feio bonito lhe parece. – **Schön ist, was gefällt./Schönheit liegt im Auge des Betrachters.**

Quem não arrisca não petisca. – **Wer nicht wagt, der nichts gewinnt!/Frisch gewagt ist halb gewonnen.**

Quem ri por último ri melhor. – **Wer zuletzt lacht, lacht am besten.**

Querer é poder. – **Wo ein Wille ist, ist auch ein Weg.**

Roupa suja se lava em casa. – **Seine schmutzige Wäsche in aller Öffentlichkeit waschen.**

Seguro morreu de velho. – **Vorsicht ist besser als Nachsicht./Doppelt (genäht) hält besser./ Vorsicht ist die Mutter der Porzellankiste.**

Tal pai, tal filho. – **Wie der Vater, so der Sohn.**

Tudo o que é bom dura pouco. – **Alles Gute hat sein Ende.**

Uma mão lava a outra. – **Eine Hand wäscht die andere.**

Um erro não conserta o outro. – **Zweimal falsch ergibt nicht einmal richtig.**

Você ainda não viu nada! – **Das Schlimmste kommt noch./Das dicke Ende kommt noch.**

VOCABULÁRIO 26: EXPRESSÕES DO DIA A DIA
WORTSCHATZ 26: ALLTÄGLICHE REDEWENDUNGEN

A comunicação em qualquer idioma é repleta de frases e expressões coloquiais empregadas repetidamente no dia a dia. Muitas vezes são frases fixas tão frequentemente utilizadas que passam a ser empregadas automaticamente pelos falantes de um determinado idioma nas situações que lhes competem. Daí a importância desta seção de vocabulário, já que ela permite que você conheça previamente várias frases comuns que certamente irá ouvir em diferentes contextos de conversação. Além disso, esta seção permite que você esteja preparado para se expressar em alemão quando necessário.

Acabou? (de fazer algo) – **Sind Sie fertig?/Bist du fertig?/Fertig?**
Acelera! – **Gib Gas!/Leg ein Zahn zu!**
A conclusão é... – **Im Endeffekt.../Mit einen Wort.../Unter dem Strich (Verb)...**
Aconteça o que acontecer! – **Komme/Geschehe was da wolle!/Komme was mag.**
Acredite se quiser! – **Sage und Schreibe!/Ob du es glaubst oder nicht.**
Adivinha o quê! – **Raten Sie/Rate mal!, Stellen Sie sich mal vor!/Stell dir mal vor!**
Afinal de contas... – **Letztendlich...**
A gente se vê por aí! – **Wir sehen uns dann!**
Agora chega! – **Jetzt reicht's mir!**
Agora, preste bem atenção no que vou lhe dizer! – **Jetzt hör mir mal gut zu!**
Aguenta firme aí! – **Halte durch!**
A propósito... – **Übrigens...**
Aqui está! (o que você pediu) – **Hier bitte!/Bitte schön!/Bitte sehr!**
As coisas estão se encaixando. – **Jetzt geht mir ein Licht auf./Jetzt wird mir alles klar.**
Até aqui tudo bem! – **So weit, so gut./Bisher nicht schlecht!/Bis dahin alles wunderbar!**
Atenção! – **Achtung!**
A vida é assim mesmo! – **So ist das Leben!**
À vista ou no cartão? – **Möchten Sie bar oder mit der Karte bezahlen?**
Benfeito! (você mereceu o castigo) – **Es geschieht dir recht!**
Bem que pensei... – **Hab ich mir schon gedacht...**
Boa sorte! – **Viel Glück!/Viel Erfolg!/Alles Gute!/Hals- und Beinbruch!/Toi, toi, toi!**
Boas férias! – **Schönen Urlaub!**
Bom descanso! – **Feierabend! (diz-se ao final do expediente de trabalho)**
Bom final de semana! – **Schönes/Gutes Wochenende!**
Bom te ver! – **Schön dich zu sehen!**
Cara ou coroa? – **Kopf oder Zahl?**
Com certeza! – **Durchaus!/Bestimmt!/Auf jeden Fall!/Allerdings!**
Como assim? – **Wieso?/Wieso denn?**
Como é que é mesmo? – **Wie bitte?/Nochmal, bitte.**

Como é que era mesmo seu nome? – **Wie war noch Ihr Name bitte?**

Como é que estão as coisas aí? – **Wie läuft es so bei dir? (informal)**

Como é que pode? – **Wie kam es dazu?**

Com o passar do tempo... – **Mit der Zeit...**

Controle-se! – **Nehmen Sie sich/Nimm dich zusammen!/Reißen Sie sich/Reiß dich zusammen!**

Conseguiu? – **Haben Sie/Hast du es geschafft?**

Cuidado! – **Vorsicht!/Pass auf!/Aufgepasst!/Seien Sie/Sei vorsichtig!**

Cuide-se! – **Nimm dich in Acht!**

Cuide da sua vida! – **Kümmere dich um deine eigenen Sachen!**

Dá para perceber! – **Man merkt es gleich!**

Daqui pra frente... – **Von jetzt an.../Von nun an...**

Dá uma olhada! – **Schauen Sie mal!/Schau mal!/Guck mal!**

Dá um tempo! – **Gib mir eine Chance!**

De agora em diante... – **Von jetzt an.../Von nun an.../Fortan.../Nunmehr...**

Dê o fora. (Caia fora!) – **Mach, dass du rauskommst!/Verschwinde (von hier)!**

Deixa pra lá! – **Lass es gut sein!/Schwamm drüber!**

De jeito nenhum! – **Auf gar keinen Fall!/Keineswegs!/Keine Chance!/Auf keine Weise!**

Depressa! – **Beeilen Sie sich!/Beeil dich!/Schnell!**

Desembucha! – **Komm, schieß los!**

Deu certo? – **Hat es geklappt?**

Deu pau! (no computador) – **Der Computer ist abgestürzt!**

Deu tudo certo no final. – **Am Ende hat alles gut geklappt.**

Dois é bom, três é demais! – **Drei sind einer zu viel./Ein Dritter stört nur.**

Dou-lhe uma, dou-lhe duas... – **Zum ersten, zum zweiten, zum dritten!**

Droga! – **Verdammt!/Verflixt!**

E agora? – **Was nun?**

E aí? – **Was gibt's?/Was ist los?**

É a sua vez! – **Sie sind/Du bist dran!/Sie sind/Du bist an der Reihe!**

E daí? – **Na und?/Was soll's?**

É isso aí! – **So ist es!**

É isso mesmo! (concordando com alguém) – **Das kann man wohl sagen!**

Então como é que é? – **Na, wie ist es?/Na, wird's bald?**

Então tá bom... – **Na, gut./Na, schön.**

Então vamos logo! – **Na, jetzt aber los!**

Entre! – **Herein!/Herein spaziert! (informal)**

É para o seu próprio bem! – **Das ist in Ihrem/deinem eigenen Interesse! Das ist zu Ihrem/deinem Besten!**

É por minha conta! (oferecendo-se para pagar a conta em um restaurante etc.) – **Ich lade Sie ein!/Ich bezahle!**

É uma desculpa esfarrapada. – **Das ist eine faule Ausrede.**

Era uma vez... – **Es war einmal...**

Esqueça de uma vez por todas! – **Vergiss es ein für alle Male!**

Essa é só a ponta do iceberg! – **Das ist nur die Spitze des Eisbergs!**

Estou brincando! – **Das war nur im Scherz gemeint!**

Estou com pressa. – **Ich habe es eilig.**

Estou dando o fora. – **Ich verdufte!**

Estou me lixando. – **Das ist mir (völlig) egal./Es ist mir (völlig) Wurst.**

Estou sem palavras! – **Da bin ich sprachlos!**

Eu lhe desejo boa sorte! – **Ich wünsche Ihnen/dir viel Glück! (dabei).**

É só! – **Das ist alles!/Das wär's!**

É verdade! – **Richtig!/Das stimmt!**

Eu idem! – **Mir geht es auch so!**

Eu já vou embora! – **Ich mach mich (langsam) auf den Weg/die Socken! (informal)**

Eu já preciso ir. – **Ich muss schon los!**

Eu também! – **Ich auch!**

Fala logo! – **Komm, schieß los!**

Fala sério! – **Jetzt im Ernst!**

Falar é fácil, difícil é fazer! – **Leichter gesagt, als getan!**

Fique à vontade! – **Machen Sie es sich gemütlich!/Mach's dir gemütlich!**

Fique à vontade! Sirva-se! – **Bitte, nur zu!**

Foi bom demais! – **Es war super/toll/wunderbar!**

Foi por pouco! – **Das ging beinahe ins Auge!/Das ging glimpflich aus!**

Foi terrível! – **Es war fürchterlich/schlimm!**

Foi por um triz! – **Das war knapp!/Es war äußerst knapp.**

Grande coisa! – **Ja und, was ist da jetzt so toll?/Das ist nichts Besonderes.**

Há quanto tempo a gente não se vê! – **Schon lange nicht gesehen!**

Isso dá! – **Das genügt!/Das reicht!**

Isso é azar! – **Das ist Pech!**

Isso é bobagem! – **So ein Unsinn/Quatsch/Blödsinn/Schwachsinn!/Quatsch mit Soße!**

Isso é cara de pau! – **Das ist unverschämt!**

Isso é mentira! – **Ach komm, du lügst!/Was du da sagst, ist eine glatte Lüge!**

Isso é uma mixaria! – **Das sind doch Peanuts!**

Isso é um roubo! (muito caro) – **Das ist doch der reinste Nepp!**

Isso me revolta! – **Das kotzt mich an!/Das ist echt ätzend!**

Isso não é razoável!/Isso é um exagero! – **Das ist eine Zumutung!**

Isso não pode ser verdade! – **Das kann doch wohl nicht wahr sein/stimmen!**

Isso não tem a mínima importância. – **Das macht doch nichts./Na, wennschon.**

Isso pertence ao passado. – **Das gehört der Vergangenheit an.**

Isso que é vida! – **Mensch, das ist ein Leben!/So lässt sich's leben!**

Isso serve! – **Das tut es!**

Isso te lembra alguma coisa? – **Erinnert Sie das an etwas?/Sagt Ihnen/dir das etwas?**

Já volto! – **Ich komme gleich zurück!**

Juro por Deus. – **Ich schwöre bei Gott./So wahr Gott mir helfe!**

Lar doce lar! – **Trautes Heim, Glück allein!**

Legal! – **Toll!/Geil!**

Mas e se...? – **Was wäre wenn...?**

Mas que coisa... (expressando espanto) – **Na so was...**

Me deixa em paz! – **Lass mich in Ruhe/in Frieden!/Lass mich alleine!**

Me poupe! – **Verschon mich!**

Missão cumprida! – **Auftrag ausgeführt!**

Muito barulho por nada. – **Viel Lärm um nichts.**

Muito bem! – **Gut gemacht!/Ganz toll!/Gute Arbeit!/Sehr gut!**

Nada é de graça! – **Nichts ist umsonst!**

Nada feito! – **Nichts da!/Damit bin ich nicht einverstanden!**

Não é da sua conta! – **Das geht Sie/dich nichts an!**

Não estou falando sério! –**Ich habe das nur im Scherz gesagt/gemeint.**

Não exagere! – **Nun mach aber halblang!/Übertreiben Sie nicht!/Übertreib nicht!**

Não faz mal! – **(Das) Macht nichts!/Schon gut!/Das schadet ja nicht/gar nicht!**

Não importa! – **Es macht nichts aus./Es spielt keine Rolle!**

Não me entenda mal. – **Verstehen Sie/versteh mich bitte nicht falsch.**

Não me leve a mal! – **Nehmen Sie/nimm es mir nicht übel./Seien Sie/Sei mir nicht böse!**

Não pode ser verdade! – **Das kann doch nicht wahr sein!**

Não posso acreditar no que vejo! – **Ich kann meinen Augen nicht trauen!**

Não se preocupe! – **Machen Sie sich nichts draus! Mach dir nichts draus!/Lass gut sein!**

Não tem importância! – **Das spielt keine Rolle!/Das ist egal!/Halb so schlimm!**

Não tenho a mínima ideia! – **Ich habe keine Ahnung!**

Não tenha pressa! – **Lass dir (ruhig) Zeit!/Lassen Sie sich (ruhig) Zeit!**

Não estou nem aí. – **Ich mache mir nichts daraus./Das ist mir völlig egal/Wurst.**

Não vejo a hora de... – **Ich kann es kaum erwarten...**

Negócio fechado! – **Abgemacht!**

No que se refere a... – **Angesichts...**

O gato comeu sua língua? (ficar sem palavras)– **Hat es Ihnen/dir die Sprache verschlagen?**

Olha só quem está falando! – **Das musst gerade du sagen!/Fass dir mal lieber an die eigene Nase!**

Onde você quer chegar? – **Worauf willst du hinaus?**

O que adiantaria isso? – **Was soll das bringen?**

O que deu em você? – **Was ist mit dir los?**

O que é demais é demais! – **Genug ist genug!/Das Maß ist voll!**

O que é tão engraçado? – **Was ist so lustig?**

O que está acontecendo?/O que foi? – **Was ist los?**

O que eu ganho com isso? – **Was habe ich denn davon?/Was springt denn für mich dabei raus?**

O que foi que você disse? – **Wie bitte?/Was haben Sie/hast du gesagt?**

O que há com você? – **Was ist mit Ihnen?/Was ist mit dir los?/Was ist los?**

O que você está aprontando? – **Was treibst du?/Was machst du (so)?**

O que você está tramando? – **Was führst du im Schilde?/Was hast du so im Sinne?**

O que você quer dizer? – **Was meinst du damit?**

Parabéns! – **Gut gemacht!/Gratuliere!/Ich gratuliere Ihnen/dir!**

Parabéns pelo aniversário! – **Herzlichen Glückwunsch zum Geburtstag!**

Pare com isso! – **Jetzt hör' aber auf!/Hör damit auf!/Lass das!/Lass den Quatsch!**

Pare de brincar! – **Scherze damit nicht!**

Pega leve! – **Immer mit der Ruhe!/Nur keine Hektik!**

Pelo amor de Deus! – **Um Gottes Willen!**

Pé na tábua! – **Tritt aufs Gas!/Gib Gas!**

Perfeito! – **Tadellos!/Einwandfrei!/Astrein!/Tipptopp!**

Pode apostar! – **Und ob!/Aber sicher!**

Pode crer! – **Darauf kannst du dich verlassen!**

Por mim... – **Meinetwegen.../Von mir aus...**

Por outro lado... – **Auf der anderen Seite.../Andererseits...**

Primeiro as damas! – **Damen zuerst!/Frauen und Kinder zuerst! (em desuso)**

Puxa vida! – **Meine Güte!/Na so was!/Mensch Meier!**

Qual é o lance? – **Na, was ist denn los?**

Qual é o placar? – **Wie steht das Spiel?**

Qual é a pressa? – **Wozu die Eile?/Was eilen Sie so?**

Qual é o problema? – **Was ist los?/Stimmt etwas nicht?**

Quando o assunto é/se trata de... – **Wenn es darauf ankommt,.../Wenn es darum geht,...**

Que droga! – **So ein Mist!**

Que eu saiba... – **Soviel/Soweit ich weiß,...**

Que eu me lembre... – **Soweit ich mich erinnern kann,...**

Que mundo pequeno! – **Die Welt ist klein/ein Dorf!/So sieht man sich wieder!**

Que sortudo(a)! – **Du Glückspilz!**

Que vergonha! – **Schämen Sie sich!/Schäme dich!**

Rápido! – **Schnell!/Mach schnell!**

Resumindo... – **Kurzum/Kurz gesagt,...**

Sabe de uma coisa? – **Weißt du was?/Wissen Sie was?**

Se eu estivesse no seu lugar... – **Wenn ich an Ihrer/deiner Stelle wäre, würde ich...**

Segura as pontas! – **Halte durch!**

Sei lá! – **Da bin ich überfragt!/Weiß nicht!/(Ich habe) Keine Ahnung!**

Sem desculpas! – **Da gibt es kein Wenn und Aber!**

Sem dúvida! – **Durchaus!/Bestimmt!/Auf jeden Fall!/Allerdings!**

Sério? – **Im Ernst?/Ach ja?/(Ach) Wirklich?**

Sinta-se em casa! – **Nur zu!/Machen Sie es sich bequem!**

Sirva-se! – **(Bitte,) Bedienen Sie sich!/Greifen Sie zu!/Bediene dich!/Greif zu!**

Só por cima do meu cadáver! – **Nur über meine Leiche!**

Suma daqui! – **Hau ab!/Schleich dich!/Zisch ab!/Raus!**

Sumiu! – **Es ist weg!/Es ist verschwunden!**

Sorte sua! – **Du hast aber Glück!**

Tanto faz! – **Es ist (mir) egal!/Es ist (mir) einerlei./Es macht nichts aus./Was soll's!**

Tchau! – **Tschüss!/Mach's gut!/Macht's gut! (pl)**

Toda minha consideração! – **Alle Achtung!**
Todo cuidado é pouco! – **Man kann nicht vorsichtig genug sein!**
Topa aqui! – **Schlag ein!**
Tudo de bom! – **Alles Gute!/Machs' gut!**
Tudo certo!/Tudo o.k.! – **Alles paletti!**
Vá com calma! – **Immer mit der Ruhe!**
Vai dar tudo certo! – **Es wird sich schon finden!/Es wird gut enden!**
Vai te fazer bem! – **Das wird dir wohl tun!**
Vale a pena! – **Es lohnt sich!**
Vamos! (com impaciência) – **Nun mach schon!**
Vamos logo!– **Los, beeile dich!**
Vamos entrando! – **Nur zu!/Herein spaziert!**
Você é quem manda! – **Sie sind hier der Chef!**
Você é quem sabe! – **Ganz wie du willst!/Es liegt ganz an dir...**
Você está falando sério? – **Ist das dein Ernst?/Im Ernst?/Meinst du das im Ernst?/Das kann nicht dein Ernst sein!**
Você não quer ao menos tentar uma vez? – **Willst du es nicht wenigstens einmal probieren?/ Probier's mal!**
Você não vai acreditar! – **Du wirst es mir nicht/kaum glauben!**
Você tem fogo? – **Haben Sie Feuer?**
Vivendo e aprendendo! – **Man lernt nie aus!**

VOCABULÁRIO 27: VOCABULÁRIO COMERCIAL
WORTSCHATZ 27: GESCHÄFTSWORTSCHATZ

O objetivo desta seção é apresentar o vocabulário específico da linguagem comercial utilizado em diversos setores do mundo dos negócios. Aqui você encontrará termos empregados em marketing, importação e exportação, propaganda, finanças e outros.

Não deixe de consultar também as seguintes seções de Vocabulário ativo:

» 7.7 Trabalho e carreira - Arbeit und Karriere p. 109.
» 7.10 Uma reunião de negócios - Eine Geschäftssitzung p. 113.
» 7.16 Dinheiro, a mola do mundo - Geld regiert die Welt p. 120.
» 10.2 Usando um computador - Einen Computer benutzen p. 149 (inclui diversos termos atuais sobre tecnologia da informação).

Abono: **der Bonus, die Sondervergütung**
Abordagem: **die Herangehensweise, die Vorgangsweise**
Acionista: **der Aktieninhaber, der Gesellschafter**
Ações de empresa: **die Aktien**
Ações de mercado: **die Wertpapiere, die Aktien**
Acordo: **das Abkommen, die Abmachung**
Acordo salarial: **der Tarif**
Aduana: **der Zoll, das Zollamt, die Zollbehörde**
Agência de publicidade: **die Werbeagentur, das Anzeigenbüro**
Agenda: **die Agenda, das Besprechungsprogramm, die Geschäftsordnung**
Agiota: **der Geldgeber, der Geldverleiher/der Kreditwucherer (informal)**
Alfândega: **die Zollabfertigung, das Zollamt**
Alta: **der Boom, der Konjunkturaufschwung**
Amostra: **das Muster, die Probe**
Anunciar: **werben/warb/hat geworben**
Anúncio: **die Annonce, die Anzeige, das Inserat, die Werbeanzeige, der Werbespot**
Aplicar dinheiro: **anlegen/legte an/hat angelegt**
Apólice de seguros: **die Versicherungspolice, der Versicherungsvertrag, der Versicherungsschein**
Aposentar-se: **in Rente gehen/ging/ist gegangen, pensionieren**
Aposentado: **der Rentner, der Pensionist**
Atas de uma reunião: **das Sitzungsprotokoll, die Sitzungsniederschrift**
Atender a uma demanda: **die Nachfrage befriedigen**
Atingir o ponto de equilíbrio: **aus den roten Zahlen kommen, die Gewinnschwelle erreichen**
Atividade principal de uma empresa: **das Hauptgeschäft**
Ativos e passivos: **Aktiva und Passiva, Vermögen und Schulden**
Auditor: **der Buchprüfer, der Revisor**

Auditoria: **die Betriebsprüfung, die Auditierung**
Aumentar: **steigen, erhöhen**
Aumentar o preço: **den Preis erhöhen**
Aumento de preços: **die Preiserhöhung**
Avaliação: **die Bewertung, die Schätzung, die Begutachtung**
Avalista: **der Bürge, der Garant**
Balancete: **die Bilanzaufstellung, die Bilanz**
Balanço: **die Bilanz, die Jahresbilanz**
Balanço comercial: **die Handelsbilanz**
Benefícios: **die Gehaltsnebenleistungen, die Nebeneinkünfte**
Bolsa de valores: **die Börse**
Bonificação: **der Bonus, die Sondervergütung**
Campanha de publicidade: **die Werbeaktion, die Werbekampagne**
Candidato: **der Bewerber**
Candidatar-se a um emprego: **sich um eine Stelle bewerben**
Capital de giro: **das Betriebskapital, das Umsatzkapital**
Carro da empresa: **das Dienstauto, der Firmenwagen**
Cédula: **der Geldschein**
Comprador: **der Käufer, der Erwerber, der Abnehmer**
Compromisso: **der Termin, die Verabredung**
Conciliação: **die Vereinbarung, das Übereinkommen**
Concorrente: **der Wettbewerber, der Konkurrent**
Concorrência: **der Wettstreit, die Konkurrenz, die Ausschreibung** (edital)
Conselho da empresa: **der Aufsichtsrat**
Consultor: **der Berater**
Conta: **das Konto, die Rechnung, die Faktura**
Contador: **der Buchhalter, der Bilanzbuchhalter**
Catálogo: **der Katalog**
Contas a pagar: **das Kreditorenkonto, die Schuldenposten, die Verbindlichkeiten**
Contas a receber: **das Debitorenkonto, die Außenstände, die Forderungen**
Contratar: **einstellen/stellte ein/hat eingestellt**
Contrato: **das Abkommen, der Vertrag**
Corretor: **der Makler, der Börsenmakler, der Broker**
Corretor de seguros: **der Versicherungskaufmann/frau, der Versicherungsmakler(in)**
Crescimento rápido: **der Aufschwung, die Wirtschaftsblüte, der Boom**
Cumprir um prazo: **eine Frist/einen Termin einhalten**
Currículo: **der Lebenslauf**
Custo de vida: **die Lebenshaltungskosten**
Dar aviso prévio: **jdm die Kündigung aussprechen**
Data de vencimento: **das Fälligkeitsdatum, der Verfalltermin**
Demanda: **die Nachfrage**
Demitir: **entlassen/entließ/hat entlassen, kündigen/kündigte/hat gekündigt**

Desenvolver-se rapidamente: **boomen, einen Boom erleben**
Desvalorização: **die Abwertung, die Devaluation**
Dinheiro: **das Geld**
Dinheiro em espécie: **das Bargeld**
Diretor-geral: **der Generaldirektor**
Diretor presidente da empresa: **der Vorstandsvorsitzender**
Diretoria: **der Vorstand**
Discriminação de itens: **die Artikelaufgliederung, die Aufstellung der einzelnen Posten**
Economia de mercado: **die Marktwirtschaft**
Emprego em meio período: **die Halbtagsstelle, die Teilzeitarbeit**
Emprego em tempo integral: **die Ganztagsstelle, die Vollzeitarbeit**
Empresa iniciante: **die Firmenneugründung, das Jungunternehmen**
Empréstimo bancário: **das Bankdarlehen**
Entrada: **die Anzahlung, der Vorschuss**
Escritório central: **der Hauptgeschäftssitz, die Hauptniederlassung**
Especialidade: **die Fachkenntnis, die Sachkenntnis**
Especialista: **der/die Fachmann/Fachfrau, der Experte/in**
Expansão econômica: **der wirtschaftliche Aufschwung**
Exportação: **der Export, die Ausfuhr**
Extrato bancário: **der Bankauszug, der Kontoauszug**
Fabricante: **der Hersteller, der Produzent, der Fabrikant**
Fabricar: **herstellen, produzieren, anfertigen**
Fatura: **die (Ab)Rechnung, die Faktura**
Fazer publicidade: **werben/warb/hat geworben**
Fechar um negócio: **ein Geschäft abschließen**
Fiador: **der Bürge**
Filial: **die Filiale, die Niederlassung, die Zweigstelle**
Fluxo de caixa: **der Cashflow**
Formação continuada: **die Weiterbildung**
Fornecedor: **der Lieferant, der Zulieferer (de empresa para empresa)**
Franqueado: **der Franchisenehmer, der Konzessionsnehmer**
Franqueador: **der Franchisegeber, der Konzessionsgeber**
Franquia: **das Franchise, die Verkaufskonzession**
Frete: **die Fracht**
Frete aéreo: **die Luftfracht**
Funcionário: **der Angestellte, der Mitarbeiter**
Fusão: **der Unternehmenszusammenschluss, die Fusionierung**
Gerência geral: **die Geschäftsführung**
Gerente de departamento: **der Abteilungsleiter**
Hipoteca: **das Grundpfand, die Hypothek**
Hora marcada: **der Termin, die Verabredung**
Horário comercial: **die Geschäftsstunden, die Öffnungszeiten**

Importação: **der Import, die Einfuhr**
Importância: **der Geldbetrag, die Geldmenge**
Importância global: **die Pauschale**
Imposto: **die Steuer**
Imposto sobre valor agregado: **die Mehrwertsteuer (MWst)**
Índice: **das Verzeichnis**
Instalações comerciais: **die Geschäftseinrichtungen**
Instruções: **die Anweisungen**
Investir: **anlegen/legte an/hat angelegt**
Isento de impostos aduaneiros: **zollfrei**
Laudo de avaliação: **das Bewertungsgutachten**
Licença-maternidade: **der Mutterschaftsurlaub, die Karenz (A)**
Licitação: **die Ausschreibung**
Linha de montagem: **das Fließband, das Montageband**
Lista de tópicos que serão discutidos: **die Geschäftsordnung, die Agenda**
Logotipo: **das Firmenzeichen, das Logo**
Lucro: **der Profit, der Gewinn**
Lucro bruto/líquido: **der Bruttogewinn/Nettogewinn**
Mão de obra: **die Arbeitskräfte, die Arbeiterschaft**
Margem de lucro: **der Gewinnaufschlag**
Matéria-prima: **der Rohstoff, das Rohmaterial**
Matriz: **die Hauptniederlassung, die Hauptgesschäftstelle**
Melhor indicador: **der Maßstab, der Richtwert, die Benchmark**
Mercado de ações: **der Aktienmarkt**
Mercadoria: **die Ware, der Bedarfsartikel, das Gebrauchsgut**
Moeda corrente: **die Währung**
Nicho de mercado: **die Marktlücke, die Marktnische**
Nota: **die Rechnung, die Quittung**
Número de identificação pessoal: **die PIN, der PIN-Code, die (persönliche) Geheimzahl**
Oferta: **das Angebot**
O mais breve possível: **baldmöglichst, so schnell/bald wie möglich**
Oportunidade: **die Gelegenheit**
Oportunidades de promoção: **die Karrierechancen, die Aufstiegschancen**
Orçamento: **das Budget, der Haushaltsplan, der Kostenrahmen**
Ordenado: **der Lohn**
Organização não governamental (ONG): **die Nichtregierungsorganisation (NRO),
    die nichtstaatliche Organisation**
Organização sem fins lucrativos: **die gemeinnützige Gesellschaft/Organisation**
Pagamento inicial: **die Anzahlung, der Vorschuss**
Participação no mercado: **der Marktanteil**
Peso bruto: **das Bruttogewicht**
Peso líquido: **das Nettogewicht**

Pessoa viciada em trabalho: **der Arbeitssüchtige, der Workaholiker**
Plano de carreira: **der Karriereplan**
Plano de pensão: **der Pensionsplan, die Altersvorsorge**
Ponto de equilíbrio: **die Rentabilitätsschwelle, die Gewinnschwelle**
Ponto de referência: **der Maßstab, der Richtwert, die Benchmark**
Poupança (conta): **das Sparkonto**
Preço de custo: **der Selbstkostenpreis**
Prejuízo: **der Verlust**
Prestações: **die Teilzahlungen**
Produto básico, primário: **der Bedarfsartikel, das Gebrauchsgut**
Produto Interno Bruto (PIB): **das Bruttoinlandsprodukt (BIP)**
Promoção de vendas: **die Verkaufsförderung, die Verkaufsaktion**
Promoção profissional: **die berufliche Förderung, die (berufliche) Beförderung**
Propaganda: **die Werbung, die Reklame**
Prosperar: **boomen, einen Boom erleben**
Publicidade: **die Werbung**
Quantia de dinheiro: **der Geldbetrag, die Geldmenge**
Quebra de contrato: **der Vertragsbruch, die Vertragsverletzung**
Recolocação de executivos: **das Outplacement, die Umsetzung von Führungskräften,
    die Außenvermittlung**
Redução da força de trabalho, do número de funcionários de uma empresa: **das Downsizing,
    der Stellenabbau**
Relação custo-benefício: **das Kosten-Nutzen-Verhältnis, das Preis-Leistungs-Verhältnis**
Rescisão de contrato: **den Vertrag kündigen, von einem Vertrag zurücktreten**
Resumo: **das Briefing, die Zusammenfassung (de um texto)**
Saldo bancário: **der Kontostand, der Saldo**
Salário: **das Gehalt**
Seguro-saúde: **die Krankenversicherung**
Serviços (prestação de): **die Dienstleistungen (pl)**
Sinal: **die Anzahlung, der Vorschuss**
Sindicato: **die Gewerkschaft**
Soma global: **die Pauschalsumme, der Pauschalbetrag**
Superlotação (avião, trem etc.): **die Überbuchung**
Tabela de preços: **die Preisliste, der Tarif**
Tarifas de frete: **die Frachtgebühren, die Frachtkosten, die Frachtraten**
Taxa: **die Gebühr, der Tarif**
Taxas de alfândega: **die Zollabgaben**
Taxa de juros: **der Zinssatz**
Tendências do mercado: **die Tendenzen des Marktes, die Trends**
Terceirização: **die Auslagerung, das Outsourcen**
Valor agregado: **der Mehrwert**
Volume de negócios: **der Umsatz**

Zona de livre comércio: **die Freihandelszone,**
Zona franca: **die Zollfreizone, das Zollfreigebiet**

III. GUIA DE REFERÊNCIA GRAMATICAL
LEITFADEN DER GRAMMATIK

III. GUIA DE REFERÊNCIA GRAMATICAL
- LEITFADEN DER GRAMMATIK

A sintaxe é o principal elemento organizador da língua alemã. Este guia traça um perfil da estrutura da frase alemã simples até a composta.

Outra característica importante do idioma alemão é o fato de haver três gêneros para os substantivos: masculino, feminino e neutro.

Iniciamos com uma apresentação da estrutura da frase simples e dos principais elementos constitutivos de uma oração para no final concluirmos com as principais conjunções e suas implicações na oração subordinada.

Índice de assuntos do Guia de referência gramatical

1. Estrutura da oração principal

A oração principal em alemão se compõe, como em português, de sujeito, verbo, objetos diretos e indiretos e de complementos de forma geral (de tempo, lugar, modo etc.).

A primeira diferença está na posição do verbo. Ele se mantém **sempre** na **segunda posição sintática** da oração principal, quer como verbo simples (presente, imperfeito) quer como auxiliar (**haben**, **sein**, **werden**) nos tempos compostos ou ainda como modal (**dürfen**, **können**, "**möchten**", **müssen**, **sollen**, **wollen**). As únicas **exceções** a esta regra são as **perguntas sem pronomes interrogativos** e o **imperativo**, quando o verbo fica no início da frase.

A segunda diferença importante é a influência da função sintática na forma dos artigos, dos pronomes, dos adjetivos e por vezes até dos substantivos, o que veremos a partir do segundo item deste guia.

1.1 Estrutura no presente (Präsens)

Na frase declarativa o verbo ocupa sempre o **segundo lugar sintático** da frase:

Wir fliegen heute nach Wien.
Nós voamos hoje para Viena.

Heute fliegen wir nach Wien.
Hoje voamos para Viena.

Nach Wien fliegen wir heute.
Para Viena voamos hoje.

Observe: Se o primeiro lugar sintático da frase estiver ocupado por outro elemento que não o sujeito, este virá logo após o verbo, mantendo assim o verbo no segundo lugar.

Na frase interrogativa com pronome interrogativo o verbo mantém-se no segundo lugar, após o pronome interrogativo:

Woher kommen Sie?
De onde o(a) sr.(a) vem?

Wann kommen Sie an?[1]
Quando o(a) sr.(a) chega?
» Veja Guia de referência gramatical 6.4 Verbos separáveis.

---

1. Observe: Na segunda pergunta a partícula separável "**an-**" do verbo **ankommen** fica no final da pergunta.

Na frase interrogativa sem pronome interrogativo o verbo fica no início, na primeira posição seguido do sujeito:

Kommen Sie morgen zur Party?
O(A) sr.(a) vem para a festa amanhã?

Ist etwas los?
Aconteceu alguma coisa?

Kommen Sie mit?
O(A) sr.(a) acompanha?

No imperativo o verbo fica no início também:

Bestellen Sie bitte einen Tisch für 12 Uhr.
Reserve uma mesa para às 12 horas, por favor.

1.2 Estrutura no perfeito (Perfekt)

Na frase declarativa é o auxiliar que fica na 2ª posição e o particípio do verbo vai para o final da frase, qualquer que seja o elemento que preencha a primeira posição. Veja:

Wir sind gestern nach Wien geflogen.
Nós voamos ontem para Viena.

Gestern sind wir nach Wien geflogen.
Ontem nós voamos para Viena.

Nach Wien sind wir gerstern geflogen.
Para Viena nós voamos ontem.

Na pergunta com pronome interrogativo, este ocupa o primeiro lugar, o auxiliar a 2ª posição e o particípio fica no final:

Wann sind Sie angekommen?
Quando o(a) sr.(a) chegou?

Na pergunta sem pronome interrogativo o auxiliar inicia a pergunta, seguido do sujeito e o particípio vai para o final:

Sind Sie gestern zur Party gekommen?
O(A) sr.(a) veio ontem para a festa?

1.3 Estrutura com verbos modais e "würde"

Na frase declarativa os verbos modais ou o auxiliar "**würde**" (**Konjunktiv II**) ocupam a 2ª posição e o verbo principal fica no infinitivo no final da frase:

Ich möchte die Frankfurter Zeitung kaufen.
Eu gostaria de comprar o jornal **Frankfurter Allgemeine**.

Ich würde gern viele Zeitungen lesen.
Eu leria com prazer muitos jornais.

Na pergunta com pronome interrogativo os verbos modais ou o auxiliar "**würde**" ocupam a 2ª posição e o verbo principal fica no infinitivo no final:

Wann können Sie kommen?
Quando o(a) sr.(a) pode vir?

Wohin würden Sie reisen?
Para onde o(a) sr.(a) viajaria?

Na pergunta sem pronome interrogativo os verbos modais ou o auxiliar "**würde**" ocupam a 1ª posição e o verbo principal fica no infinitivo no final:

Möchten Sie morgen kommen?
O(A) sr.(a) gostaria de vir amanhã?

Würden Sie mir bitte die Tür öffnen?
O(A) sr.(a) me abriria a porta, por favor?

2. Substantivos

Em alemão todos substantivos escrevem-se com maiúscula. Há três gêneros: masculino (**der**), feminino (**die**) e neutro (**das**), por isso é importante aprender todo novo substantivo com seu artigo: **der**, **die** ou **das**.

2.1. Gênero dos substantivos

A primeira forma de determinar o gênero é pelo gênero "natural" válido para indicar graus de parentesco, profissões e animais (machos ou fêmea):

der Man/die Frau (o homem/a mulher), **der Vater/die Mutter** (o pai/a mãe), **der Arzt** (o médico), **die Krankenschwester** (a enfermeira), **der Kaufmann/die Kauffrau** (o/a comerciante), **der Stier/die Kuh** (o touro/a vaca), **der Kater/die Katze** (o gato/a gata) etc. Porém, há exceções como **das Mädchen** (a menina).

No caso das profissões forma-se o feminino acrescentando **-in**: **die Ärztin** (a médica), **die Technikerin** (a técnica) ou o sufixo **-frau** como em **Kauffrau** (a vendedora/comerciante).

Abaixo seguem algumas regras para determinar o gênero de grupos semânticos de substantivos. Em geral recomenda-se aprender cada substantivo novo com seu gênero e plural, em virtude do grande número de regras parciais.

São **masculinas** palavras que indicam:

Meses: **der Januar, Februar, März, April, Mai, Juni, Juli, August, September, Oktober, November, Dezember**
Dias da semana: **der Montag, Dienstag, Mittwoch, Donnerstag, Freitag, Samstag, Sonntag**
Estações do ano: **der Frühling, Sommer, Herbst, Winter**
Períodos do dia: **der Tag, Morgen, Mittag, Nachmittag, Abend (mas: die Nacht)**
Pontos cardeais: **der Norden, Osten, Westen, Süden**
Minerais e pedras: **der Diamant, Fels, Kalk, Sand, Schlamm, Staub, Stein, Strand, Ton**
Profissões e posição social: **der Arzt, Chef, Ingenieur, Fürst, Koch, König, Lord, Prinz**
Formadas a partir do radical de um verbo: **der Anfang, Auftrag, Beginn, Besuch, Beweis, Dank, Druck, Empfang, Flug, Gewinn, Gruß, Verlust, Zug. Exceções: das Verbot, das Angebot, die Antwort, die Trauer.**

São **femininas** palavras que indicam:

Árvores e flores: **die Eiche, Tanne, Rose, Tulpe, Nelke**
Números: **die Eins, die Zehn, die Zwanzig**
A maioria das palavras de duas sílabas terminadas em **-e**: **die Kette, Reise, Seite, Stufe, Treppe, Ware**

São **neutras** palavras que indicam:

Letras do alfabeto: **das A, B, etc.**
Classes de palavras: **das Adjektiv, Adverb, Pronomen, Substantiv, Verb. Exceto: die Präposition e der Artikel**
Unidades de medida: **Bar, Gramm, Kilo, Ohm, Pfund, Volt, Watt. Exceto: die Tonne, der Zentner, der ou das para Meter e Liter**
Cores: **das Blaue, Rote, Grüne, Gelbe, Rosa, Schwarze, Graue, Weiße...**
Elementos químicos e metais: **Blech, Blei, Eisen, Gold, Jod, Kupfer, Metall, Salz, Silber, Zink. Exceto: der Stahl**
Línguas: **das Deutsche, das Italienische, das Portugiesische, das Englische**
Todos os verbos substantivados: **das Essen, Leben, Reisen, Trinken**
Além destas regras determina-se o gênero também pelo sufixo.
» Veja Anexo 2: Tabela de sufixos por gênero.

2.2 Plural dos substantivos

Assim como o gênero, é recomendável aprender o plural junto com o substantivo pois há um grande número de regras para formar o plural. São oito casos diferentes! Seguem porém algumas regras:

A maioria dos substantivos femininos tem plural em **-en/-n**: **Frauen, Sachen, Nummern, Kartoffeln**
Aos sufixos **-heit, -keit, -ung, -schaft, -ion, -tät, -ik, -ie, -anz, -enz, -age** acrescenta-se **-en/-n**
Aos substantivos masculinos terminados em **-e** acrescenta-se **-n**: **Jungen, Seen, Namen**
Substantivos masculinos ou neutros terminados em **-el**, **-er** ou **-en** mantém no plural a mesma forma do singular: **Fenster, Kabel, Koffer, Schlüssel, Zeichen**
Muitos substantivos neutros formam o plural com trema na vogal + **-er**: **Ämter, Blätter, Bücher, Häuser, Länder, Wörter**
A maioria dos substantivos que começam com **Ge-** é neutra e tem o plural **-e**: **Gebiete, Geschäfte, Geschenke, Gesetzte, Gewürze**
Substantivos terminados em vogal, exceto a vogal "e", formam o plural em**-s**: **Büros, Cafés, Genies, Hobbys, Kameras, Omas, Sofas, Tabus, Taxis**
Também formam o plural com **-s** as seguintes palavras: **Bars, Chefs, Clubs, Details, Gags, Hotels, Koteletts, LKWs, PKWs, Restaurants, Schecks, Starts, Streiks, Tickets, Tipps**

Para mais detalhes sobre a formação do plural consulte o Anexo 3: Tabela para formação do plural dos substantivos.

3. Declinação dos artigos definidos e indefinidos

A forma dos artigos varia conforme a função do substantivo na oração: sujeito, objeto direto, objeto indireto etc.

O sujeito corresponde ao caso nominativo. De forma geral, o objeto direto corresponde ao acusativo e o objeto indireto ao caso dativo, porém as preposições e/ou a regência verbal também podem determinar o caso. O caso genitivo, de uso mais raro, corresponde a um adjunto adnominal. Também é usado após certas preposições que pedem este caso. Esta variação da forma dos artigos, dos pronomes e adjetivos conforme sua função sintática chama-se declinação, como vemos nas tabelas abaixo.

Singular	Nominativo	Acusativo	Dativo	Genitivo
Masculino	der Mann ein	den Mann einen	dem Mann einem	des Mannes[1] eines
Feminino	die Frau eine	die Frau eine	der Frau einer	der Frau einer
Neutro	das Kind ein	das Kind ein	dem Kind einem	des Kindes[1] eines
Plural				
artigo definido	**die** – Männer/ Frauen/Kinder	**die** – Männer Frauen/Kinder	**den** – Männern[2] Frauen/Kindern[2]	**der** – Männer/ Frauen/Kinder
artigo indefinido	– Männer/ Frauen/Kinder	– Männer/ Frauen/Kinder	– Männer/ Frauen/Kinder	– Männer/ Frauen/Kinder

[1] Genitivo: acrescenta-se um **-s** somente às palavras masculinas e neutras.
Muitos monossílabos masculinos e neutros recebem **-es** no genitivo: **des Arztes, des Buches, des Freundes, des Kindes, des Mannes, des Tages.**

Substantivos masculinos e neutros terminados em **-s, -sch, -β, -st, -x, -z, -tz** recebem **-es** no genitivo: **des Hauses, des Fisches, des Gruβes, des Verlustes, des Reflexes, des Schmerzes, des Gesetzes.**

[2] Levam um **-n** no dativo plural principalmente substantivos masculinos e neutros, alguns femininos, cujo plural é formado com trema (**der Mann – Männer, die Mutter – Mütter, die Tochter – Töchter**), cujo plural é formado com **-e** (**das Geschäft – Geschäfte, der Brief – Briefe**); plural com **-er** (**das Kind - Kinder**), ou sem terminação no plural (**der Schlüssel, das Fenster, das Zeichen**): **den Männern, den Töchtern, den Kindern** etc.

NOMINATIVO:

Der Mann/Die Frau/Das Kind geht nach Hause.
O homem/a mulher/a criança vai para casa.

Ein Mann/Eine Frau/Ein Kind geht nach Hause.
Um homem/uma mulher/uma criança vai para casa.

ACUSATIVO:

Den Mann/Die Frau/Das Kind kenne ich!
O homem/a mulher/a criança eu conheço!

Einen Mann/Eine Frau/Ein Kind kenne ich!
Um homem/uma mulher/uma criança eu conheço!

DATIVO:

Wir helfen dem Mann/der Frau/dem Kind.
Nós ajudamos o homem/a mulher/a criança.

Wir helfen einem Mann/einer Frau/einem Kind.
Nós ajudamos um homem/uma mulher/uma criança.

GENITIVO:

der Regenschirm des Mannes/der Frau/des Kindes
o guarda-chuva do homem/da mulher/da criança

der Regenschirm eines Mannes/einer Frau/eines Kindes
o guarda-chuva de um homem/de uma mulher/de uma criança

Observação: Declinação singular com **-n** nos casos acusativo, dativo e genitivo:

Certos substantivos **masculinos ou neutros** terminados em **-e** no singular recebem um **-n** nos casos acusativo, dativo e genitivo singular:
der Buchstabe – dem Buchstaben, der Experte – den Experten, der Gedanke – des Gedankens, der Finne – dem Finnen, der Fremde – des Fremden, der Junge – dem Jungen, der Kollege – den Kollegen, der Kunde – dem Kunden, der Name – des Namen, der Zeuge – den Zeugen

Outros substantivos **masculinos ou neutros** terminados em consoante no singular recebem um **-en** nos casos acusativo, dativo e genitivo singular:
der Architekt – den Architekten, der Automat – des Automaten, der Doktorand – dem Doktoranden, der Journalist – den Journalisten, der Lieferant – des Lieferanten, der Mensch – dem Menschen, der Optimist – den Optimisten, der Philosoph – des Philosophen, der Student – dem Studenten

4. Pronomes
» Veja Anexo 5: Tabela resumida dos pronomes.

4.1 Pronomes pessoais
Os pronomes pessoais são declinados de acordo com a regência verbal. Observe na tabela da página seguinte as formas e os exemplos.

Nominativo	Acusativo	Dativo
ich Ich wohne in Köln. Eu moro em Colônia.	mich Frag mich nicht so viel! Não me pergunte tanto!	mir Der Koffer gehört mir. A mala me pertence. (a mim)
du Was machst du morgen? O que você faz amanhã?	dich Ich hole dich um 6 ab. Eu te pego às 6 horas.	dir Ich bringe dir das Buch mit. Eu te trago o livro. (para ti)
er Er kommt morgen. Ele vem amanhã.	ihn Wir sehen ihn Dienstag. Nós o vemos na terça.	ihm Wir geben ihm die Nachricht. Nós lhe damos a notícia. (a ele)
sie Sie ist zu Hause. Ela está em casa.	sie Ich kenne sie nicht. Eu não a conheço.	ihr Hast du ihr geschrieben? Você lhe escreveu? (para ela)
es[1] Es ist groß. (das Studio) É grande.(o estúdio)	es Lies es! (das Buch) Leia-o! (o livro)	ihm Ich kaufe ihm ein Eis. (dem Kind) Eu lhe compro um sorvete. (para ela) (a criança)
wir Wir haben lange gewartet. Nós esperamos muito.	uns Ruft uns doch mal an! Liguem-nos de vez em quando!	uns Bleibt ihr heute mit uns? Vocês vão ficar hoje conosco?
ihr[2] Seid ihr morgen zu Hause? Vocês estão em casa amanhã?	euch Wir möchten euch besuchen. Nós gostaríamos de visitar vocês.	euch Wer ist da bei euch? Quem está aí com vocês?
sie Sie sind weggefahren. Eles/Elas foram embora.	sie Wir haben sie nicht getroffen. Nós não os/as encontramos.	ihnen Kiel hat ihnen gut gefallen. Kiel lhes agradou muito.
Sie[3] Wohin möchten Sie? Para onde o(a) sr.(a) quer ir?	Sie Ich hole Sie sofort ab. Vou buscar o(a) sr.(a) imediatamente.	Ihnen Kann ich Ihnen helfen? Posso ajudar o(a) sr.(a)?

Observação: Em princípio cada pronome pessoal possui uma forma correspondente em português, porém, no caso dos pronomes oblíquos nem sempre é possível fazer corresponder a forma gramatical correta, em virtude da regência verbal que varia de uma língua para outra como no caso do verbo "**helfen**" (ajudar). Por este motivo às vezes é apontada mais de uma forma na tabela da página anterior.

[1] Em português o pronome **es** não existe, pois corresponde a palavras neutras, e também porque não é necessário em frases sem sujeito, o que em alemão não é possível. Neste exemplo, o pronome **es** está substituindo "**das Studio**", mas na frase "**Es regnet.**" (Está chovendo) o "es" está preenchendo o lugar do sujeito sem remeter a algo concreto.

[2] O pronome **ihr** não corresponde a vós, e sim ao plural informal de **du** (tu), portanto corresponde ao nosso vocês.

[3] O pronome de tratamento formal **Sie** escreve-se sempre com maiúscula em todas suas formas e usa-se tanto para o masculino quanto para o feminino, singular ou plural. Nesta pessoa o verbo conjuga-se na terceira pessoa do plural. **Sie** pode ser entendido como o(s) sr.(s) e/ou a(s) sra.(s), o contexto é que definirá o sentido exato.

Usam-se os pronomes **du/ihr** para familiares, com crianças e jovens até aproximadamente 14/15 anos, com amigos e muitas vezes com colegas de trabalho, na Suíça especialmente.

Usa-se o pronome **Sie** via de regra com adultos conhecidos ou desconhecidos, em situações de trabalho, no comércio, em repartições públicas, com funcionários etc.

Recomenda-se o uso do **Sie** quando não se tem certeza sobre a escolha entre **du** ou **Sie**.
» Veja Dicas culturais 1, 35 e 36.

4.2 **Pronomes possessivos**

Os pronomes possessivos concordam em gênero, número e caso com o objeto possuído e com a(s) pessoa(s) a quem pertence(m) o objeto referido. Para maior clareza na tabela abaixo encontram-se apenas as fomas dos pronomes possessivos no caso nominativo. As formas dos outros casos (acusativo, dativo, genitivo) podem ser consultadas **no Anexo 4**.

NOMINATIVO

	Masculino	Feminino	Neutro	Plural
ich	mein **Wo ist mein Pass?** Onde está meu passaporte?	meine **Wo ist meine Tasche?** Onde está minha bolsa?	mein **Wann fliegt mein Flugzeug?** Quando parte meu avião?	meine **Sind das meine Papiere?** Estes são meus papéis?
du	dein **Dein Wagen ist kaputt?** Teu carro está quebrado?	deine **Deine Schwester wartet.** Tua irmã está esperando.	dein **Dein Handy klingelt.** Teu celular está tocando.	deine **Sind das deine CDs?** Estes são teus CDs?

er	sein **Sein Kollege ist krank.** Seu colega está doente.	seine **Seine Frau kauft ein.** Sua mulher está fazendo compras.	sein **Sein Taxi ist da.** Seu táxi está aí.	seine **Seine Freunde sind da.** Seus amigos estão aí.
sie	ihr **Ihr Beruf macht ihr Spaß.** Sua profissão lhe agrada. (dela)	ihre **Ihre Arbeit gefällt ihr.** Seu trabalho lhe agrada. (dela)	ihr **Ihr Buch ist sehr gut.** Seu livro é muito bom. (dela)	ihre **Das sind ihre Eltern.** São seus pais. (dela)
es das Kind, das Mädchen	sein **Sein Vater ist nicht da.** Seu pai não está.	seine **Seine Mutter kommt gleich.** Sua mãe já vem.	sein **Sein Spielzeug ist neu.** Seu brinquedo é novo.	seine **Seine Geschwister sind auf dem Spielplatz.** Seus irmãos estão no parquinho.
wir	unser **Das ist unser Hund.** Este é nosso cachorro.	unsere **Unsere Reise war schön.** Nossa viagem foi legal.	unser **Unser Gepäck ist da.** Nossa bagagem está aqui.	unsere **Unsere Freunde kommen heute.** Nossos amigos vêm hoje.
ihr	euer **Euer Garten ist groß.** O jardim de vocês é grande.	eure **Wo ist eure Mutter?** Onde está a mãe de vocês?	euer **Wo liegt euer Haus?** Onde fica a casa de vocês?	eure **Wo spielen eure Kinder?** Onde estão brincando os filhos de vocês?
sie	ihr **Das ist ihr Sohn.** Este é o filho deles.	ihre **Ihre Tochter ist hübsch.** A filha deles é muito bonita.	ihr **Ihr Haus liegt nicht weit.** A casa deles não fica longe.	ihre **Wer sind ihre Cousins?** Quem são os primos deles?
Sie	ihr **Hier ist Ihr Pass.** Aqui está o passaporte do(a) sr.(a).	ihre **Hier ist Ihre Bestellung.** Aqui está a encomenda do(a) sr.(a).	ihr **Ihr Passwort, bitte.** Sua senha, por favor.	ihre **Hier sind Ihre Travellerschecks.** Aqui estão seus travellers cheques.

4.3 Pronomes reflexivos

Os pronomes reflexivos em alemão têm formas distintas na 1ª e 2ª pessoas do singular para os casos acusativo e dativo, nas outras pessoas são idênticas para os dois casos. O pronome reflexivo coloca-se após o verbo.

	Acusativo	Dativo
ich	mich **Ich interessiere mich sehr für Sport.** Eu me interesso muito por esporte.	mir **Diesen Wagen kann ich mir nicht leisten.** Não posso permitir-me comprar este carro.
du	dich **Freust du dich schon auf den Urlaub?** Você já está feliz com as férias?[1]	dir **Was wünschst du dir zum Geburtstag?** O que você deseja para seu aniversário?[1]
er/sie	sich **Frank möchte sich verabschieden.** Frank quer despedir-se.[1]	sich **Hat sie sich schon Gedanken darüber gemacht?** Ela já parou para pensar nisso.[1]
wir	uns **Wir haben uns lange unterhalten.** Nós nos falamos longamente.	uns **Wir haben uns viel Zeit genommen.** Nós nos deixamos bastante tempo.
ihr	euch **Freut ihr euch auf Hamburg?** Vocês estão felizes com a ida a Hamburgo.[1]	euch **Was habt ihr euch vorgestellt?** O que é que vocês imaginaram?[1]
sie/Sie	sich **Interessieren sich die Kinder noch für Spielzeuge?** As crianças ainda se interessam por brinquedos? **Ärgern Sie sich nicht!** Não se irrite![1]	sich **Die Kinder wüschen sich ein Handy.** As crianças desejam um celular.[1] **Haben Sie sich schon den Film angesehen?** O(A) sr.(a) já assistiu ao filme?[1]

[1] Nestas frases não é possível usar o pronome reflexivo em português.

Verbos empregados como reflexivos e que já têm um objeto acusativo ficam com os pronomes reflexivos no dativo. Observe:

Ich wasche mich.
Eu me lavo.

Ich wasche die Hände.
Eu lavo as mãos

mas:
Ich wasche mir die Hände.
Eu me lavo as mãos.

» Veja Guia de referência gramatical 11. Tabela de verbos regulares e irregulares para consultar mais verbos reflexivos.
» Veja Anexo 5: Tabela resumida dos pronomes.

4.4 Pronomes demonstrativos

São pronomes demonstrativos:
dies- + substantivo: este/esta
jen- + substantivo: aquele/aquela
solch- + substantivo: tal

Singular	Nominativo		Acusativo		Dativo		Genitivo	
Masculino	dieser		diesen		diesem		dieses	
	jener	Mann	jenen	Mann	jenem	Mann	jenes	Mannes
	solcher		solchen		solchem		solches	
Feminino	diese		diese		dieser		dieser	
	jene	Frau	jene	Frau	jener	Frau	jener	Frau
	solche		solche		solcher		solcher	
Neutro	dieses		dieses		diesem		dieses	
	jenes	Kind	jenes	Kind	jenem	Kind	jenes	Kindes
	solches		solches		solchem		solches	
Plural M/F/N	diese	Männer	diese	Männer	diesen	Männern	dieser	Männern
	jene	Frauen	jene	Frauen	jenen	Frauen	jener	Frauen
	solche	Kinder	solche	Kinder	solchen	Kindern	solcher	Kindern

Quando **dies-** (est-), **jen-** (aquel-) e **solch-** (tal) não acompanharem um substantivo tornam-se pronomes demonstrativos, pois estão substituindo o substantivo. O mesmo acontece com **der**, **die** e **das**, que podem ser pronomes demonstrativos, quando substituírem um substantivo que já foi referido.

4.5. Pronomes indefinidos

Nominativo	Acusativo	Dativo	Genitivo	Plural
man	einen	einem	-	-
jemand	jemand(en)	jemand(em)	jemandes	-
niemand	niemand(en)	niemand(em)	niemandes	
einer/eine/ ein(e)s	einen/eine/ ein(e)s	einem/einer/ einem	-	welche
etwas	etwas	-	-	-
nichts	nichts			

MAN: **A GENTE, SE**

Wohin kann man heute Abend gehen?
Para onde a gente pode ir hoje à noite?

Hier spricht man Englisch.
Aqui fala-se inglês.

JEMAND: **ALGUÉM** – NIEMAND: **NINGUÉM**

Hat jemand Ilona Bescheid gesagt?
Alguém avisou a Ilona?

Anna hat niemand(en) auf der Straße gesehen.
Anna não viu ninguém na rua.

ETWAS: **ALGO, ALGUMA COISA** – NICHTS: **NADA**

Möchtest du etwas trinken?
Você gostaria de tomar alguma coisa?

Nein, danke. Jetzt möchte ich nichts.
Não, obrigado. Agora não quero nada.

Os pronomes indefinidos seguintes podem ser acompanhados ou não de substantivos: **jeder** (cada um) - **alle** (todos), **mancher/manche** (alguns), **einige** (alguns), **andere** (outros), **mehrere** (vários), **viele** (muitos), **wenige** (poucos).

5. Adjetivos

5.1 Declinação

Os adjetivos que antecedem os substantivos concordam em gênero, número e com o caso do substantivo. Nos outros casos os adjetivos permanecem inalterados. Observe:

Der Wagen ist modern und groß.
O carro é moderno e grande.

Der moderne Wagen ist groß.
O carro moderno é grande.

Quando vários adjetivos antecederem o substantivo todos recebem a mesma declinação.

Ich habe einen schönen, modernen und bequemen Sessel gekauft.
Eu comprei uma poltrona bonita, moderna e confortável.

Há três tipos de declinação para os adjetivos conforme o tipo de artigo ou pronome que o anteceder.

5.2 Declinação do adjetivo após artigo definido

	Masculino	Feminino	Neutro	Plural
Nominativo	der moderne Wagen[1]	die große Tasche[1]	das schwarze Regal[1]	die modernen Wagen die großen Taschen die schwarzen Regale
Acusativo	den modernen Wagen	die große Tasche	das schwarze Regal	die modernen Wagen die großen Taschen die schwarzen Regale

Dativo	dem modernen Wagen	der großen Tasche	dem schwarzen Regal	den modernen Wagen den großen Taschen den schwarzen Regalen
Genitivo	des modernen Wagens	der großen Tasche	des schwarzen Regals	der modernen Wagen der großen Taschen der schwarzen Regale

[1] **der moderne Wagen**: o carro moderno, **die große Tasche**: a bolsa grande, **das schwarze Regal**: a prateleira preta.

1 - No singular há apenas cinco terminações em **-e**, todas as outras terminações do singular e do plural são **-en**.

2 - Os adjetivos seguem a mesma declinação após os seguintes pronomes: **dies-**, **jed-**, **jen-**, **manch-**, **welch-**.

3 - Este tipo de declinação aplica-se também para os adjetivos precedidos de possessivos no plural (**mein**, **dein**, **sein**, **ihr**, **unser**, **euer**), **all-** (singular e plural) e **keine** (plural).

5.3 Declinação do adjetivo após artigo indefinido

	Masculino	Feminino	Neutro	Plural
Nominativo	ein moderner Wagen	eine große Tasche	ein schwarzes Regal	moderne Wagen große Taschen schwarze Regale
Acusativo	einen modernen Wagen	eine große Tasche	ein schwarzes Regal	moderne Wagen große Taschen schwarze Regale
Dativo	einem modernen Wagen	einer großen Tasche	einem schwarzen Regal	modernen Wagen großen Taschen schwarzen Regalen
Genitivo	eines modernen Wagens	einer großen Tasche	eines schwarzen Regals	moderner Wagen großer Taschen schwarzer Regale

1 - No singular observam-se cinco terminações que seguem as terminações do artigo definido (**der**, **die**, **das**). Todas as outras formas do singular terminam em **-en**.

2 - No plural não há artigo e a terminação do adjetivo segue a terminação do artigo definido plural de cada caso: Nominativo: **die**: **-e**; Acusativo: **die**: **-e**; Dativo: **den**: **-en**; Genitivo: **der**: **-er**.

3 - O mesmo tipo de declinação vale para os adjetivos precedidos de possessivos no singular (**mein**, **dein**, **sein**, **ihr**, **unser**, **euer**) e **kein** (singular).

5.4 Declinação do adjetivo sem artigo

	Masculino	Feminino	Neutro	Plural
Nominativo	modern**er** Wagen	groß**e** Tasche	schwarz**es** Regal	modern**e** Wagen groß**e** Taschen schwarz**e** Regale
Acusativo	modern**en** Wagen	groß**e** Tasche	schwarz**es** Regal	modern**e** Wagen groß**e** Taschen schwarz**e** Regale
Dativo	modern**em** Wagen	groß**er** Tasche	schwarz**em** Regal	modern**en** Wagen groß**en** Taschen schwarz**en** Regalen
Genitivo	modern**en** Wagens	groß**er** Tasche	schwarz**en** Regals	modern**er** Wagen groß**er** Taschen schwarz**er** Regale

1 - No singular as terminações do adjetivo sem artigo são iguais às terminações do artigo definido, exceto no genitivo masculino e neutro. Nesses casos o adjetivo recebe **-en** no final.

2 - Indicações de quantidades indefinidas seguem este tipo de declinação sem artigo:

Die Kette ist aus reinem Gold.
O colar é de ouro puro.

Beim Bäcker gibt es immer frisches Brot.
Na padaria há sempre pão fresquinho.

Jeden Morgen brauche ich starken Kaffee.
Toda manhã preciso de café forte.

3 - Diante de qualidades e sentimentos também não há artigo:

Alte Liebe rostet nicht.
Amores antigos não enferrujam.

Er ging leichten Herzens davon.
Lá se foi ele despreocupado.

Er machte sich mit großem Eifer an die Arbeit.
Ele se pôs a trabalhar com grande afinco.

4 - Após **etwas** (algo, um pouco), **genug** (suficiente), **mehr** (mais), **viel** (muito), **wenig** (pouco), **nichts** (nada) segue-se a mesma declinação:

Wir haben nur noch etwas roten Wein.
Temos ainda apenas um pouco de vinho.

Haben wir noch genug frische Milch?
Ainda temos leite fresco suficiente?

Es ist viel reines Wasser übrig.
Sobrou muita água pura.

5 - Após **andere** (outros), **einige** (alguns), **wenige** (poucos), **mehrere** (vários) e **viele** (muitos) no plural usa-se a declinação do adjetivo sem artigo.

Kennst du andere spannende Filme vom ihm?
Você conhece outros filmes emocionantes dele?

Hier gibt es viele gute Bücher zum Lesen.
Aqui há muitos livros bons para ler.

Ich habe nur noch einige alte Briefmarken.
Só tenho ainda alguns selos velhos.

Observações:

1 - Adjetivos terminados em **-el** e **-er** perdem o **-e-** quando declinados:

dunkel: der dunkle Himmel
escuro: o céu escuro

teuer: ein teures Kleid
caro: um vestido caro

2 - O adjetivo **hoch** perde o **-c-** quando declinado:

hoch: der hohe Turm/eine hohe Mauer
alto: a torre alta/o muro alto

3 - Adjetivos e particípios substantivados são declinados como se fossem adjetivos:

Er ist arbeitslos.
Ele está desempregado.

mas:

Nominativo	der Arbeitslose	ein Arbeitsloser	eine Arbeitslose
Acusativo	den Arbeitslosen	einen Arbeitslosen	eine Arbeitslose
Dativo	dem Arbeitslosen	einem Arbeitslosen	einer Arbeitslosen
Genitivo	des Arbeitslosen	eines Arbeitslosen	einer Arbeitslosen

Er ist angestellt.
Ele está empregado.

mas:

Nominativo	der Angestellte	ein Angestellter	eine Angestellte
Acusativo	den Angestellten	einen Angestellten	eine Angestellte
Dativo	dem Angestellten	einem Angestellten	einer Angestellten
Genitivo	des Angestellten	eines Angestellten	einer Angestellten

5.5 Grau comparativo e superlativo do adjetivo
» Veja 9.4 Fazendo comparações (Frases-chave) p. 142.

5.5.1 Comparativo em -er, superlativo em -st-
O comparativo e o superlativo indicam uma diferença que é marcada por **-er** no comparativo e **-st-** no superlativo. A estas duas desinências acrescenta-se a declinação dos adjetivos: **klein + er + declinação** ou **klein + st + declinação:**

Nimm bitte das kleinere Weinglas.
Por favor, pegue o copo de vinho menor.

Nimm bitte das kleinste Weinglas.
Por favor, pegue o menor copo de vinho.

Outros adjetivos que formam o comparativo e superlativo dessa forma:

Adjetivo	Comparativo	Superlativo	Tradução
bequem	bequemer	am bequemsten	confortável
dünn	dünner	am dünnsten	fino, magro
fleißig	fleißiger	am fleißigsten	assíduo, aplicado
gemütlich	gemütlicher	am gemütlichsten	aconchegante, pessoa de trato fácil
reich	reicher	am reichsten	rico
ruhig	ruhiger	am ruhigsten	tranquilo
schnell	schneller	am schnellsten	rápido
schön	schöner	am schönsten	bonito

5.5.2 Comparativo com trema + -er, superlativo com trema + -st-

São adjetivos de uma sílaba só que recebem além do **-er** no comparativo ou **-st-** no superlativo um trema, como é o caso de:

Adjetivo	Comparativo	Superlativo	Tradução
arm	ärmer	am ärmsten	pobre
dumm	dümmer	am dümmsten	bobo, tolo
grob	gröber	am gröbsten	grosseiro
groß	größer	am größten	grande
jung	jünger	am jüngsten	jovem
klug	klüger	am klügsten	esperto, inteligente
krank	kränker	am kränksten	doente
lang	länger	am längsten	comprido
scharf	schärfer	am schärfsten	afiado, apimentado
stark	stärker	am stärksten	forte
schwach	schwächer	am schwächsten	fraco
warm	wärmer	am wärmsten	quente, calor, abafado

5.5.3 Comparativo com trema + -er, superlativo com trema + -est após d/t/z

Alguns adjetivos de uma sílaba que terminam em d/t/z formam o superlativo em **-est**:

Adjetivo	Comparativo	Superlativo	Tradução
alt	älter	am ältesten	velho
hart	härter	am härtesten	duro
kalt	kälter	am kältesten	frio

kurz	kürzer	am kürzesten	curto
rot	röter	am rötesten	vermelho
schwarz	schwärzer	am schwärzesten	preto, negro
gesund[1]	gesünder	am gesündesten	saudável, com saúde

[1] **gesund** tem duas sílabas mas faz parte desse grupo também.

5.5.4 Comparativo com -er, superlativo com -est- após d/t/ss/sch/z (sem trema)

Outros adjetivos recebem também **-er** no comparativo e **-est** no superlativo porém sem trema:

Adjetivo	Comparativo	Superlativo	Tradução
breit	breiter	am breitesten	largo
frisch	frischer	am frischesten	fresco
heiß	heißer	am heißesten	quente, fervente, ardente, tórrido
hübsch	hübscher	am hübschesten	lindo, bonito
laut	lauter	am lautesten	barulhento, alto (som)
leicht	leichter	am leichtesten	leve, fácil
neu	neuer	am neu(e)sten	novo
schlecht	schlechter	am schlechtesten	ruim
spitz	spitzer	am spitzesten	pontiagudo, pontudo
stolz	stolzer	am stolzesten	orgulhoso
weit	weiter	am weitesten	longe, largo
wild	wilder	am wildesten	selvagem

5.5.5 Comparativo sem -e final

Adjetivos terminados em **-el** ou **-er** perdem o **-e-** final no comparativo, veja no quadro abaixo:

Adjetivo	Comparativo	Superlativo	Tradução
dunkel	dunkler	am dunkelsten	escuro
edel	edler	am edelsten	nobre
sauer	saurer	am sauersten	azedo
teuer	teurer	am teuersten	caro

5.5.6 Formas irregulares

Enfim há adjetivos cujos comparativos e superlativos são irregulares:

Adjetivo	Comparativo	Superlativo	Tradução
bald	eher	am ehesten	logo, em breve
gern[1]	lieber[1]	am liebsten[1]	com muito gosto/ prazer, de bom grado
gut	besser	am besten	bom
hoch	höher	am höchsten	alto (altura)
nah	näher	am nächsten	perto, próximo
viel	mehr	am meisten	muito

[1] Gostos e preferências: **gern/lieber/am liebsten**

Esse adjetivo é muito usual em alemão para indicar o gosto ou a preferência, já que não há um verbo de uso corrente como "gostar de". Então para tudo que se **gosta de fazer** combina-se o verbo da atividade (**lesen, reisen schwimmen**) com **gern** (gosto por) ou **lieber** (preferência):

Ich lese/reise/schwimme (nicht) gern.
Eu (não) gosto de ler/viajar/nadar.

Ich lese lieber als schreibe.
Eu prefiro ler a escrever.

Para **pessoas** e **coisas** usa-se a expressão **haben + gern**:

Ich habe Schokolade (nicht) gern.
Eu (não) gosto de chocolate.

Ich habe Kekse lieber als Kuchen, aber am liebsten habe ich Marzipan.
Eu prefiro bolachas a bolo, mas o que eu mais gosto é de marzipã.

Ich habe Tiere sehr gern.
Eu gosto muito de animais.

Ich habe dich sehr gern.
Eu gosto muito de você.

Não confundir com **lieben** (amar ou adorar):

Ich liebe dich.
Eu te amo/adoro.

Ich liebe Motorradfahren.
Adoro andar de moto.

Embora exista o verbo **mögen** (infinitivo do "**möchten**") ele não é tão usado quanto **gern** ou **lieber** para expressar gosto. Mas podemos também dizer:

Ich mag Kekse lieber als Kuchen, aber am liebsten mag ich Marzipan.
Eu gosto mais de bolachas do que de bolo, mas o que eu mais gosto é de marzipã.

Enfim, há o verbo **gefallen** (agradar) também muito usado para expressar gosto e preferência acompanhado do adjetivo **gut/besser/am bestem**:

Mir gefallen diese Bilder sehr gut.
Estes quadros me agradam muito. (Gostei muito destes quadros.)

Wie gefällt dir dieses Bild?
Este quadro te agrada? (Você gostou deste quadro?)

Dieses gefällt mir besser.
Este me agrada mais. (Gostei mais deste.)

6. Verbos
» Veja Anexo 6: Modos e tempos em alemão e português.
Todos os infinitivos em alemão terminam em **-en** ou **-n**: **arbeiten, haben, lesen, sein, sprechen, tun...**

6.1 Verbos regulares: presente e imperativo
Observe a conjugação no presente e suas terminações na tabela abaixo:

Presente	fragen	gehen	arbeiten	reden
ich	frag e	geh e	arbeit e	red e
du	frag st	geh st	arbeit est	red est
er/sie/es	frag t	geh t	arbeit et	red et
wir	frag en	geh en	arbeit en	red en
ihr	frag t	geh t	arbeit et	red et
sie/Sie	frag en	geh en	arbeit en	red en

1 - Para a 3ª pessoa do singular e a 2ª pessoa do plural a terminação é igual.

2 - As 1ª e 3ª pessoas do plural são idênticas ao infinitivo.

3 - Verbos terminados en **–ten (arbeiten)** ou **–den (reden)** necessitam de um **-e-** entre o radical do verbo e a terminação na 2ª pessoa singular e plural e na 3ª pessoa singular.

4 - A conjugação para o pronome de tratamento formal **Sie**, embora uma 2ª pessoa pelo sentido, é a mesma que a da 3ª pessoa do plural, indiferentemente se **Sie** for singular ou plural.

Imperativo	fragen	gehen	arbeiten	reden
du	Frag!	Geh!	Arbeite!	Rede!
ihr	Fragt!	Geht!	Arbeitet!	Redet!
sie/Sie	Fragen Sie!	Gehen Sie!	Arbeiten Sie!	Reden Sie!

1 - A 2ª pessoa do singular perde a terminação **-st** do presente, os verbos em **-ten** e **-den** mantêm o **-e** adicional do presente.

2 - A 2ª pessoa do plural é idêntica ao presente, porém sem o pronome pessoal.

3 - A forma para **Sie** diferencia-se do presente pela posição do pronome após o verbo.

6.2 **Verbos irregulares: presente e imperativo**

São verbos que alteram a vogal do radical nas 2ª e 3ª pessoas do singular, mas a terminação do verbo permanece a mesma. Observe as alterações na tabela abaixo:

Verbo	fahren	essen	laufen
Presente	a → ä	e → i/ie	au → äu
du	fährst	isst	läufst
er/sie/es	fährt	isst	läuft
Imperativo			
du	Fahr!	Iss!	Lauf!
Outros verbos comuns	fallen	geben	
	lassen	helfen	
	tragen	lesen (ie)	
	schlafen	nehmen	
	wachsen	sehen (ie)	
	waschen	sprechen	
		treffen	
		werden	

Exceto os verbos do tipo de "**essen**", que mantêm a mudança de vogal, os outros verbos voltam a ser regulares no imperativo.

6.3 Verbos auxiliares: presente e imperativo: haben – sein – werden

Esses verbos são usados tanto como verbos principais ou como auxiliares. Os dois primeiros são auxiliares do perfeito, e "**werden**" é auxiliar do futuro, do conjuntivo II e da voz passiva. Suas conjugações são irregulares, observe na tabela abaixo.

Presente	haben	sein	werden
ich	hab e	bin	werd e
du	ha st	bi st	wir st
er/sie/es	ha t	is t	wird
wir	hab en	sind	werd en
ihr	hab t	seid	werd et
sie/Sie	hab en	sind	werd en

HABEN: **TER**[1]

Jens und Gertrud haben zwei Kinder.
Jens e Gertrud têm dois filhos.

SEIN: **SER, ESTAR**

Hella ist Krankenschwester von Beruf.
Hella é enfermeira.

WERDEN: **TORNAR-SE, FICAR (NO SENTIDO DE TRANSFORMAR-SE)**

Die Kirschen werden reif.
As cerejas tornam-se maduras.

Er wird nervös, wenn er den Weg nicht findet.
Ele fica nervoso quando não encontra o caminho.

6.4 Verbos separáveis: presente e imperativo

São verbos que possuem uma partícula separável no início. Ao conjugar o verbo no presente, imperativo e imperfeito a partícula se separa do radical do verbo e é colocada no final da frase, no caso da oração principal. No caso da oração subordinada o verbo se junta novamente à partícula no final da oração. No infinitivo esta partícula é tônica. Na maioria dos casos estas partículas correspondem a preposições que alteram o sentido do verbo.

---

1. O sentido de haver é expresso pela expressão impessoal: **es gibt/es gab/es hat gegeben**.
   Es gibt keine Eintrittskarten mehr für das Konzert.
   Não há mais entradas para o concerto.

ANKOMMEN: **CHEGAR**

Richard und seine Familie kommen in zwei Tage an.
Richard e sua família chegam dentro de dois dias.

ABFAHREN: **PARTIR**

Der IC-Zug nach Köln fährt mit drei Minuten Verspätung ab.
O trem IC para Colônia parte com três minutos de atraso.

MITKOMMEN: **VIR JUNTO, ACOMPANHAR**

Komm doch bitte mit!
Venha, por favor (com a gente)!

AUSMACHEN: **APAGAR, DESLIGAR**

Caroline war müde und machte das Licht aus.
Caroline estava cansada e apagou a luz.

VORBEREITEN: **PREPARAR**
ANKOMMEN: **CHEGAR**

Ich bereite ein Zimmer für Richard und seine Familie vor, weil sie in zwei Tage ankommen.
Eu preparo um quarto para Richard e sua família, porque eles chegam dentro de dois dias.

6.5 **Verbos modais: presente**

Com verbos modais expressamos uma atitude em relação a uma ação. São seis verbos modais que são acompanhados de um verbo principal no infinitivo. Às vezes o verbo principal é omitido, quando a situação é clara. Observe a conjugação desses verbos na tabela abaixo.

Presente	dürfen	können	möchten[1]	müssen	sollen	wollen
ich	darf	kann	möchte	muss	soll	will
du	darfst	kannst	möchtest	musst	sollst	willst
er/sie/es	darf	kann	möchte	muss	soll	will
wir	dürfen	können	möchten	müssen	sollen	wollen
ihr	dürft	könnt	möchtet	müsst	sollt	wollt
sie/Sie	dürfen	können	möchten	müssen	sollen	wollen

[1] O infinitivo de fato deste verbo é **mögen**, porém como modal é utilizado no tempo conjuntivo II.

PRINCIPAIS SIGNIFICADOS:

DÜRFEN: **INDICA QUE ALGO É PERMITIDO OU PROIBIDO OU CONCEDIDO**

In Flugzeugen darf man nicht rauchen.
É proibido fumar em aviões.

Hier darf man parken.
Aqui é permitido estacionar.

Darf ich das Fenster öffnen?
Posso abrir a janela?

KÖNNEN: **INDICA UMA POSSIBILIDADE OU CAPACIDADE**

Kann ich morgen kommen?
Posso vir amanhã?

Robert kann fließend drei Sprachen sprechen.
Robert consegue falar três línguas fluentemente. (é capaz de...)

MÖCHTEN: **INDICA UM DESEJO**

Im Sommer möchten wir nach Deutschland fliegen.
No verão gostaríamos de voar para a Alemanha.

Möchten Sie etwas trinken?
O(A) sr.(a) gostaria de tomar alguma coisa?

MÜSSEN: **INDICA UMA OBRIGAÇÃO OU IMPOSIÇÃO**

Wir müssen den Auftrag bis Ende des Monats fertigstellen.
Precisamos concluir o pedido até o final do mês.

Jetzt müssen Sie ein Taxi nehmen.
Agora o(a) sr.(a) precisa tomar um táxi.

SOLLEN: **INDICA UM DEVER (ÀS VEZES MORAL)**

Morgen soll ich meine Freundin Beate anrufen, denn es ist ihr Geburtstag.
Amanhã devo ligar para minha amiga Beate, pois é aniversário dela.

Ich soll meinen Chef sofort benachrichtigen.
Devo informar meu chefe imediatamente.

Wann wollt ihr umziehen?
Quando vocês pretendem se mudar?

Nächsten Monat will ich zwei Kilos abnehmen.
No mês que vem quero perder dois quilos.

6.6 Perfeito e imperfeito

Uso do perfeito
O perfeito expressa o passado e é muito usado na linguagem oral.

Das Flugzeug ist gelandet.
O avião aterrissou.

Der FC Leverkusen hat das Spiel gewonnen.
O FC Leverkusen ganhou a partida.

Am Wochenende habe ich meine Familie besucht.
No fim de semana visitei minha família.

Uso do imperfeito
O imperfeito também expressa o passado e é mais usado na escrita para relatar uma sequ-ência de fatos no passado. Serve, por exemplo, para narrar o percurso pessoal num currículo, entre outros:

...Nach dem Besuch der Grundschule kam ich auf das Gymnasium in Berlin. Danach machte ich 2001 das Abitur und ging an die Universität...
...Após frequentar o fundamental fiz o Ensino Médio num colégio em Berlim. Em seguida fiz o exame do **Abitur** em 2001 e fui para a universidade...[1]

Emprega-se o imperfeito para falar de costumes e qualidades no passado:

Wir fuhren mit dem Schulbus jeden Morgen zur Schule.
Nós íamos de ônibus escolar toda manhã para escola.

Herr Müller konnte nicht fahren.
O sr. Müller não sabia dirigir.

1. Note que em português usamos o perfeito nesse caso.

Além disso, o imperfeito é muito usado na linguagem oral para os verbos **haben**, **sein** e os verbos **modais**.

Ich hatte keine Lust!
Estava sem vontade!

Sie war ganz klein noch.
Ela era bem pequena ainda.

Die Kinder wollten unbedingt auf die Achterbahn.
As crianças queriam ir a todo custo na montanha-russa.

6.6.1 Perfeito com que auxiliar: haben ou sein?

O perfeito forma-se com o presente de um dos auxiliares, **haben** ou **sein**, e o particípio do verbo principal. Como o perfeito é formado por duas partes, o auxiliar ocupa a posição dois do verbo principal e o particípio vai para o final da oração, formando assim uma chave na oração (**Satzklammer**).

Ihr habt wirklich Glück gehabt!
Vocês tiveram realmente sorte!

Hilde ist am Dienstag nach Salzburg gefahren.
Hilde foi para Salzburgo na terça-feira.

No caso de uma pergunta, sem pronome interrogativo, o auxiliar fica no início e o particípio no final:

Hast du einen Regenschirm genommen?
Você pegou um guarda-chuva?

Perfeito com auxiliar haben

VERBOS TRANSITIVOS, COM UM OBJETO ACUSATIVO

Erika hat eine Frage gestellt.
Erika fez uma pergunta.

Wir haben einen schönen Fotoausflug im Zentrum gemacht.
Nós fizemos uma bela excursão fotográfica pelo centro.

VERBOS REFLEXIVOS

Ihr habt euch gestern vor dem Kino getroffen.
Vocês se encontraram ontem diante do cinema.

Wir haben uns sehr über euren Besuch gefreut.
Nós ficamos muito felizes com a visita de vocês.

VERBOS SEM OBJETO ACUSATIVO E QUE NÃO INDIQUEM DESLOCAMENTO:

Die Ausstellung zu Picasso hat mir gut gefallen.
A exposição sobre Picasso me agradou bastante.

Wann hat der Kurs angefangen?
Quando começou o curso?

Perfeito com auxiliar sein

VERBOS QUE INDICAM UM DESLOCAMENTO:

Zum Skiurlaub sind wir in die Alpen gefahren.
Para as férias de esqui fomos para os Alpes.

Wann bist du angekommen?
Quando você chegou?

VERBOS QUE INDICAM UMA ALTERAÇÃO DE ESTADO:

Ich bin am 11. April geboren.
Nasci no dia 11 de abril.

Das Baby ist endlich eingeschlafen.
O bebê finalmente adormeceu.

Er ist wütend geworden.
Ele ficou furioso.

OS VERBOS SEIN, BLEIBEN E PASSIEREN

Wir sind im Zoo mit den Kindern gewesen.
Nós estivemos no zoológico com as crianças.

Tina und Claus sind nach dem Abendessen bis spät geblieben.
Tina e Claus ficaram até tarde após o jantar.

Was ist denn passiert?
O que foi que aconteceu?

6.6.2 Verbos regulares no imperfeito e perfeito

No imperfeito e no perfeito classificam-se os verbos em dois grupos: os regulares, também chamados fracos, e os irregulares, ditos fortes.

Os verbos regulares formam o imperfeito (**Präteritum**) em **-te-**, e no perfeito (**Perfekt**) o particípio termina em **-t.**

Imperfeito	haben	machen	warten	telefonieren
ich	hatte	machte	wartete	telefonierte
du	hattest	machtest	wartetest	telefoniertest
er/sie/es	hatte	machte	wartete	telefonierte
wir	hatten	machten	warteten	telefonierten
ihr	hattet	machtet	wartetet	telefoniertet
sie/Sie	hatten	machten	warteten	telefonierten
Particípio	gehabt	gemacht	gewartet	telefoniert

» Veja Guia de referência gramatical 11. Tabela de verbos regulares e irregulares para outros verbos.

6.6.3 Verbos irregulares no imperfeito e perfeito

Nos verbos irregulares a vogal do radical muda no imperfeito. No perfeito o particípio termina sempre em **-en.**

Imperfeito	sein	werden	gehen	fahren	treffen
ich	war	wurde	ging	fuhr	traf
du	warst	wurdest	gingst	fuhrst	trafst
er/sie/es	war	wurde	ging	fuhr	traf
wir	waren	wurden	gingen	fuhren	trafen
ihr	wart	wurdet	gingt	fuhrt	traft
sie/Sie	waren	wurden	gingen	fuhren	trafen
Particípio	gewesen	geworden	gegangen	gefahren	getroffen

» Veja Guia de referência gramatical 11. Tabela de verbos regulares e irregulares para outros verbos.

Observação: Há um pequeno grupo de verbos mistos, porém bastante usuais. São verbos regulares quanto à terminação porém irregulares em virtude da mudança de vogal no radical.

BRINGEN/BRACHTE/HAT GEBRACHT: **TRAZER**

Hast du das Buch gebracht?
Você trouxe o livro?

BRENNEN/BRANNTE/HAT GEBRANNT: **QUEIMAR**

Die Brennnesseln haben mich am Bein gebrannt.
As urtigas me queimaram a perna.

DENKEN/DACHTE/HAT GEDACHT: **PENSAR**

Habt ihr schon an einen Termin für unsere Party gedacht?
Vocês já pensaram numa data para a nossa festa?

KENNEN/KANNTE/HAT GEKANNT: **CONHECER**

Frau Schulze kannte die neuen Kinoeinrichtungen im Stadtzentrum noch nicht.
A sra. Schulze ainda não conhecia as novas instalações de cinema no centro da cidade.

RENNEN/RANNTE/HAT GERANNT: **CORRER**

Das Kind rannte glücklich im Park.
A criança corria feliz no parque.

SENDEN/SANDTE (SENDETE)/HAT GESANDT (GESENDET): **ENVIAR, EXPEDIR, TRANSMITIR**

Wir haben ein Weihnachtspäckchen an unsere Freunde in Stuttgart gesandt.
Nós enviamos um pacotinho de Natal a nossos amigos em Stuttgart.

WENDEN/WANDTE (WENDETE)/HAT GEWANDT (GEWENDET): **VIRAR**

Sie wandte schnell den Kostenvoranschlag, als ich hereinkam.
Ela virou rapidamente o orçamento, quando entrei.

WISSEN/WUSSTE (WUSSTE)/HAT GEWUSST (GEWUSST): **SABER**

Margarethe wusste schon, dass ihr Freund nicht kommen würde.
Margarethe já sabia que seu namorado não viria.

6.6.4 Formação do particípio de verbos não separáveis e separáveis

Particípio de verbos não separáveis

O particípio dos **verbos regulares** é formado por **ge- + radical + -t**:

fragen: ge-frag-t
machen: ge-mach-t
wohnen: ge-wohn-t

O particípio dos **verbos irregulares** é formado por **ge- + radical + -en**. O radical pode ser igual ao infinitivo ou irregular.

kommen: ge-komm-en
fahren: ge-fahr-en
nehmen: ge-nomm-en

Certos verbos (não separáveis), regulares ou irregulares, **não tem ge-** no início do particípio:

VERBOS TERMINADOS EM -IEREN: STUDIEREN, RESERVIEREN, TELEFONIEREN ETC.

Haben Sie schon ein Zimmer für mich in München reserviert?
O(A) sr.(a) já reservou um quarto para mim em Munique?

VERBOS QUE COMEÇAM COM: BE-, ENT-, EMP-, ER-, GE-, VER-, ZER-
BEGINNEN: **COMEÇAR**

Hast du den Informatikkurs schon begonnen?
Você já começou o curso de informática?

ENTDECKEN: **DESCOBRIR**

Wir haben neulich ein tolles Restaurant entdeckt!
Outro dia descobrimos um restaurante superlegal!

EMPFEHLEN: **RECOMENDAR**

Der Ober hat uns das Tagesmenü empfohlen.
O maître nos recomendou o prato do dia.

ERKENNEN: **RECONHECER**

Habt ihr Fridas Stimme nicht erkannt?
Vocês não reconheceram a voz da Frida?

GEWINNEN: **GANHAR**

Welches Pferd hat das letzte Deutsche Derby gewonnen?
Qual cavalo ganhou o último derby alemão?

VERSTEHEN: **ENTENDER**

Ich habe die Wegbeschreibung nicht gut verstanden, können Sie bitte wiederholen?
Eu não entendi bem a descrição do caminho, o sr. poderia repetir, por favor?

ZERSTÖREN: **DESTRUIR**

Die Überschwemmung hat viele Häuser zerstört.
A enchente destruiu muitas casas.

Particípio de verbos separáveis

No caso dos verbos separáveis (regulares ou irregulares) o **ge-** encaixa-se entre a partícula separável e o verbo: **partícula separável + ge + radical + -en/-t:**

aufmachen: auf-ge-mach-t
ankommen: an-ge-komm-en
zurückfahren: zurück-ge-fahr-en

AUFMACHEN/MACHTE... AUF/HAT AUFGEMACHT: **ABRIR**

Zuerst hat Gisela ihre Post aufgemacht.
Primeiro Gisela abriu sua correspondência.

ANKOMMEN/KAM... AN/IST ANGEKOMMEN: **CHEGAR**

Wann sind Sie angekommen?
Quando o(a) sr.(a) chegou?

6.6.5 Imperfeito dos verbos modais

Os verbos modais no passado são geralmente usados no imperfeito. O imperfeito forma-se com **-te** e os modais com trema no infinitivo o perdem no imperfeito. O modal "**möchten**" não é usado no imperfeito, pois neste tempo perde sua condição de verbo modal.

Imperfeito	dürfen	können	müssen	sollen	wollen
ich	durfte	konnte	musste	sollte	wollte
du	durftest	konntest	musstest	solltest	wolltest
er/sie/es	durfte	konnte	musste	sollte	wollte
wir	durften	konnten	mussten	sollten	wollten
ihr	durftet	konntet	musstet	solltet	wolltet
sie/Sie	durften	konnten	mussten	sollten	wollten

» Veja Anexo 6: Modos e tempos em alemão e português.

6.7 O Futuro

Para expressar o futuro em alemão usa-se o presente e uma indicação de tempo.

Wir verreisen nächsten Monat nach Österreich.
Viajamos no próximo mês para a Áustria.

Morgen komme ich bei dir vorbei.
Amanhã dou uma passada na sua casa.

O tempo futuro em alemão tem outra função: expressar uma suposição, algo incerto no futuro. Nesse caso usa-se o auxiliar **werden** com infinitivo. O auxiliar **werden** assume caráter de verbo modal para expressar uma subjetividade que pode ser reforçada por palavras como **wohl** ("vai ver que"), **vielleicht** (talvez), **wahrscheinlich** (provavelmente).

Er wird sich wohl verspätet haben.
Vai ver que ele se atrasou.

Das schöne Wetter wird wahrscheinlich bis morgen anhalten.
O tempo bom vai provavelmente perdurar até amanhã.

A combinação de **werden** + infinitivo também expressa impaciência ou uma ameaça:

Wann wirst du endlich dein Zimmer aufräumen?
Quando é que você vai arrumar seu quarto?

Du wirst jetzt hier bleiben und auf deinen Bruder warten!
Agora você vai ficar aqui e esperar por seu irmão!

6.8 O modo conjuntivo - Konjunktiv

» Veja Anexo 6: Modos e tempos em alemão e português.
O conjuntivo é um modo que não corresponde a nenhum modo específico em português. Distinguem-se dois tempos de conjuntivo:
» -o conjuntivo I usado especificamente para o discurso indireto, para a transmissão de opiniões ou falas alheias.
» -o conjuntivo II que serve para expressar algo irreal, um desejo, uma hipótese. Em português usamos o modo subjuntivo, como veremos nos exemplos.

6.8.1 Conjuntivo I - Konjunktiv I

É usado principalmente na forma escrita em textos jornalísticos ou científicos para reproduzir afirmações e opiniões de outra pessoa. Em português usam-se os tempos do indicativo para o discurso indireto.

Der Minister behauptete, es gebe noch keine konkrete Ergebnisse.
O ministro afirmou que ainda não havia resultados concretos.

Der Wissenschaftler erklärte, dass weitere Forschungen nötig seien.
O cientista declarou que seriam necessárias mais pesquisas.

Para formar o conjuntivo I usa-se o radical do infinitivo e acrescentam-se as terminações indicadas na tabela abaixo. Logo notamos que para a 1ª pessoa do singular e do plural e a 3ª do plural as formas são idênticas ao presente do indicativo.

Conjuntivo I	Radical do infinitivo + Terminações conjuntivo I	Presente do indicativo
ich	frag e[1]	frag e[1]
du	frag est	frag st
er/sie/es	frag e	frag t
wir	frag en[1]	frag en[1]
ihr	frag et	frag t
sie/Sie	frag en[1]	frag en[1]

[1] Para estas pessoas usa-se o conjuntivo II.

Die Spieler sagten, dass sie nichts gewusst haben. (forma igual ao perfeito do indicativo)
Die Spieler sagten, dass sie nichts gewusst hätten. (forma com conjuntivo II)
Os jogadores disseram que não sabiam de nada.

6.8.2 Conjuntivo II - Kojunktiv II

O conjuntivo II tem dois tempos: presente e passado. Para formar o presente usa-se o radical do imperfeito do indicativo e acrescentam-se as mesmas terminações vistas acima para o conjuntivo I. No caso dos verbos regulares não há diferença de forma entre o presente do conjuntivo II e o imperfeito do indicativo. Os verbos irregulares distinguem-se do imperfeito seja pela terminação seja pelo acréscimo de um trema nas vogais **a**, **o** e **u**. Observe a tabela abaixo:

Conjuntivo II presente	Verbo regular fragen	Verbo irregular bleiben	Verbo irregular fliegen	Verbo irregular haben	Verbo irregular sein	Verbo irregular werden
ich	fragt e	blieb e	flög e	hätt e	wär e	würd e
du	fragt est	blieb est	flög est	hätt est	wär (e)st	würd est
er/sie/es	fragt e	blieb e	flög e	hätt e	wär e	würd e
wir	fragt en	blieb en	flög en	hätt en	wär en	würd en
ihr	fragt et	blieb et	flög et	hätt et	wär et	würd et
sie/Sie	fragt en	blieb en	flög en	hätt en	wär en	würd en

Os verbos modais seguem as mesmas regras, apenas **sollen** e **wollen** não recebem trema no conjuntivo II e portanto permanecem idênticos ao imperfeito do indicativo.

No caso dos verbos regulares, em que não há diferença entre o conjuntivo II e o imperfeito do indicativo, usa-se o auxiliar **werden** no conjuntivo II e o verbo principal no infinitivo.

Ich würde den Geschäftsführer zuerst fragen.
Eu primeiro perguntaria ao diretor.

Exceto as formas de **haben, sein** e dos modais as formas dos verbos irregulares são frequentemente substituídas pela forma **würde + infinitivo**:

Es wäre besser, wenn er im Hotel bliebe.
Es wäre besser, wenn er im Hotel bleiben würde.
Seria melhor se ele ficasse no hotel.

O passado do conjuntivo II forma-se com os auxiliares haben e sein no conjuntivo II e o particípio do verbo.

Es wäre besser gewesen, wenn wir den Geschäftsführer zuerst gefragt hätten.
Teria sido melhor se nós tivéssemos primeiro perguntado ao diretor.

Wir wären gestern Abend in München angekommen, wenn die Fluglotsen nicht gestreikt hätten.
Nós teríamos chegado a Munique ontem à noite se os controladores não tivessem feito greve.

Além do uso para o discurso indireto, o conjuntivo II tem várias aplicações das quais veremos algumas.

EXPRESSA DESEJOS DIFICILMENTE REALIZÁVEIS OU MESMO IRREALIZÁVEIS:

Wäre ich doch nur am Strand in der Sonne geblieben!
Ah!, se eu ao menos tivesse ficado na praia tomando sol! (Pretérito mais-que-perfeito composto do subjuntivo)

Wenn ich doch nur von der Stelle verschwinden könnte!
Ah, se pudesse desaparecer do mapa! (Pretérito imperfeito do subjuntivo)

EMPREGA-SE EM FRASES HIPOTÉTICAS E CONDICIONAIS:

Wenn er Zeit gehabt hätte, wäre er nach Frankfurt gekommen.
Se ele tivesse tido tempo, ele teria vindo a Frankfurt. (Pretérito mais-que-perfeito composto do subjuntivo/futuro do pretérito do indicativo)

Wenn wir ganz früh abfahren würden, hätten wir einen schönen langen Tag am Strand.
Se nós viajássemos bem cedo, teríamos um dia bem longo na praia. (Pretérito imperfeito do subjuntivo/futuro do pretérito do indicativo)

Würden Sie das tun?/Hätten Sie das getan?
Você faria isso?/Você teria feito isso? (Futuro do pretérito simples/Futuro do pretérito composto do indicativo)

Er tut so, als ob er uns nicht kennen würde.
Ele está agindo como se não nos conhecesse. (Pretérito imperfeito do subjuntivo)

Er spricht so laut, als ob er Reporter wäre.
Ele fala tão alto como se fosse repórter. (Pretérito imperfeito do subjuntivo)

PARA FAZER UM PEDIDO EDUCADO EM FORMA DE PERGUNTA:

Würden Sie mir bitte einen Augenblick helfen?
O(A) sr.(a) poderia me ajudar um instante?

Könnten Sie mir vielleicht sagen, wo ich ein Taxi bekomme?
O(A) sr.(a) talvez possa me dizer onde posso conseguir um táxi?

PARA EXPRESSAR UMA SUPOSIÇÃO CUIDADOSA USA-SE O MODAL DÜRFEN:

Zum Mittagessen dürfte es zu spät sein.
Para almoçar deve ser tarde demais.

Hedwig dürfte Mitte dreißig sein.
Hedwig deve ter uns 35 anos.

6.9 Voz passiva
Forma-se a voz passiva com o auxiliar **werden** e o particípio do verbo principal. Há quatro tempos. Observe abaixo as três primeiras pessoas do singular (para as do plural basta colocar o auxiliar na forma correspondente):

Voz Passiva	Presente	Imperfeito	Perfeito[1]	Mais-que-perfeito[1]
ich	werde abgeholt	wurde abgeholt	bin abgeholt worden	war abgeholt worden
du	wirst abgeholt	wurdest abgeholt	bist abgeholt worden	warst abgeholt worden
er/sie/es	wird abgeholt	wurde abgeholt	ist abgeholt worden	war abgeholt worden

[1] Nestes dois tempos usa-se "**worden**" ao invés do particípio **geworden**, de werden.

O passivo é usual na descrição de processos ou de ações em que o sujeito da ação não é relevante.

Das Museum wird täglich um 9 Uhr geöffnet.
O museu é aberto diariamente às 9 horas.

Morgen wird der Berliner Mauerfall gefeiert.
Amanhã comemora-se a queda do muro de Berlim.

Letzte Woche wurde mir das so erklärt.
Na semana passada me explicaram isto assim.

Um 12 Uhr wird eine Mittagspause gemacht.
Às 12 horas faz-se um intervalo para almoço.

Jetzt wird gearbeitet.
Agora é hora de trabalhar.

7. A negação: kein - nicht

7.1 kein
O "kein" é um artigo negativo, que é declinado como o artigo indefinido. Ele nega apenas substantivos.

Es gibt keinen Kafee mehr.
Não há mais café.

Das Hotel hat kein Zimmer frei.
O hotel não tem quarto livre.

Hast du einen Kuli bitte? – Nein, ich habe keinen.
Você tem uma caneta por favor? - Não, não tenho.

7.2 nicht
O "nicht" nega uma frase ou parte dela.

Quando a forma verbal for simples (presente) o **nicht** fica no final da frase.

Ich verstehe das nicht.
Eu não entendo isso.

Quando a forma verbal for composta (perfeito, com modal, etc.) o **nicht** fica antes do último verbo.

Ich habe das nicht verstanden.
Eu não entendi isso.

Hier darf man nicht parken.
Aqui não se pode estacionar.

Quando um advérbio for negado o **nicht** o antecede.

Wir gehen nicht gern ins Theater.
Não gostamos de ir ao teatro.

Sie kann nicht gut schwimmen.
Ela não sabe nadar bem.

Das Auto fährt nicht schnell.
O carro não anda rápido.

7.3 **Respostas:** ja – nein – doch

Perguntas sem pronome interrogativo podem ser respondidas por **ja**, **nein** ou **doch**. Nesse tipo de interrogação o verbo sempre está no início da pergunta.

A uma pergunta positiva pode-se responder por **ja** (sim) ou **nein** (não). Veja:

Habt ihr Eintrittskarten für das Spiel morgen?
Vocês têm entradas para o jogo de amanhã?

Ja, wir haben sie schon./- Nein, leider haben wir sie noch nicht.
Sim, nós já as temos./- Não, nós ainda não as temos infelizmente.

A uma pergunta negativa pode-se responder por **doch** (sim) ou **nein** (não). Veja:

Habt ihr keine Eintrittskarten für das Spiel morgen?
Vocês não têm entradas para o jogo de amanhã?

Doch, wir haben sie schon./Nein, leider haben wir sie noch nicht.
Sim, nós já as temos./Não, nós ainda não as temos infelizmente.

7.4 Outras formas de negação

NIE: **NUNCA**

Ich war noch nie in Dresden.
Eu ainda nunca estive em Dresden.

NOCH – NICHT MEHR: **AINDA – NÃO... MAIS**

Kommt Utte heute noch? – Nein, heute kommt sie nicht mehr.
A Utte ainda vem hoje? – Não, hoje ela não virá mais.

SCHON – NOCH NICHT: **JÁ – AINDA NÃO**

Seid ihr schon fertig? – Nein, noch nicht!
Vocês já estão prontos? – Não, ainda não!

SCHON ALLES – NOCH NICHTS: **JÁ... TUDO – AINDA NADA**

Habt ihr schon alles erledigt? – Nein, noch nichts!
Vocês já resolveram tudo? – Não, nada ainda!

NICHTS: **NADA**

Da kann man nichts machen.
Neste caso não se pode fazer nada.

8. Pronomes interrogativos

Os pronomes interrogativos em alemão começam todos por "**w**" e por isso são chamados de **W-Wörter** (palavras com w). Os pronomes interrogativos iniciam a pergunta e são seguidos pelo verbo na segunda posição da frase.

UM WIE VIEL UHR: **A QUE HORAS**

Um wie viel Uhr sollen wir ankommen?
A que horas devemos chegar?

WANN: **QUANDO**

Wann kommt der Zug an?
Quando chega o trem?

WARUM: **POR QUE**

Warum ist Hannah nicht gekommen?
Por que a Hannah não veio?

Was ist passiert?
O que aconteceu?

Was bekommen Sie? (no restaurante)
O que o(a) sr.(a) pediu?

WAS FÜR EIN-: QUE TIPO DE (PARA QUALIDADE, CARACTERÍSTICA OU NATUREZA DE ALGO)

Declina-se o artigo **ein** conforme o gênero, o número do substantivo e o caso que o verbo exigir.

Was für einen Film haben Sie lieber?
Que tipo de filme o(a) sr.(a) prefere?

Was für eine Stelle ist frei?
Que tipo de vaga está disponível?

In was für einem Hotel wohnen Sie?
Em que tipo de hotel o(a) sr.(a) está hospedado?

Was für Brillen möchten Sie? (plural sem ein)
Que tipo de óculos o(a) sr.(a) deseja?

WELCH-: QUAL

Declina-se **welch-** conforme o gênero, o número e o caso.

Welches Kleid nehmen Sie?
Qual vestido o(a) sr.(a) vai levar?

Welchen Wein wünschen Sie?
Qual vinho o(a) sr.(a) deseja?

Welche Wohnung gefällt dir am besten?
Qual moradia lhe agrada mais?

Welche Größe tragen Sie?
Qual tamanho o(a) sr.(a) usa?

WER – WEN – WEM: QUEM

Para a pergunta quem há três formas em alemão: **Wer** para o nominativo, **Wen** para o acusativo e **Wem** para o dativo.

Wer ist da?
Quem está aí?

Wen hast du gestern besucht?
Quem você visitou ontem?

Wem schenkst du die CD?
Para quem você vai dar o CD de presente?

WIE: **COMO**

Wie heißen Sie?
Como o(a) sr.(a) se chama?

Wie war noch Ihr Name?
Como é mesmo seu nome?

WIE ALT: **QUE IDADE**

Wie alt bist du? – Ich bin 17 Jahre alt.
Que idade você tem? – Eu tenho 17 anos.

WIE GROβ: **QUE TAMANHO, QUAL ALTURA (PARA PESSOAS)**

Wie groß ist die Wohnung?
Que tamanho tem a moradia?

Wie groß sind Sie? – Ich bin 1,75 m groß.
Qual é sua altura? – Eu tenho 1,75 m.

WIE HOCH: **QUAL ALTURA (NÃO SE USA PARA PESSOAS)**

Wie hoch ist der Turm? – Der Turm ist 150 m hoch.
Qual é a altura da torre? – A torre tem 150 m de altura.

WIE LANGE: **QUANTO TEMPO**

Wie lange brauchen Sie noch?
Quanto tempo o(a) sr.(a) ainda vai levar/precisa?

Wie lange dauert die Reise?
Quanto tempo leva a viagem?

WIE OFT: **COM QUE FREQUÊNCIA**

Wie oft treibst du Sport in der Woche?
Com que frequência você pratica esporte na semana?

WIE SPÄT IST ES?: QUE HORAS SÃO?

Entschuldigen Sie bitte, wie spät ist es?
Com licença, que horas são?

WIE VIEL – WIE VIELE: QUANTO – QUANTOS

Wie viel kostet das?
Quanto custa isso?

Wie viel Zeit haben wir noch?
Quanto tempo ainda temos?

Wie viele Teilnehmer sind angemeldet?
Quantos participantes estão inscritos?

WIE WEIT IST ES?: QUANTO FALTA/QUAL A DISTÂNCIA PARA/ATÉ...

Wie weit ist es noch bis zum Flughafen?
Quanto falta ainda para o aeroporto?

WO – WOHER – WOHIN: ONDE – DE ONDE – PARA ONDE

Wo sind denn meine Brillen?
Onde é que estão meus óculos?

Woher kommen Sie?
De onde o(a) sr.(a) vem?

Wohin fahren Sie?
Para onde o(a) sr.(a) está indo?

9. Preposições

As preposições em alemão são classificadas de acordo com o caso que regem. Segue uma apresentação sumária das principais preposições por caso:

Preposições + Acusativo	Preposições + Dativo	Preposições + Genitivo	Preposições local + Acusativo ou Dativo
bis (até)	**ab** (a partir de)	**angesichts** (diante de)	**an** (ao lado de)
durch (através, por)	**aus** (de)	**außerhalb** (fora de)	**auf** (sobre)
für (para)	**außer** (exceto, salvo)	**infolge** (em consequência de)	**hinter** (atrás)

gegen (contra, por volta de)	bei (junto a, ao + infinitivo, na casa de, na empresa etc.)	innerhalb (dentro de)	in (em)
ohne (sem)	gegenüber (em frente, frente a frente)	trotz (apesar de)	neben (ao lado de)
um (ao redor, às + horas)	mit (com)	während (durante)	über (acima)
	nach (para) seit (desde, há) von (de) zu (para, em)	wegen (por causa de)	unter (abaixo, sob) vor (diante) zwischen (entre)

Destacam-se três preposições muito comuns que não são empregadas nem espacial nem temporalmente:

FÜR: **PARA (SEMPRE SEGUIDA DE ACUSATIVO)**

Das Päckchen ist für dich.
O pacotinho é para você.

OHNE: **SEM (SEMPRE SEGUIDA DE ACUSATIVO)**

Wir machen den Spaziergang ohne ihn.
Nós fazemos o passeio sem ele.

MIT: **COM (SEMPRE SEGUIDA DE DATIVO)**

Nina fährt mit meinen Freunden in Urlaub.
Nina sai de férias com meus amigos.

A seguir são apresentadas as preposições no seu uso **espacial** (9.1) e **temporal** (9.2) de forma detalhada. Estas mesmas preposições podem ser usadas em outros contextos conforme a regência do verbo.

9.1 Preposições de lugar

9.1.1 Preposições de lugar com acusativo

BIS: ATÉ

Bis München sind es noch 100 Kilometer.
Até Munique ainda são cem quilômetros.

DURCH: **POR, ATRAVÉS**

Wir sind durch den Park gelaufen.
Andamos pelo parque.

Seite an Seite schauten sie durch das Fenster, wie der Schnee fiel.
Lado a lado eles olhavam através da janela como a neve caía.

ENTLANG: **AO LONGO DE**

Sie fuhren die Hauptstraße entlang bis zur Tankstelle.
Eles andaram de carro ao longo da rua principal até o posto de gasolina.

Das Ehepaar spazierte ruhig am See entlang.
O casal passeava tranquilo ao longo do lago.

GEGEN: **CONTRA**

Das Auto fuhr gegen den Pfosten.
O carro bateu contra o poste.

UM... (HERUM): **AO REDOR DE, EM VOLTA DE**

Alle Teilnehmer saßen um den ovalen Sitzungstisch (herum).
Todos os participantes estavam sentados em volta do mesa de reuniões oval.

Um die Altstadt herum gab es früher eine Schutzmauer.
Em volta da cidade velha havia antigamente uma muralha.

9.1.2 Preposições de lugar com dativo

AB: **A PARTIR DE**

Wir sind ab dem Aussichtsturm gelaufen.
Nós andamos a partir do mirante.

AUS: **DE**

Er nahm das Bier aus dem Kühlschrank.
Ele pegou a cerveja da geladeira.

Die Kinder kommen aus der Schule um 12 Uhr.
As crianças saem da escola às 12 horas.

Wir kommen aus Brasilien.
Nós somos do Brasil.

BEI: JUNTO A, PERTO DE, NA FIRMA, NA CASA DE, NO CONSULTÓRIO DE

Potsdam liegt bei Berlin.
Potsdam fica perto de Berlim.

Mein Freund arbeitet bei Freundenberg.
Meu amigo trabalha na Freundenberg.

Seit einer Woche wohne ich bei meiner Tante in Frankfurt.
Há uma semana estou morando na casa da minha tia em Frankfurt.

Gestern war ich beim Zahnarzt.
Ontem estive no consultório do dentista.

Beim Fahren hört Mathilde laute Musik.
Ao dirigir Mathilde ouve música em volume alto.

GEGENÜBER: EM FRENTE, FRENTE A FRENTE (DO LADO OPOSTO)

Gegenüber dem Bahnhof liegt eine Bäckerei.
Em frente à estação de trem fica uma padaria.

Während des Abendessens saßen wir uns gegenüber.
Durante o jantar sentamos frente a frente.

NACH: PARA

Übermorgen fahren wir nach Österreich.
Depois de amanhã partimos para a Áustria.

Der Kompass zeigt immer nach Norden.
A bússola mostra sempre para o Norte.

An der Ecke biegen Sie nach links ab.
Na esquina dobre para a esquerda.

VON: DE

Wir sind gerade von den Vereinigten Staaten zurückgekommen.
Nós acabamos de voltar dos Estados Unidos.

Meistens geht Herr Wegner von der Arbeit nach Hause zu Fuß.
Na maioria das vezes o sr. Wegner volta a pé do trabalho para casa.

Zu Ostern fährt Erich zu seinen Eltern.
Na Páscoa Erich vai para casa dos seus pais.

Ich muss noch zur Bank Geld abheben.
Preciso ainda passar no banco para retirar dinheiro.

BIS ZU: **ATÉ (QUANDO BIS É SEGUIDO DE ZU SEGUE-SE O DATIVO)**

Wir fahren bis zum Ende der Linie 4.
Nós vamos até o final da linha 4.

Bis zur Universität fahren wir zusammen.
Até a universidade vamos juntos de carro.

Bis zur nächsten Ecke sind es nur ein paar Meter.
Até a próxima esquina são apenas alguns metros.

9.1.3 Preposições de lugar com acusativo ou dativo (mistas)

Essas preposições dependem da regência do verbo que acompanham. Se for um verbo de movimento ou deslocamento (pergunta: **Wohin**) usa-se acusativo; se for um verbo estático (pergunta: **Wo**) usa-se dativo. Observe o uso duplo das preposições nas tabelas a seguir, nas quais os exemplos encontram-se justapostos para evidenciar a duplicidade de uso.

AN: **AO LADO DE, PEGADO A, JUNTO A, A**

Wohin? → Acusativo	Wo? → Dativo
Wohin fahrt ihr morgen?	**Wo möchtest du am liebsten sitzen?**
– An den Bodensee.	**– Am runden Tisch dort. (an + dem = am)**
Para onde vocês vão amanhã?	Onde você prefere sentar?
– Ao Bodensee.	– Lá, à mesa redonda.
Wohin soll ich das Sofa stellen?	**Wo ist das Sekretariat ?**
– Da, ans Fenster, bitte.	**– An der nächsten Tür.**
Onde devo colocar o sofá?	Onde é a secretaria?
– Aí, junto à janela, por favor.	– Na próxima porta.
Wohin soll ich den Mantel hängen[1]?	**Wo hängt[1] denn noch mein Regenschirm?**
– Häng ihn bitte an die Garderobenleiste.	**– An der Garderobenleiste, wie immer!**
Onde devo pendurar o sobretudo?	Onde é que está pendurado meu guarda-chuva?
– Pendure-o nos ganchos do cabideiro.	– No cabideiro, como sempre!

[1] Observe que o verbo **hängen** (pendurar) pode ser usado dos dois modos, conforme a ação envolver um movimento ou não e há duas formas de imperfeito e particípio

» Veja Guia de referência gramatical 11. Tabela de verbos regulares e irregulares.

AUF: SOBRE, EM CIMA DE, EM

Wohin? → Acusativo	Wo? → Dativo
Wohin klettern die Kinder?	Wo spielen die Kinder?
– Auf den Aussichtsturm.	– Auf dem Hof.
Para onde as crianças estão subindo?	Onde as crianças estão brincando?
– No mirante.	– No pátio.
Wohin soll ich die Tasche stellen[1]?	Wo steht[1] denn mein Aktenkoffer?
– Aufs Bett, bitte. (auf + das = aufs)	– Auf dem Stuhl.
Onde devo colocar a bolsa?	Onde é que está a minha pasta?
– Sobre a cama, por favor.	– Em cima da cadeira.
Wohin fahren wir morgen?	Wo verbringst du deinen Urlaub?
– Auf die Insel[2] Helgoland.	– Auf der Insel[2] Helgoland!
Para onde vamos amanhã?	Onde você vai passar suas férias?
– Para a ilha de Helgoland.	– Na ilha de Helgoland!

[1] **stellen** e **stehen** significam ser colocado ou estar na vertical respectivamente, por isso o primeiro é com acusativo e o segundo com dativo.
[2] para ilhas (**die Insel**) emprega-se sempre a preposição **auf**.

HINTER: ATRÁS DE

Wohin? → Acusativo	Wo? → Dativo
Wohin laufen die Kinder?	Wo sind die Kinder?
– Hinter die Büschen.	– Hinter den Büschen.
Para onde as crianças estão correndo?	Onde estão as crianças?
– Para trás dos arbustos.	– Atrás dos arbustos.
Wohin soll ich die Zeitschriften legen[1]?	Wo liegen[1] die Zeitschriften?
– Hinter die Tischleuchte, bitte.	– Hinter der Tischleuchte.
Onde devo colocar as revistas?	Onde estão as revistas?
– Atrás do abajur, por favor.	– Atrás do abajur.

[1] **legen** e **liegen** significam ser colocado ou estar na horizontal respectivamente, por isso o primeiro é com acusativo e o segundo com dativo.

IN: PARA/PARA DENTRO, EM

Wohin? → Acusativo	Wo? → Dativo
Wohin gehen die Kinder? - In die Bäckerei. Para onde vão as crianças? - Para (dentro d) a padaria.	Wo sind die Kinder? - In der Bäckerei. Onde estão as crianças? - Na padaria.
Wohin fliegen Sie? - In die Schweiz. Para onde o(a) sr.(a) está voando? - Para a Suíça.	Wo wohnen Sie? - In der Schweiz. Onde o(a) sr.(a) mora? - Na Suíça.
Wohin soll ich mich setzen[1]? - In den bequemen Sessel! Onde devo sentar-me? - Na poltrona confortável!	Wo sitzt[1] die Katze? - Im bequemen Sessel, natürlich! Onde está sentada a gata? - Na poltrona confortável, naturalmente!

[1] sich setzen e sitzen significam sentar-se ou estar sentado respectivamente, por isso o primeiro é com acusativo e o segundo com dativo.

NEBEN: AO LADO

Wohin? → Acusativo	Wo? → Dativo
Wohin ziehst du um? - Neben den Park. Para onde você está se mudando? - Ao lado do parque.	Wo treffen wir uns am besten? - Neben dem Springbrunnen. Onde é melhor nós nos encontrarmos? - Ao lado da fonte.
Wohin räume ich die Schuhe auf? - Neben die Tür, bitte. Onde devo guardar os sapatos? - Do lado da porta, por favor.	Wo finde ich hier ein Fotogeschäft? - Neben dem Kaufhaus. Onde encontro uma loja de material fotográfico? - Ao lado da loja de departamento.

ÜBER: POR CIMA, ACIMA/EM CIMA, SOBRE

Wohin? → Acusativo	Wo? → Dativo
Wohin werfen die Kinder den Ball? - Über den Zaun. Para onde as crianças jogam a bola? - Por cima da cerca.	Wo hängen die Topflappen? - Über dem Elektroherd! Onde estão pendurados os pegadores de panela? - Acima do fogão!
Wohin fliegen die Vögel? - Über den hohen Baum. Para onde voam os pássaros? - Por cima da árvore alta.	Wo ist die Zuckerdose? - Im Regal über dem Salz. Onde está o pote de açúcar? - Na prateleira sobre o sal.

UNTER: PARA BAIXO DE, EMBAIXO, SOB

Wohin? → Acusativo	Wo? → Dativo
Wohin tauchen die Kinder? - Unter das Wasser. Aonde as crianças mergulham? - Para baixo da água.	Wo sind meine Haustürschlüssel? - Unter den Handschuhen! Onde estão minhas chaves de casa? - Sob as luvas!
Wohin legte sie das Reiseprospekt? - Unter ihre Tasche. Onde ela colocou o prospecto de viagem? - Em baixo de sua bolsa.	Wo ist der Elbtunnel? - Unter der Elbe in Hamburg. Onde está o túnel do rio Elba? - Sob o rio Elba em Hamburgo.

VOR: DIANTE DE, EM FRENTE DE

Wohin? → Acusativo	Wo? → Dativo
Wohin stellen sich die Fußballfans? - Vor das Eingangstor. Onde se colocam os torcedores de futebol? - Diante do portão.	Wo hält der Bus? - Vor dem Rathaus. Onde para o ônibus? - Na frente da prefeitura.
Wohin bauen wir unser Stand auf? - Vor das Denkmal. Onde vamos montar nosso estande? - Diante do monumento.	Wo ist die Haltestelle? - Vor der Apotheke. Onde é o ponto de ônibus? - Em frente à farmácia.

Wohin? → Acusativo	Wo? → Dativo
Wohin stelle ich die Obstplatte?	**Wo liegt die Deutsche Bank?**
- Zwischen den Saft und das Müsli.	**- Zwischen der Apotheke und dem**
Onde coloco a travessa com frutas?	**Geschäft.**
- Entre o suco e a granola.	Onde fica a Deutsche Bank?
	- Entre a farmácia e a loja.
Wohin kommen die Blumen?	**Wo steht Andy?**
- Zwischen die Kerzenständer.	**- Zwischen Anton und Jonathan.**
Onde vão as flores?	Onde está Andy?
- Entre os castiçais.	- Entre Anton e Jonathan.

9.2. **Preposições de tempo**

9.2.1 **Preposições de tempo com acusativo**

BIS: **ATÉ**

Bis Dienstag brauche ich eine Antwort.
Preciso de uma resposta até terça-feira.

Bis April wird eine Entscheidung getroffen.
Até abril uma decisão será tomada.

Tschüss, bis später/nachher/bald/morgen!
Tchau, até mais tarde/depois/breve/amanhã!

Bis nächsten Mittwoch!/Bis nächstes Mal!/Bis nächste Woche!
Até a próxima quarta!/Até a próxima vez!/Até a próxima semana!

BIS ZU: **ATÉ (QUANDO BIS ESTIVER ACOMPANHADO DE ZU SEGUE DATIVO)**

Bis zum nächsten Treffen!
Até o próximo encontro!

Bis zum Ende...
Até o final...

Bis zum Abend...
Até (hoje) à noite...

Sie kommen gegen 4 Uhr an.
Eles chegam por volta das quatro horas.

Er ist gegen abends zurückgekommen.
Ele voltou quando estava anoitecendo.

ÜBER: **MAIS DE, POR, DURANTE**

Er ist sicher über 25 Jahre alt.
Ele certamente tem mais de 25 anos.

Er ist bei uns übers Wochenende geblieben.
Ele ficou conosco durante o fim de semana.

Den ganzen August über bleiben wir am Strand.
Durante o mês de agosto todo ficamos na praia.

Outro uso: mais de (quantidade)
Die Reparatur des Autos hat mich über 100 Euro gekostet.
O conserto do carro me custou mais de cem euros.

UM + UHRZEIT: **ÀS + HORAS**

Sie kommen um 20 Uhr an.
Eles chegam às 20 horas.

9.2.2 Preposições de tempo com dativo

AB: **A PARTIR DE**

Ab wann sind Sie in Würzburg?
A partir de quando o(a) sr.(a) está em Würzburg?

Ab Mittwoch können Sie mich im Intercontinental erreichen.
A partir de quarta-feira o(a) sr.(a) pode me encontrar no Intercontinental.

AN: **EM, A**

Am 15. Januar haben wir eine wichtige Besprechung.
No dia 15 de janeiro temos uma reunião importante.

Am Donnerstag gehe ich mit meinen Freunden in die Kneipe.
Na quinta-feira vou com meus amigos a um barzinho.

Am Wochenende spiele ich immer Tennis am Nachmittag.
No final de semana sempre jogo tênis à tarde.

BEI: AO (ALGO QUE ACONTECE AO MESMO TEMPO)

Beim Aussteigen vom Bus bin ich im Schnee ausgerutscht.
Ao descer do ônibus eu escorreguei na neve.

Beim Fahren hört Hans immer gern die Nachrichten.
Ao dirigir Hans gosta de ouvir as notícias.

IN: EM, DENTRO DE

Im Jahre 1989 ist die Berliner Mauer gefallen.
No ano de 1989 caiu o muro de Berlim.

mas:
1989 ist die Berliner Mauer gefallen. (não se usa preposição antes do ano)
Em 1989 o muro de Berlim caiu.

In zwei Jahren möchte ich eine Weltreise unternehmen.
Dentro de dois anos gostaria de empreender uma volta ao mundo.

In den ersten Wochen habe ich viele neue Eindrücke vom Land gewonnen.
Nas primeiras semanas tive muitas percepções novas do país.

NACH: APÓS

Nach einer Stunde Wartezeit wurde ich endlich ins Büro gerufen.
Após uma hora de espera fui finalmente chamada no escritório.

Freie Termine gibt es erst nach dem 20. Februar.
Há novos horários só após o dia 20 de fevereiro.

Nach einem Monat kamen sie vom Urlaub in Spanien zurück.
Após um mês eles voltaram das férias na Espanha.

SEIT: DESDE

Seit wann seid ihr da?
Desde quando vocês estão aqui?

Wir kennen uns seit dem 20. Juni 2008.
Nós nos conhecemos desde o dia 20 de junho de 2008.

VON... BIS: D... ATÉ/A

Von Mittwoch bis Freitag bin ich auf der Frankfurter Buchmesse.
De quarta até sexta estou na Feira de Livros de Frankfurt.

Von 2001 bis 2003 lebte Gregor in Kanada.
De 2001 a 2003 Gregor viveu no Canadá.

Das Geschäft ist von 12 bis 14 Uhr geschlossen.
A loja está fechada das 12 às 14 horas.

VOR: ANTES DE, HÁ

Vor Juni möchte ich noch eine neue Stelle finden.
Antes de junho ainda gostaria de achar um novo emprego.

Vor 5 Jahren waren wir in Urlaub in Chili.
Há 5 anos estivemos de férias no Chile.

Ich komme sicher nicht vor 19 Uhr an.
Eu não chego com certeza antes das 19 horas.

Vor den 80er (achtziger) Jahren gab es kaum Personal Computer.
Antes dos anos 80 quase não havia computadores pessoais.

ZU: PARA, EM

Zu Ostern besuchen wir euch.
Na Páscoa vamos visitá-los.

Zu meinem Geburtstag wünsche ich mir eine schöne Party mit meinen Freunden.
Para o meu aniversário desejo uma bela festa com meus amigos.

Zum Frühstück essen wir Brot mit Butter und Marmelade und trinken Milchkaffee.
No café da manhã comemos pão com manteiga e geleia e tomamos café com leite.

ZWISCHEN... UND...: ENTRE... E...

In Deutschland wird zwischen Weihnachten und Neujahr in vielen Firmen nicht gearbeitet.
Na Alemanha não se trabalha em muitas firmas entre Natal e Ano Novo.

Zwischen 12 und 14 Uhr hat Herr Hintner ein Geschäftsmittagessen.
Entre 12 e 14 horas o sr. Hintner tem um almoço de negócios.

Zwischen dem 15. und dem 25. Mai ist Herr Brockmeier auf Reisen.
Entre o dia 15 e o dia 25 de maio o sr. Brockmeier está viajando.

WÄHREND: DURANTE – COMO PREPOSIÇÃO DE TEMPO É SEGUIDA DE GENITIVO E É USADA PARA PERÍODOS DO DIA, FESTAS OU EVENTOS: WÄHREND DES ABENDESSENS (DURANTE O JANTAR), WÄHREND DER PARTY (DURANTE A FESTA):

Die Kinder haben während des Nachmittags zusammen gespielt.
As crianças brincaram juntas durante a tarde.

Während der Faschingszeit wird in Brasilien viel gefeiert und getanzt.
Durante o carnaval no Brasil festeja-se e dança-se muito.

10. As conjunções mais usuais e a estrutura da oração subordinada

Do ponto de vista sintático as conjunções alemãs dividem-se em três grupos: 1. as conjunções que ocupam posição 0 na oração, 2. as conjunções que ocupam a posição 1 e 3. as conjunções que fazem com que o verbo vá para o final da oração.

10.1. Conjunções na posição 0

Com as conjunções do primeiro grupo em posição 0 mantem-se a mesma ordem da oração principal:

0. conjunção – 1. sujeito – 2. verbo – 3. complementos

ABER: MAS

Hans kommt heute nicht, aber er hat gestern Bescheid gesagt.
Hans não vem hoje mas ele avisou ontem.

DENN: POIS

Jürgen kommt erst um 17 Uhr an, denn seine Maschine hat Verspätung.
Jürgen só vai chegar às 17 horas pois seu avião está atrasado.

ODER: OU

Martin fährt zum Einkaufszentrum oder holt das Päckchen bei der Post ab.
Martin vai para o shopping ou busca o pacotinho no correio.

KEIN/NICHT..., SONDERN (NUR)...: NÃO... MAS/E SIM (APENAS)...

Thomas hatte keinen Hunger, sondern (er hatte) nur einen großen Durst.
Thomas não tinha fome, e sim (ele tinha) apenas muita sede.

UND: E

Wir treffen uns vor dem Kino um halb drei und (wir) gehen dann einen Espresso trinken.
Nós nos encontramos na frente do cinema às duas e meia e (nós) vamos então tomar um expresso.

ZWAR..., ABER: SE BEM QUE... (O TERMO ZWAR É COLOCADO APÓS O VERBO)

Birgit hat zwar dem Ausflug zugesagt, aber sie schien mir sehr unsicher.
Se bem que a Birgit tenha confirmado o passeio ela me pareceu muito insegura.

10.2. Conjunções na posição 1

Com as conjunções do segundo grupo em posição 1 a ordem da oração altera-se da seguinte forma:

1. conjunção – 2. verbo – 3. sujeito – 4. complementos

ALSO: **PORTANTO**

Ella ist gestern aus dem Urlaub zurückgekommen, also kann sie uns viele Fotos zeigen.
Ella voltou ontem de férias, portanto ela pode nos mostrar muitas fotos.

AUßERDEM: **ALÉM DISSO**

Stephan ist umgezogen und außerdem hat er eine neue Anstellung bekommen.
Stephan mudou-se e, além disso, conseguiu um novo emprego.

DA: **NAQUELE INSTANTE**

Norbert war gerade zu Hause angekommen, da klingelte es an seiner Tür.
Norbert tinha acabado de chegar em casa, naquele instante alguém tocou sua campainha.

DANACH: **DEPOIS (DISSO), EM SEGUIDA**

Silvia und Bernd haben die ersten Tage ihrer Flitterwochen in München verbracht, danach sind sie mit einem Auto nach Dresden, Leipzig und Berlin gefahren.
Silvia e Bernd passaram os primeiros dias de sua lua de mel em Munique, em seguida foram de carro para Dresden, Leipzig e Berlim.

DANN: **ENTÃO, EM SEGUIDA, DAÍ**

Zuerst kamen Peter und Karin an, dann sind Renate und Gregor nach ein paar Minuten eingetroffen.
Primeiro chegaram Peter e Karin, em seguida chegaram Renate e Gregor após alguns minutos.

DESHALB: **POR ISSO**

Mein Handyakku war entladet, deshalb konnte ich dich nicht anrufen.
A bateria do meu celular estava descarregada por isso não pude te ligar.

DESWEGEN: **POR ISSO**

Andreas hat nächste Woche Geburtstag, deswegen möchte ich ihm eine CD schenken.
É aniversário do Andreas semana que vem por isso gostaria de presenteá-lo com um CD.

ENTWEDER... ODER: OU... OU

Entweder holen Susane, Christa und Axel mich ab oder ich treffe sie alle direkt bei dir.
Ou a Susane, a Christa e o Axel me pegam ou eu os encontro todos diretamente na sua casa.

JEDOCH: PORÉM, NO ENTANTO

Walter lernte viel für sein Abitur, jedoch bestand er die Prüfung nicht.
Walter estudou muito para seu **Abitur**, porém ele não passou na prova.

NICHT NUR..., SONDERN AUCH: NÃO APENAS... MAS TAMBÉM, NÃO SÓ... COMO TAMBÉM

Ingrid verpasste nicht nur ihren Zug, sondern sie sagte auch niemandem Bescheid.
Ingrid não só perdeu seu trem, como também ela não avisou ninguém.

Observe que **nicht nur** fica na 3ª posição da primeira oração e **sondern** ocupa posição 0 (zero) na segunda oração enquanto **auch** fica após o verbo.

SO: ASSIM

Fragen wir den Polizisten dort, so finden wir unseren Weg schneller.
Vamos perguntar ao policial lá, assim achamos nosso caminho mais rapidamente.

SONST: SENÃO

Wir müssen uns beeilen, sonst bekommen wir den Regen.
Nós precisamos nos apressar, senão vamos pegar chuva.

SOWOHL..., ALS AUCH...: NÃO SÓ... COMO TAMBÉM...

Wir haben uns sowohl erkannt, als auch wir haben ein paar Minuten gesprochen.
Nós não só nos reconhecemos, como também falamos por alguns minutos.

Obs.: "**sowohl**" pode ficar na 3ª ou 4ª posição e "**als auch**" na posição 0 (zero).

TROTZDEM: ASSIM MESMO, APESAR DISSO

Silke hatte viel zu tun, trotzdem ist sie mit uns ausgegangen.
Silke tinha muito a fazer, assim mesmo ela saiu conosco.

WEDER... NOCH: NEM... NEM

Man fragte uns weder nach unserem Pass am Zoll, noch kontrollierten die Beamten unsere Koffer.
Na alfândega nem perguntaram por nosso passaporte nem os funcionários controlaram nossas malas.

10.3. Conjunções com as quais o verbo vai para o final da oração

Com as conjunções do terceiro grupo a ordem da oração subordinada é alterada pelo fato do verbo, tanto formas simples como compostas, ser colocado no final, fechando a oração.

ALS: QUANDO (UMA ÚNICA VEZ NO PASSADO)

Als Manfred seine Frau Margit in der Mensa kennen gelernt hat, war ihm gerade sein Tablett von der Hand ausgerutscht.
Quando Manfred conheceu sua esposa Margit no restaurante universitário a sua bandeja tinha acabado de lhe escorregar da mão.

ALS OB (+ CONJUNTIVO II): COMO SE

Otto schaute überrascht den Raum, als ob er schon irgendwann da gewesen wäre.
Otto olhou surpreso o espaço como se ele já tivesse estado ali alguma vez.

BEVOR: ANTES QUE

Rudi wollte Ulla eine Überraschung machen, bevor sie nach Hause zurückkam.
Rudi queria fazer uma surpresa a Ulla antes que ela voltasse para casa.

BIS: ATÉ QUE

Wir warten hier auf Hermann und Isolde, bis sie uns wieder finden.
Nós vamos esperar por Hermann e Isolde aqui até que eles nos encontrem de novo.

DA: JÁ QUE, PORQUE, COMO

Kommt doch mal am Samstag bei uns Abendessen, da wir uns schon lange nicht gesehen haben.
Venham jantar em casa no sábado já que nós não nos vemos há tanto tempo.

DAMIT: PARA QUE

Harald ist mit den Kindern in den Park spazieren gegangen, damit seine Frau in Ruhe einkaufen konnte.
Harald foi passear com as crianças no parque para que sua esposa pudesse fazer as compras com tranquilidade.

DASS: QUE

Hast du schon erfahren, dass Elke und Axel bald heiraten?
Você já ficou sabendo que a Elke e o Axel vão casar logo?

FALLS: CASO

Sag mir bitte Bescheid, falls Gustav heute noch anruft.
Por favor, me avise caso o Gustav ainda ligue hoje.

JE + COMPARATIVO, DESTO/UMSO + COMPARATIVO: **QUANTO MAIS... TANTO MAIS**

Je mehr Hochhäuser gebaut werden, umso mehr Staus wird es geben.
Quanto mais prédios forem construídos tanto mais congestionamentos vai haver.

NACHDEM: **DEPOIS QUE, APÓS**

Nachdem das Flugzeug nach Hamburg startete, wurden uns Zeitungen und Zeitschriften angeboten.
Depois que o avião para Hamburgo decolou nos ofereceram jornais e revistas.

OB: **SE (APENAS PARA PERGUNTAS)**

Wissen Sie, ob dieser Bus am Wittenbergplatz fährt?
O(A) sr.(a) sabe se este ônibus passa pela praça Wittenberg?

OBWOHL: **EMBORA**

Melanie und Max gingen nach Hause wegen der letzten U-Bahn, obwohl sie vom Tanzen noch nicht müde waren.
Melanie e Max foram para casa por causa do último metrô embora eles ainda não estivessem cansados de dançar.

SEIT: **DESDE QUE**

Er sucht eine neue Arbeit, seit er sein Diplom bekommen hat.
Ele está procurando um novo emprego desde que recebeu seu diploma universitário.

SEITDEM: **DESDE QUE**

Wir haben wieder Ruhe, seitdem unsere Nachbarn umgezogen sind.
Voltamos a ter tranquilidade desde que nossos vizinhos se mudaram.

SO DASS: **DE FORMA/MODO QUE**

Volker rief mich gestern an, so dass wir ihn morgen am Flughafen um 7 Uhr abholen können.
Volker me ligou ontem de forma que podemos ir buscá-lo amanhã às 7 horas no aeroporto.

SO + ADJETIVO, DASS...: **TÃO + ADJETIVO... QUE...**

Petra war so erkältet, dass sie nicht am Seminar teilnehmen konnte.
Petra estava tão resfriada que não pôde participar do curso.

UM... ZU: **PARA**

Arno geht jeden Tag joggen, um fit zu bleiben.
Arno corre todos os dias para ficar em forma.

WÄHREND: **ENQUANTO**

Erika suchte nach einem freien Termin in ihrem Kalendar, während sie mit mir sprach.
Erika procurava um horário livre na sua agenda enquanto falava comigo.

WÄHREND: ENQUANTO QUE

Philipp geht gern ins Kino, während seine Freundin Antje lieber in die Disko geht.
Philipp gosta de ir ao cinema enquanto sua namorada Antje prefere ir à discoteca.

WEIL: PORQUE

Gerda kam heute zu spät zur Arbeit, weil der Bus eine Panne hatte.
Gerda chegou hoje atrasada ao trabalho porque o ônibus quebrou.

WENN: QUANDO, SEMPRE QUE

Wenn Felix zur Schule geht, geht er immer vorsichtig über den Zebrastreifen.
Quando Félix vai para a escola ele sempre atravessa com cuidado na faixa de pedestres.

WENN: SE

Wenn Caroline mehr aufpassen würde, würde sie nicht so oft stolpern und fallen.
Se Caroline prestasse mais atenção, ela não tropeçaria e cairia tão frequentemente.

Observação: Nos dois últimos exemplos as frases começam com a oração subordinada com **wenn** e com o verbo no final dela, segue-se a oração principal iniciando com o verbo seguido pelo sujeito. Isso se deve ao fato de a oração subordinada ocupar a posição sintática número 1 em relação à oração principal. Essa inversão de orações é um recurso estilístico comum na língua alemã.

11. Tabela de verbos regulares e irregulares

Segue uma relação de verbos usuais e úteis, tanto regulares como irregulares, nas formas da 3ª pessoa do singular, que evidencia a irregularidade do verbo, nos tempos presente (**Präsens**), imperfeito (**Präteritum**) e perfeito (**Perfekt**) com o auxiliar (**h - haben, i - sein**). Além disso, a primeira coluna indica o tipo de predicado do verbo: **jemanden** - jmdn (acusativo), **jemandem** - jmdm (dativo), **etwas** no acusativo - **etw^A** ou **etwas** no dativo - **etw^D**, e se o verbo pode ser empregado de maneira pronominal (**sich**). Na terceira coluna estão indicadas as preposições que podem acompanhar o verbo e o caso que segue a preposição: ^A para acusativo e ^D para dativo. Na última coluna estão os significados do verbo.

Abreviações na tabela:

jmdn - **jemanden** (acusativo) - alguém
jmdm - **jemandem** (dativo) - alguém
etw^A - **etwas** (acusativo) - algo
etw^D - **etwas** (dativo) - algo
sich^A - **se** - pronome reflexivo no acusativo
sich^D - **se** - pronome reflexivo no dativo

sich^{A/D} - **se** - pronome reflexivo no acusativo ou dativo
h - **haben** - auxiliar ter
i - **sein** (**ist**) - auxiliar ser/estar
für^A - preposição **für** seguida de acusativo
mit^D - preposição **mit** seguida de dativo
zu + Inf. - **zu** + infinitivo do verbo

jmdn, etw, jmdm, sich	Infinitivo	Preposição	Presente	Imperfeito	Perfeito	Significados
mdn, etw^A	abholen	von^D	holt ab	holte ab	h abgeholt	buscar, passar para pegar alguém/algo
jmdm	abraten	von^D	ratet ab	riet ab	h abgeraten	desaconselhar
jmdn, etw^A	achten	auf^A	achtet	achtete	h geachtet	respeitar, prestar atenção em
jmdm, etw^A	anbieten		bietet an	bot an	h angeboten	oferecer, propor
etw^A	anfangen		fängt an	fing an	h angefangen	começar, iniciar
-	ankommen		kommt an	kam an	i angekommen	chegar
sich^A	anmelden	für^A	meldet sich an	meldete sich an	h sich angemeldet	matricular-se, registrar-se, anunciar-se
jmdn	anrufen	bei^D	ruft an	rief an	h angerufen	ligar para alguém, telefonar
sich^A, etw^A	anstrengen		strengt sich an	strengte sich an	h sich angestrengt	esforçar-se, empenhar-se
jmdm	antworten	auf^A	antwortet	antwortete	h geantwortet	responder
sich$^{A/D}$, jmdn	anziehen		zieht sich an	zog sich an	h sich angezogen	vestir-se
-	arbeiten	bei^D, in^D, an^D	arbeitet	arbeitete	h gearbeitet	trabalhar
sich^A	ärgern	über^A	ärgert sich	ärgerte sich	h sich geärgert	aborrecer-se, irritar-se
-	aufhören	mit^D	hört auf	hörte auf	h aufgehört	parar
etw^A	aufmachen		macht auf	machte auf	h aufgemacht	abrir
-	aufpassen	auf^A	passt auf	passte auf	h aufgepasst	prestar atenção em
etw^A	aufräumen		räumt auf	räumte auf	h aufgeräumt	arrumar, colocar ordem
sich^A	aufregen	über^A	regt sich auf	regte sich auf	h sich aufgeregt	aborrecer-se, exaltar-se
-	aufstehen		steht auf	stand auf	i aufgestanden	levantar
-	aufwachen		wacht auf	wachte auf	i aufgewacht	despertar, acordar
etw^A	ausfüllen		füllt aus	füllte aus	h ausgefüllt	preencher (um formulário)
etw^A	ausgeben	für^A	gibt aus	gab aus	h ausgegeben	gastar em dinheiro, fazer uma despesa, distribuir

jmdn, etw, jmdm, sich	Infinitivo	Preposição	Presente	Imperfeito	Perfeito	Significados
sich[A]	auskennen	in[D]/mit[D]	kennt sich aus	kannte sich aus	h sich ausgekannt	conhecer algo profundamente
sich[A]	ausruhen	von[D]	ruht sich aus	ruhte sich aus	h sich ausgeruht	descansar
etw[A]	ausschalten		schaltet aus	schaltete aus	h ausheschaltet	desligar, desativar
-	aussehen	nach[D]	sieht aus	sah aus	h ausgesehen	aparentar, parecer, assemelhar-se
jmdn, etw[A]	aussuchen		sucht aus	suchte aus	h ausgesucht	escolher, selecionar
-	aussteigen		steigt aus	stieg aus	i ausgestiegen	desembarcar, desistir
sich[A]	auswirken	auf[A]	wirkt sich aus	wirkte sich aus	h sich ausgewirkt	atuar, ter efeito sobre
etw[A]	backen		backt/bäckt	buk/backte	h gebacken	assar
sich[A]	baden		badet sich	badete sich	h sich gebadet	banhar-se
etw[A]	basteln	an[D]	bastelt	bastelte	h gebastelt	fazer trabalhos manuais ou algo manualmente
etw[A]	bauen	an[D]	baut	baute	h gebaut	construir
sich[A]	bedanken	bei[D], für[A]	bedankt sich	bedankte sich	h sich bedankt	agradecer
jmdn, etw[A]	bedienen		bedient	bediente	h bedient	servir alguém, atender alguém, operar uma máquina
sich[A]	beeilen		beeilt sich	beeilte sich	h sich beeilt	apressar-se
sich[A]	befassen	mit[D]	befasst sich	befasste sich	h sich befasst	ocupar-se com
jmdm, etw[A]	befehlen		befiehlt	befahl	h befohlen	dar uma ordem, mandar
jmdm	begegnen	mit[D]	begegnet	begegnete	h begegnet	encontrar por acaso, dar de encontro com
etw[A]	beginnen	mit[D]	beginnt	begann	h begonnen	começar, iniciar
jmdn	begleiten		begleitet	begleitete	h begleitet	acompanhar
sich[A]	begnügen	mit[D]	begnügt sich	begnügte sich	h sich begnügt	contentar-se
jmdn	begrüßen		begrüßt	begrüßte	h begrüßt	cumprimentar, aprovar

jmdn, etw^A	behandeln		behandelt	behandelte	h behandelt	tratar, lidar
etw^A	bekommen	von^D	bekommt	bekam	h bekommen	receber
sich^A	bemühen	um^A	bemüht sich	bemühte sich	h sich bemüht	esforçar-se, empenhar-se, ajudar
jmdn	benachrichtigen	von^D	benachrichtigt	benachrichtigte	h benachrichtigt	informar, relatar
jmdn	beraten	über^A	berät	beriet	h beraten	aconselhar, debater um problema
jmdm, etw^A	berichten	über^A, von^D	berichtet	berichtete	h berichtet	relatar sobre, informar
sich^A	beschäftigen	mit^D	beschäftigt sich	beschäftigte sich	h sich beschäftigt	ocupar-se com
jmdn, etw^A	beschreiben		beschreibt	beschrieb	h beschrieben	descrever
sich^A	beschweren	über^A	beschwert sich	beschwerte sich	h sich beschwert	queixar-se, reclamar
etw^A	besichtigen		besichtigt	besichtigte	h besichtigt	"visitar vendo" (com os olhos), olhar
sich^A	besinnen	auf^A	besinnt sich	besann sich	h sich besonnen	recordar, refletir, tomar consciência de algo
jmdm, etw^A	bestätigen		bestätigt	bestätigte	h bestätigt	confirmar
-	bestehen	aus^D	besteht	bestand	h bestanden	constituir-se de
etw^A	bestellen		bestellt	bestellte	h bestellt	encomendar, pedir no restaurante
jmdn, etw^A	besuchen		besucht	besuchte	h besucht	visitar
jmdn, etw^A	betrachten		betrachtet	betrachtete	h betrachtet	contemplar, olhar com atenção
sich^A, etw^A	bewegen		bewegt	bewegte	h bewegt	mover(-se), movimentar, mexer
jmdm, etw^A	beweisen		beweist	bewies	h bewiesen	provar, comprovar
sich^A	bewerben	um^A, bei^D	bewirbt sich	bewarb sich	h sich beworben	candidatar-se, apresentar-se, oferecer-se
jmdn, etw^A	bezahlen		bezahlt	bezahlte	h bezahlt	pagar
etw^A	biegen		biegt	bog	h gebogen	dobrar, virar a esquina
jmdm, etw^A	bieten		bietet	bot	h geboten	oferecer
jmdn	bitten	um^A	bittet	bat	h gebeten	pedir
-	bleiben	bei^D	bleibt	blieb	i geblieben	ficar (local)

jmdn, etw, jmdm, sich	Infinitivo	Preposição	Presente	Imperfeito	Perfeito	Significados
jmdn, etwA	brauchen	fürA	braucht	brauchte	h gebraucht	precisar
jmdm, etwA	bringen		bringt	brachte	h gebracht	trazer
–	bummeln		bummelt	bummelte	h/i gebummelt	passear sem pressa e destino
jmdm, etwA	danken	fürA	dankt	dankte	h gedankt	agradecer
–	dauern		dauert	dauerte	h gedauert	levar tempo, demorar
etwA	denken	anA	denkt	dachte	h gedacht	pensar, lembrar
jmdm	dienen	zuD	dient	diente	h gedient	servir, ajudar, ser útil
etwA	diskutieren	überA, mitD	diskutiert	diskutierte	h diskutiert	debater, discutir
etwA	drucken	aufA	druckt	druckte	h gedruckt	imprimir
etwA	drücken	aufA	drückt	drückte	h gedrückt	apertar, pressionar
etwA	dürfen		darf	durfte	h gedurft	ter permissão, autorização para
sichA	eignen	als, fürA	eignet sich	eignete sich	h sich geeignet	prestar-se a, ter as qualidades adequadas para
etwA	einkaufen		kauft ein	kaufte ein	h eingekauft	fazer compras
jmdn	einladen	zuD	lädt ein	lud ein	h eingeladen	convidar
–	einschlafen		schläft ein	schlief ein	i eingeschlafen	adormecer
–	einsteigen	inA	steigt ein	stieg ein	i eingestiegen	embarcar
jmdn, etwA	empfangen	mitD	empfängt	empfing	h empfangen	receber, recepcionar
jmdm, etwA	empfehlen	zu + Inf.	empfiehlt	empfahl	h empfohlen	recomendar
jmdn	entlassen	ausD	entlässt	entließ	h entlassen	demitir, libertar
sichA, etwA	entscheiden	fürA, überA	entscheidet	entschied	h entschieden	decidir(-se), resolver(-se)
sichA	entschließen	zuD	entschließt sich	entschloss sich	h sich entschlossen	decidir-se a, resolver-se a
sichA	entschuldigen	beiD, fürA	entschuldigt sich	entschuldigte sich	h sich entschuldigt	desculpar-se
etwD	entsprechen		entspricht	entsprach	h entsprochen	corresponder a, equivaler a

sich^A	ereignen		ereignet sich	ereignete sich	h sich ereignet	suceder, acontecer, dar-se
etw^A	erfahren	durch^A, von^D	erfährt	erfuhr	h erfahren	ficar sabendo
sich^A	erholen	von^D	erholt sich	erholte sich	h sich erholt	restabelecer-se, recuperar-se
sich^A	erkälten		erkältet sich	erkältete sich	h sich erkältet	resfriar-se
jmdn, etw^A	erkennen		erkennt	erkannte	h erkannt	reconhecer
jmdm, etw^A	erklären		erklärt	erklärte	h erklärt	explicar
sich^A	erkundigen	nach^D	erkundigt sich	erkundigte sich	h sich erkundigt	perguntar, informar-se
jmdn, etw^A	erlauben		erlaubt	erlaubte	h erlaubt	permitir
etw^A	erledigen		erledigt	erledigte	h erledigte	concluir, acabar
sich^A, etw^A	erinnern	an^A	erinnert sich	erinnerte sich	h sich erinnert	lembrar-se, recordar-se
jmdn, etw^A	erreichen		erreicht	erreichte	h erreicht	alcançar, atingir
jmdn, etw^A	erwarten	von^D	erwartet	erwartete	h erwartet	esperar, contar com, ter esperança
jmdm, etw^A	erzählen	über^A, von^D	erzählt	erzählte	h erzählt	contar (história), narrar, relatar
jmdn	erziehen	zu^D	erzieht	erzog	h erzogen	educar, criar
etw^A	essen		isst	aß	h gegessen	comer
etw^A	fahren	mit^D	fährt	fuhr	h/i gefahren	andar de carro, de trem, de bicicleta, sobre rodas; de forma geral, dirigir algo
-	fallen		fällt	fiel	i gefallen	cair
jmdm, etw^D	fehlen		fehlt	fehlte	h gefehlt	faltar, fazer/sentir falta
jmdn, etw^A	feiern		feiert	feierte	h gefeiert	festejar
-	fernsehen		sieht fern	sah fern	h ferngesehen	assistir televisão
jmdn, etw^A	finden		findet	fand	h gefunden	achar
-	fliegen		fliegt	flog	i geflogen	voar
-	fliehen	vor^D	flieht	floh	i geflohen	fugir
-	fließen	in^A	fließt	floss	i geflossen	escorrer, líquido que corre, fluir

jmdn, etw, jmdm, sich	Infinitivo	Preposição	Presente	Imperfeito	Perfeito	Significados
jmdn, etwᴬ	fragen	nachᴰ	fragt	fragte	h gefragt	perguntar
-	freihaben		hat frei	hatte frei	h freigehabt	estar livre, sem obrigações de trabalho
sichᴬ	freuen	aufᴬ, überᴬ	freut sich	freute sich	h sich gefreut	alegrar-se, estar/ficar satisfeito/feliz
jmdm, etwᴰ	folgen		folgt	folgte	h gefolgt	seguir
jmdn, etwᴬ	fotografieren		fotografiert	fotografierte	h fotografiert	fotografar
-	frühstücken		frühstückt	frühstückte	h gefrühstückt	tomar o café da manhã
sichᴬ	fühlen		fühlt sich	fühlte sich	h sich gefühlt	sentir-se
etwᴬ	füllen	inᴬ, mitᴰ	füllt	füllte	h gefüllt	encher, completar, transvazar
sichᴬ	fürchten	vorᴰ	fürchtet sich	fürchtete sich	h sich gefürchtet	temer
jmdm, etwᴬ	geben		gibt	gab	h gegeben	dar, existir/haver
jmdm	gefallen		gefällt	gefiel	h gefallen	agradar
-	gehen		geht	ging	i gegangen	ir
jmdm	gehören	zuᴰ	gehört	gehörte	h gehört	pertencer, ser parte, ser necessário
jmdm	gelingen	zu + Inf.	gelingt	gelang	i gelungen	dar certo, conseguir algo
-	gelten	fürᴬ	gilt	galt	h gegolten	valer, ser válido, estar em vigor
etwᴬ	genießen		genießt	genoss	h genossen	desfrutar, apreciar
jmdm	geschehen		geschieht	geschah	i geschehen	acontecer, suceder
etwᴬ	gewinnen		gewinnt	gewann	h gewonnen	ganhar
sichᴬ	gewöhnen	anᴬ	gewöhnt sich	gewöhnte sich	h sich gewöhnt	acostumar-se
jmdm, etwᴬ	glauben	anᴬ	glaubt	glaubte	h geglaubt	crer, acreditar
jmdm	gratulieren	zuᴰ	gratuliert	gratulierte	h gratuliert	parabenizar
etwᴬ	greifen	nachᴰ, zuᴰ	greift	griff	h gegriffen	pegar, agarrar, catar
jmdn, etwᴬ	gucken		guckt	guckte	h geguckt	olhar

etw^A	haben		hat	hatte	h gehabt	ter
jmdn, sich^A, etw^A	halten	für^A, von^D	hält	hielt	h gehalten	segurar, conservar-se, confundir, achar de
-	handeln	mit^D, von^D	handelt	handelte	h gehandelt	vender e comprar, negociar, agir, tratar de um assunto
sich^A	handeln	um^A	handelt sich	handelte sich	h sich gehandelt	tratar-se de
-	hängen		hängt	hängte	h gehängt	pendurar
-	hängen		hängt	hing	h gehangen	estar pendurado
jmdn, etw^A	heben		hebt	hob	h gehoben	levantar algo, suspender
jmdn	heiraten		heiratet	heiratete	h geheiratet	casar
-	heißen		heißt	hieß	h geheißen	chamar-se
jmdm	helfen	bei^D	hilft	half	h geholfen	ajudar
jmdn	hinweisen	auf^A	weist... hin	wies... hin	h hingewiesen	alertar, avisar, indicar, sugerir
etw^A	hoffen	auf^A	hofft	hoffte	h gehofft	ter esperança, desejar
jmdn, jmdm, etw^A	holen	aus^D	holt	holte	h geholt	buscar, pegar, chamar
jmdn, etw^A	hören		hört	hörte	h gehört	ouvir
sich^A	immatrikulieren	an^D	immatrikuliert	immatrikulierte sich	h sich immatrikuliert sich	matricular-se num curso superior
jmdn, sich^A	informieren	über^A, bei^D	informiert	informierte	h informiert	informar(-se)
jmdn, sich^A	interessieren	für^A	interessiert	interessierte	h interessiert	interessar(-se)
jmdm, etw^A	kaufen		kauft	kaufte	h gekauft	comprar
jmdn, etw^A	kennen		kennt	kannte	h gekannt	conhecer
jmdn	kennen lernen		lernt kennen	lernte kennen	h kennengelernt	ficar conhecendo alguém, ser apresentado a alguém
jmdm, etw^A	kochen		kocht	kochte	h gekocht	cozinhar

jmdn, etw, jmdm, sich	Infinitivo	Preposição	Presente	Imperfeito	Perfeito	Significados
–	kommen	zu^D	kommt	kam	i gekommen	chegar, vir
etw^A	können		kann	konnte	h gekonnt	ser capaz de, dominar algo, poder
jmdn, etw^A	kritisieren		kritisiert	kritisierte	h kritisiert	criticar
sich^A	konzentrieren	auf^A	konzentriert sich	konzentrierte sich	h sich konzentriert	concentrar-se
sich^A	kümmern	um^A	kümmert sich	kümmerte sich	h sich gekümmert	interessar-se por, cuidar de
jmdm, etw^A	kündigen		kündigt	kündigte	h gekündigt	cancelar um contrato, despedir alguém, demitir
jmdn, sich^A	küssen		küsst	küsste	h geküsst	beijar-se
–	lachen	über^A	lacht	lachte	h gelacht	rir, caçoar
jmdn, sich^A	langweilen		langweilt	langweilte	h gelangweilt	entediar-se, chatear-se, aborrecer-se
jmdn, etw^A	lassen		lässt	ließ	h gelassen	deixar, permitir
–	laufen		läuft	lief	i gelaufen	andar, correr, funcionar
–	leben	mit^D	lebt	lebte	h gelebt	viver
jmdn, sich^A, etw^A	legen		legt	lag	h gelegt	colocar na posição horizontal, deitar(-se)
–	leiden	an^D, unter^D	leidet	litt	h gelitten	sofrer, usado com negação: não suportar
jmdm	leidtun		tut leid	tat leid	h leidgetan	sentir muito por, dar dó
jmdm, sich^D, etw^A	leihen	von^D	leiht	lieh	h geliehen	emprestar a alguém, tomar emprestado de
sich^D, etw^A	leisten		leistet sich	leistete sich	h sich geleistet	produzir, render, permitir-se algo, dar-se ao luxo de
etw^A	lernen	von^D	lernt	lernte	h gelernt	estudar, aprender

jmdm, etwᴬ	lesen	ausᴰ	liest	las	h gelesen	ler
jmdn, etwᴬ	lieben		liebt	liebte	h geliebt	amar, adorar
jmdm, etwᴬ	liefern		liefert	lieferte	h geliefert	entregar
-	liegen		liegt	lag	h gelegen	estar na posição horizontal, deitado
sichᴬ, etwᴬ	lösen	inᴰ	löst	löste	h gelöst	soltar, remover, solucionar, dissolver
etwᴬ	machen		macht	machte	h gemacht	fazer
jmdn, etwᴬ	meinen	zuᴰ, mitᴰ	meint	meinte	h gemeint	achar (opinar), (querer) dizer
sichᴬ	melden	fürᴬ, beiᴰ	meldet sich	meldete sich	h sich gemeldet	anunciar, colocar-se à disposição, dar notícias, pedir a palavra
sichᴰ, etwᴬ	merken		merkt	merkte	h gemerkt	notar, perceber, reparar, memorizar
jmdm, etwᴬ	messen		misst	maß	h gemessen	medir (também a pressão)
jmdn, etwᴬ	mögen		mag	mochte	h gemocht	gostar de
-	müssen		muss	musste	h gemusst	ter obrigação de
-	nachdenken	überᴬ	denkt nach	dachte nach	h nachgedacht	refletir sobre
etwᴬ	nehmen	fürᴬ	nimmt	nahm	h genommen	pegar, tomar, aceitar
sichᴬ, jmdn, etwᴬ	nennen		nennt	nannte	h genannt	chamar(-se), nomear, citar
jmdm, etwᴬ	nutzen/nützen	zuᴰ	nutzt	nutzte	h genutzt	ser útil, ser vantajoso, servir, utilizar, aproveitar
sichᴬ, jmdm, etwᴬ	öffnen	mitᴰ	öffnet	öffnete	h geöffnet	abrir(-se)
etwᴬ	ordnen		ordnet	ordnete	h geordnet	ordenar, organizar, regrar
jmdn, etwᴬ	packen	anᴬ	packt	packte	h gepackte	agarrar, arrumar numa caixa ou mala para transporte, encarrar algo
etwᴬ	parken		parkt	parkte	h geparkt	estacionar

jmdn, etw, jmdm, sich	Infinitivo	Preposição	Presente	Imperfeito	Perfeito	Significados
jmdm, etw^A	passen	zu^D	passt	passte	h gepasst	passar a bola, ser conveniente, servir de tamanho, combinar com
jmdm, etw^A	passieren	mit^D	passiert	passierte	i passiert	acontecer, suceder, ocorrer
jmdm, etw^A	prüfen		prüft	prüfte	h geprüft	testar, verificar, examinar, avaliar
etw^A	putzen		putzt	putzte	h geputzt	limpar, fazer faxina
sich^A	rasieren		rasiert sich	rasierte sich	h sich rasiert	barbear-se
jmdm	raten	zu^D, zu + Inf	rät	riet	h geraten	aconselhar, recomendar,
jmdm, etw^A	rechnen	mit^D, zu^D	rechnet	rechnete	h gerechnet	calcular, contar com
etw^A	reden	mit^D, über^A, von^D	redet	redete	h geredet	falar, conversar
-	reisen		reist	reiste	h gereist	viajar
-	rennen	gegen^A	rennt	rannte	i gerannt	correr, colidir
etw^A	riechen	an^D, nach^D	riecht	roch	h gerochen	cheirar (a), sentir (olfato)
jmdn, etw^A	rufen		ruft	rief	h gerufen	chamar, gritar
jmdm, etw^A	sagen	mit^D, zu^D	sagt	sagte	h gesagt	falar, dizer
jmdm, etw^D	schaden		schadet	schadete	h geschadet	causar dano, prejudicar
etw^A	schaffen		schafft	schuf	h geschaffen	criar, conseguir realizar ou alcançar algo
jmdn, etw^A	scheiden	aus^D, von^D	scheidet	schied	h/i geschieden	divorciar, separar, dividir, sair
jmdm	scheinen	zu + Inf.	scheint	schien	h geschienen	brilhar (sol, luz), dar impressão de, parecer
jmdm, etw^A	schenken		schenkt	schenkte	h geschenkt	presentear
jmdm, etw^A	schicken	an^A	schickt	schickte	h geschickt	enviar, despachar
jmdn, etw^A	schieben	auf^A	schiebt	schob	h geschoben	empurrar

-	schlafen		schläft	schlief	h geschlafen	dormir
jmdn, etwA	schlagen	aufA, gegenA	schlägt	schlug	h geschlagen	bater, derrotar
etwA	schließen	mitD	schließt	schloss	h geschlossen	trancar, fechar
jmdm	schmecken		schmeckt	schmeckte	h geschmeckt	agradar ao paladar, estar gostoso, saboroso
etwA	schmeißen	inA	schmeißt	schmiss	h geschmissen	jogar, arremessar
sichA/D, jmdn, etwA	schneiden	ausD	schneidet	schnitt	h geschnitten	cortar(-se)
jmdm, etwA	schreiben	anD, überA	schreibt	schrieb	h geschrieben	escrever, redigir
-	schweigen	überA, zuD	schweigt	schwieg	h geschwiegen	calar, guardar segredo
-	schwimmen		schwimmt	schwamm	i/h geschwommen	nadar
jmdn, etwA	sehen		sieht	sah	h gesehen	ver
-	sein	fürA, gegenA	ist	war	i gewesen	ser, estar
jmdm, etwA	senden		sendet	sendete/sandte	h gesendet/gesandt	enviar, despachar, mandar transmitir, difundir (rádio, TV)
sichA, jmdn, etwA	setzen	aufA	setzt sich	setzte sich	h sich gesetzt	sentar-se, estabelecer uma meta, prioridades, depositar-se no fundo de um líquido, inscrever numa lista, apostar
etwA	singen		singt	sang	h gesungen	cantar
-	sitzen		sitzt	saß	h/i gesessen	estar sentado
-	sollen		soll	sollte	h gesollt	dever
sichA	sorgen	fürA, umA	sorgt	sorgte	h gesorgt	cuidar, prover por, preocupar-se
jmdn, etwA	spazieren	mitD	spaziert	spazierte	i spaziert	passear
jmdn, etwA	spielen	gegenA, mitD	spielt	spielte	h gespielt	brincar, jogar, tocar um instrumento musical, representar um papel

jmdn, etw, jmdm, sich	Infinitivo	Preposição	Presente	Imperfeito	Perfeito	Significados
jmdn, etw^A	sprechen	über^A, von^D	spricht	sprach	h gesprochen	falar, dizer
-	springen	auf^A, durch^A, über^A, aus^D, zu^D	springt	sprang	i gesprungen	pular, saltar, correr (CH), trincar (gelo, vidro)
-	stattfinden		findet statt	fand statt	h stattgefunden	ter lugar, acontecer
jmdm	stehen	vor^D, zu^D	steht	stand	i/h gestanden	estar em pé, estar na vertical, "cair bem" p/roupa, estar diante de dificuldades, assumir uma responsabilidade
-	steigen	auf^A, in^A, von^D	steigt	stieg	i gestiegen	subir, escalar
-	sterben	an^D, vor^D	stirbt	starb	i gestorben	morrer, falecer
jmdn, etw^A	stören	bei^D	stört	störte	h gestört	incomodar, atrapalhar
etw^A	studieren		studiert	studierte	h studiert	estudar no ensino superior, analisar algo em profundidade
sich^A	streiten	um^A, über^A, mit^D	streitet	stritt	h sich gestritten	brigar, discutir
jmdn, etw^A	suchen	nach^D	sucht	suchte	h gesucht	procurar
etw^A	tanzen	mit^D	tanzt	tanzte	h getanzt	dançar
-	teilnehmen	an^D	nimmt teil	nahm teil	h teilgenommen	participar, ter compaixão
-	telefonieren	mit^D	telefoniert	telefonierte	h telefoniert	telefonar para
jmdn, etw^A	tragen	bei sich^D	trägt	trug	h getragen	carregar, transportar, vestir, ter consigo (bei sich - documento), estar prenhe
etw^A	träumen	von^D	träumt	träumte	h geträumt	sonhar, ficar desatento em aula

sich^A, jmdn, etw^A	treffen	auf^A, mit^D	trifft	traf	h getroffen	encontrar(-se), acertar/atingir o objetivo (golpe, gol), achar por acaso
jmdn, etw^A	treiben	in^A, zu^D	treibt	trieb	h getrieben	praticar esporte, conduzir, empurrar, pressionar, propulsionar, aprontar, brotar
etw^A	treten	in^A, auf^A	tritt	trat	i/h getreten	adentrar um espaço, pisar, chutar, assumir uma função
etw^A	trinken	auf^A	trinkt	trank	h getrunken	beber
etw^A	tun	für^A, gegen^A	tut	tat	h getan	fazer, trabalhar, produzir, colocar, funcionar
jmdn, sich^A	umziehen		zieht um	zog um	i/h umgezogen	mudar de endereço, trocar-se
jmdn, sich^A	unterhalten	über^A, mit^D	unterhält	unterhielt	h unterhalten	conversar, entreter, divertir, manter financeiramente
jmdn, etw^A	unterstützen	bei^D	unterstützt	unterstützte	h unterstützt	apoiar, ajudar, patrocinar
jmdn, etw^A	untersuchen	auf^A	untersucht	untersuchte	h untersucht	examinar, investigar, analisar, periciar
sich^A, etw^A	verabreden	mit^D	verabredet	verabredete	h verabredet	marcar um encontro
sich^A	verabschieden	von^D	verabschiedet	verabschiedete	h verabschiedet	despedir-se, aposentar, votar uma lei
jmdm, etw^A	verbieten		verbietet	verbot	h verboten	proibir
–	verbringen	mit^D	verbringt	verbrachte	h verbracht	passar (tempo)
etw^A	verdienen	bei^D, an^D, mit^D	verdient	verdiente	h verdient	ganhar, merecer
jmdn, etw^A	vergessen		vergisst	vergaß	h vergessen	esquecer
jmdn, etw^A	vergleichen	mit^D	vergleicht	verglich	h verglichen	comparar
sich^A	verhalten		verhält sich	verhielt sich	h sich verhalten	comportar-se, reagir
jmdm, etw^A	verkaufen	an^A	verkauft	verkaufte	h verkauft	vender, promover

jmdn, etw, jmdm, sich	Infinitivo	Preposição	Presente	Imperfeito	Perfeito	Significados
jmdn, etwA, sichA	verlassen	aufA	verlässt	verließ	h verlassen	abandonar, deixar, confiar em, contar com
jmdn, etwA, sichA/D	verletzen	anD	verletzt	verletzte	h verletzt	ferir, machucar, magoar, desrespeitar, infringir
sichA	verlieben	inA	verliebt sich	verliebte sich	h sich verliebt	apaixonar-se
jmdn, etwA, sichA	verlieren	inD	verliert	verlor	h verloren	perder
jmdm, etwA	vermieten	anA	vermietet	vermietete	h vermietet	alugar
jmdn, etwA	verpassen		verpasst	verpasste	h verpasst	perder um horário (trem, reunião, de acordar), perder uma oportunidade
–	verschwinden		verschwindet	verschwand	i verschwunden	desaparecer, sumir
sichA	verspäten		verspätet sich	verspätete sich	h sich verspätet	atrasar-se
jmdm, etwA, sichA	versprechen	zu + Inf.	verspricht	versprach	h versprochen	prometer, ter expectativa de, "falar errado"
jmdn, etwA, sichA	verstehen	aufA, mitD, vonD	versteht	verstand	h verstanden	compreender, conhecer bem um assunto, dar-se bem com alguém
etwA	versuchen	mitD	versucht	versuchte	h versucht	tentar, experimentar, provar, tentar mais uma chance com alguém
jmdm	vertrauen	aufA	vertraut	vertraute	h vertraut	confiar, acreditar
jmdm, etwA	verzeihen		verzeiht	verzieh	h verziehen	perdoar, desculpar
–	vorbeikommen	anD, beiD	kommt vorbei	kam vorbei	i vorbeigekommen	passar em frente, dar uma passada/ um pulinho na casa de alguém
jmdn, etwA, sichA	vorbereiten	aufA	bereitet vor	bereitete vor	h vorbereitet	preparar

jmdm, etwᴬ	vorschlagen	alsᴬ, fürᴬ	schlägt vor	schlug vor	h vorgeschlagen	propor
-	wachsen		wächst	wuchs	i gewachsen	crescer
jmdn, etwᴬ	wählen	zuᴰ	wählt	wählte	h gewählt	escolher, eleger, discar
-	wandern		wandert	wanderte	i gewandert	fazer trekking
jmdn	warnen	vorᴰ	warnt	warnte	h gewarnt	prevenir, alertar, ameaçar
-	warten	aufᴬ	wartet	wartete	h gewartet	esperar
sichᴬ/ᴰ, jmdn, etwᴬ	waschen		wäscht	wusch	h gewaschen	lavar
etwᴬ	wechseln	inᴬ	wechselt	wechselte	h gewechselt	trocar, mudar, trocar moedas
jmdn, etwᴬ	wecken	inᴰ, beiᴰ	weckt	weckte	h geweckt	acordar, despertar um interesse
jmdn, etwᴬ	wegbringen		bringt weg	brachte weg	h weggebracht	levar embora, para outro lugar
-	weggehen		geht weg	ging weg	i weggegangen	ir embora, sair à noite, romper um relacionamento, desaparecer, vender bem
sichᴬ, jmdm	wehren	gegenᴬ	wehrt sich	wehrte sich	h sich gewehrt	defender-se, impedir, proibir
jmdm	wehtun		tut weh	tat weh	h wehgetan	doer, machucar, magoar
sichᴬ	weigern	zu + Inf.	weigert sich	weigerte sich	h sich geweigert	recusar-se, negar-se
-	weinen	um jdnᴬ, über etwᴬ	weint	weinte	h geweint	chorar
etwᴬ, sichᴬ	wenden	anᴬ	wendet	wendete/wandte	h gewendet/ gewandt	virar, virar do avesso, desviar, dirigir-se a alguém
-	werden	zuᴰ	wird	wurde	i geworden	tornar-se, ficar, virar (ex. padre)
jmdn	werben	fürᴬ, umᴬ	wirbt	warb	h geworben	fazer publicidade, atrair, conquistar a confiança/simpatia de alguém
jmdm, etwᴬ	werfen		wirft	warf	h geworfen	jogar, arremessar, atirar algo

jmdn, etw, jmdm, sich	Infinitivo	Preposição	Presente	Imperfeito	Perfeito	Significados
jmdm, etw^D, sich^D	widersprechen		widerspricht	widersprach	h widersprochen	contradizer, divergir, contrariar
jmdn, etw^A, sich^A	wiederholen		wiederholt	wiederholte	h wiederholt	repetir, revisar
jmdn, etw^A, sich^A	wiegen		wiegt	wog	h gewogen	pesar, ninar, balançar
etw^A	wissen	über^A, um^A	weiß	wusste	h gewusst	saber, ter ciência
-	wohnen		wohnt	wohnte	h gewohnt	morar, hospedar-se
etw^A	wollen		will	wollte	h gewollt	querer, exigir, desejar
jmdn, sich^A	wundern	über^A	wundert	wunderte	h gewundert	espantar-se, estranhar, surpreender
sich^D, jmdm, etw^A	wünschen	von^D, zu^D	wünscht	wünschte	h gewünscht	desejar, querer
jmdm, etw^A	zeigen		zeigt	zeigte	h gezeigt	mostrar, demonstrar, indicar, apontar
jmdn, etw^A	ziehen		zieht	zog	h/i gezogen	puxar, arrastar, arrancar, sacar (arma)
jmdm, etw^D	zuhören		hört zu	hörte zu	h zugehört	escutar, escutar prestando atenção
-	zurückgehen		geht zurück	ging zurück	i zurückgegangen	andar para trás, voltar o ponto de partida, regredir (temperatura, números de estatística)
-	zurückkommen		kommt zurück	kam zurück	i zurückgekommen	retornar, voltar ao ponto de partida, colocar coisas de volta no seu lugar, dor que volta, voltar a um assunto
jmdn, sich^A	zwingen	zu^D, zu + Inf.	zwingt	zwang	h gezwungen	obrigar, forçar alguém a, superar-se

IV. LISTA DAS DICAS CULTURAIS
LISTE LANDESKUNDLICHER TIPPS

V. LISTA DO VOCABULÁRIO ATIVO
LISTE DES AKTIVEN WORTSCHATZES

VI. DIÁLOGOS TRADUZIDOS
ÜBERSETZTE DIALOGE

1.1 QUEBRANDO O GELO

Sr. Wolf: Mas que calor hoje!

Sra. Spitz: Com certeza! Não estou acostumada com um calor destes.

Sr. Wolf: Então a sra. não é desta região?

Sra. Spitz: Não, eu sou de Hamburgo. Lá é bem mais fresco do que aqui em Munique.

Sr. Wolf: Desculpe, eu ainda não me apresentei. Meu nome é Hans Wolf.

Sra. Spitz: Muito prazer! Eu me chamo Ursula Spitz. Então o sr. é da Baviera?

Sr. Wolf: Não, na verdade eu nasci na Saxônia, mas cresci aqui. Minha família se mudou para Würzburg quando eu tinha apenas três anos.

Sra. Spitz: Que sorte a sua! A Baviera é um bom lugar para se viver. E o que o sr. faz?

Sr. Wolf: Eu trabalho com seguros.

» Veja a versão em alemão desse diálogo na p. 15.

1.3 ACHO QUE VOCÊ AINDA NÃO CONHECE MINHA AMIGA

Dieter: Olá Markus, há quanto tempo a gente não se vê!

Markus: Dieter! Que bom ver você, e como você está?

Dieter: Tudo certo. Acho que você ainda não conhece minha namorada Inge?

Markus: Ainda não. Prazer!

Inge: O prazer é meu!

Markus: E você estuda aqui em Heidelberg na universidade?

Inge: Eu? Não, não. Só estou aqui de visita. Eu sou de Dresden.

Markus: É mesmo? Eu tenho uma tia que mora em Dresden. Eu já estive lá uma vez.

Inge: Sério? Espero que a cidade tenha lhe agradado.

Markus: Sim, é uma cidade muito bonita.

Dieter: Escuta Markus, não quero interromper mas precisamos ir. Preciso voltar à república para pegar alguns livros para a próxima aula.

Markus: Claro! Eu também estou com pressa. Então até mais tarde.

Inge: Foi um prazer!

Markus: Igualmente! Até breve. Tudo de bom!

» Veja a versão em alemão desse diálogo na p. 17.

1.12 FALANDO SOBRE O TEMPO

Bettina: Você ouviu a previsão do tempo para o fim de semana?

Melanie: Sim, a previsão do tempo anunciou tempo ensolarado para o sábado, mas no domingo talvez possa chover um pouco.

Bettina: Eu odeio tempo chuvoso. Eu sempre me sinto um pouco deprimida quando chove.

Melanie: Posso te entender. Então, portanto, você prefere o verão, não é?

Bettina: É claro! Essa é a minha estação preferida! Aí dá para fazer muitas coisas fora!

Melanie: E você já tem planos para este fim de semana?

Bettina: Bom, talvez eu faça uma caminhada ao ar livre. Você vem comigo?

» Veja a versão em alemão desse diálogo na p. 25.

2.1 RESERVA NO HOTEL

(Telefone tocando)

Recepção: Hotel Zum Goldenen Bär, Meier, bom dia! Em que posso ajudá-lo?

Sr. Schultze: Aqui Schultze, bom dia. O sr. teria um quarto duplo livre para a vigésima semana--calendário da sexta-feira ao domingo?

Recepção: Só um momento, por favor. Eu vou verificar... Sim, um quarto duplo ainda está livre.

Sr. Schultze: Bom! E quanto custa a diária?

Recepção: Custa € 130, com o café da manhã incluído.

Sr. Schultze: Está bem, então eu gostaria de reservar o quarto por três noites, do dia 15 ao dia 17 de maio.

Recepção: Naturalmente. O sr. está vindo para a Feira de Jardinagem?

Sr. Schultze: Não, não. Nós vamos visitar nossa filha em Stuttgart.

Recepção: Muito bem. Então em nome de quem devo reservar o quarto duplo?

Sr. Schultze: Em nome de Jan Schultze. Vou soletrar: Julius Anton Nordpol, SCHule*, Ulrich Ludwig Theodor Zeppelin Emil

Recepção: Sim, e seu número de telefone... (voz sumindo...)

» *SCHule: maneira de soletrar "sch", veja Tabela de Soletrar no anexo 1 p. 329.

» Veja a versão em alemão desse diálogo na p. 29.

2.3 NO CHECK-IN NO AEROPORTO

Atendente de check-in: Posso ajudar a sra.?

Passageira: Sim, por favor (entregando a passagem e o passaporte para a atendente de check-in).

Atendente de check-in: A sra. prefere o assento ao lado da janela ou do corredor?

Passageira: Um assento de corredor, por favor. Eu preciso me levantar durante o voo para esticar as pernas, já que este é um voo de longa distância.

Atendente de check-in: Certo, então um assento do lado do corredor. A sra. pode colocar a sua bagagem na esteira, por favor?

Passageira: Claro. Eu só tenho esta mala. Posso levá-la como bagagem de mão?

Atendente de check-in: Naturalmente, a sra. pode colocá-la no compartimento superior do avião. Aqui está o seu cartão de embarque. A sra. vai embarcar no portão 12. Tenha um voo agradável.

Passageira: Muito obrigada, até logo.

» Veja a versão em alemão desse diálogo na p. 31.

2.5 NO AVIÃO

Bom dia, senhoras e senhores, aqui fala o comandante de bordo. Nós vamos aterrissar no Aeroporto Internacional de Munique em alguns minutos. A hora local é 7:14. O tempo está ensolarado, a temperatura é de 20 graus Celsius. Esperamos que tenham tido um bom voo e em nome da Interkontinental Fluggesellschaft gostaria de agradecer cordialmente a todos pela confiança e espero poder saudá-los em breve novamente.

Sra. Naumann: Como estou contente que vamos aterrissar logo!
Sr. Pimenta: A sra. não gosta de voar?
Sra. Naumann: Bom, digamos que viajar de avião não é uma das minhas ocupações favoritas.
Sr. Pimenta: De onde a sra. é?
Sra. Naumann: De Lübeck. E o sr.?
Sr. Pimenta: Do Rio.
Sra. Naumann: Que interessante, sempre sonhei em passar uma vez na vida o Carnaval no Rio. Talvez eu ainda consiga isto. E a costa com suas praias é tão bonita!
Sr. Pimenta: Sim, é bem verdade! A região próxima também é muito bonita. A sra. está vindo a Munique a negócios?
Sra. Naumann: Não, não, meu irmão e sua família moram aqui. Eu vim visitá-los. Estou muito feliz em revê-los. Seus filhos já são grandes agora... Não nos vemos há muito tempo... (voz sumindo...)
» Veja a versão em alemão desse diálogo na p. 33.

2.8 PEGANDO UM TÁXI DO AEROPORTO PARA O HOTEL

Taxista: Bom dia! Um instante, vou colocar sua bagagem no porta-malas.
Taxista: Para onde o sr. deseja ir, por favor?
Sr. Guimarães: Para o Steinberger Hotel, por favor.
Taxista: Está bem.
Sr. Guimarães: Quanto tempo vamos levar?
Taxista: Aproximadamente 40 minutos se o trânsito estiver bom. O sr. está em Frankfurt a negócios?
Sr. Guimarães: Sim, estou aqui para um congresso, mas eu pretendo conhecer um pouco a cidade também.
Taxista: Com certeza. Há muito para se ver e fazer na cidade.
Sr. Guimarães: Quanto custa?
Taxista: 65 euros.
Sr. Guimarães: O.k. Aqui estão 67 euros. Está certo assim.
Taxista: Muito obrigado. E então, sua bagagem. Aqui está. Eu lhe desejo uma boa estadia em Frankfurt.
Sr. Guimarães: Muito obrigado. Até logo.
» Veja a versão em alemão desse diálogo na p. 36.

2.11 FAZENDO O CHECK-IN NO HOTEL

Recepcionista: Bom dia, posso ajudá-lo?

Sr. Barbosa: Bom dia, eu tenho uma reserva em nome de Barbosa, Érico Barbosa.

Recepcionista: Um instante, por favor. Aqui está o sr., sr. Barbosa. O sr. vai ficar seis noites, certo?

Sr. Barbosa: Isso mesmo.

Recepcionista: O sr. poderia preencher este formulário, por favor?

Sr. Barbosa: Naturalmente.

Recepcionista: O número do seu quarto é 201. Um instante, por favor, vou chamar o carregador. Ele vai levar sua bagagem até o quarto.

Sr. Barbosa: Muito obrigado. A propósito, vocês têm serviço de despertar?

Recepcionista: Mas é claro, a que horas o sr. deseja ser acordado?

Sr. Barbosa: Às sete e meia, por favor. E mais uma pergunta, a que horas deve-se fazer o check-out?

Recepcionista: Ao meio-dia.

Sr. Barbosa: Certo, muito obrigado.

Recepcionista: Não há de quê! Tenha uma boa noite!

» Veja a versão em alemão desse diálogo na p. 38.

3.1 VIAGEM PARA O EXTERIOR

Pedro: Mas você já viajou muito! Quantos países você visitou até agora?

Kurt: Aproximadamente uns dezessete, estimo eu! Mas ainda nunca estive nos países escandinavos.

Pedro: O que você normalmente faz quando visita um novo país?

Kurt: Primeiro visito os principais pontos turísticos de preferência a pé e observo as pessoas e daí eu também gosto de provar a comida local.

Pedro: Muito interessante!

» Veja a versão em alemão desse diálogo na p. 43.

3.3 HÁ UMA AGÊNCIA DO CORREIO PERTO?

Turista: Com licença, por favor. Há uma agência do correio perto?

Pedestre 1: Sinto muito, não posso ajudá-lo. Eu não moro aqui. Pergunte àquele sr. lá do outro lado.

Turista: Bem, obrigada!

Turista: Desculpe, o sr. sabe se há uma agência do correio aqui perto?

Pedestre 2: Claro! Na próxima quadra tem um correio. Siga em frente, fica a sua direita, não tem como errar.

Turista: Muito obrigada! Também preciso ir a um banco. Tem algum por aqui?

Pedestre 2: O banco mais próximo fica na Kurfürstendamm. Você pode virar aqui à direita na próxima esquina, andar um quarteirão e virar à direita de novo.

Turista: Foi muito gentil da sua parte! Eu lhe agradeço muito.

Pedestre 2: Não há de quê! Até logo!

Turista: Até logo!

» Veja a versão em alemão desse diálogo na p. 45.

3.5 ALUGANDO UM CARRO

Atendente: Bom dia, sr. Em que posso ajudá-lo?

Turista: Gostaríamos de alugar um carro por uma semana.

Atendente: Claro. De onde o sr. é? Quero dizer de que país?

Turista: Do Brasil.

Atendente: Bem, posso ver sua carteira de motorista?

Turista: Claro, aqui está.

Atendente da locadora: Tudo certo. Que tipo de carro o sr. deseja?

Turista: Um carro pequeno e econômico. É só para mim e minha esposa. Nós não precisamos de um porta-malas grande. A propósito, já vem com seguro?

Atendente da locadora: Bom, inclui um seguro que limita a responsabilidade por danos ao carro alugado, ou seja um CDW.

Turista: O que significa CDW?

Atendente da locadora: CDW significa Collision, Damage, Waiver. Ou seja essa cobertura exime o locatário de responsabilidade financeira se o carro alugado for danificado. Mas também podemos lhe recomendar um seguro "Super Cover".

Turista: Então acho melhor fazer um seguro "Super Cover" para estar assegurado de forma mais abrangente.

» Veja a versão em alemão desse diálogo na p. 48.

3.7 PROBLEMAS COM O CARRO

Félix: Onde está o problema?

Jonas: Não faço a mínima ideia. O motor simplesmente não pega.

Félix: Quer que eu dê uma olhada?

Jonas: Claro.

Félix: Parece haver algo errado com a injeção eletrônica. Você teve problemas com ela recentemente?

Jonas: Na verdade não. Estava tudo bem até agora.

Félix: Bom, é melhor você chamar um socorro mecânico.

» Veja a versão em alemão desse diálogo na p. 51.

3.10 TRÂNSITO PESADO

Christian: Eu odeio dirigir neste trânsito congestionado.

Stephan: Sim, eu sei. É sempre assim na hora do rush.

Christian: O que você acha se a gente pegasse uma rua paralela? Lá com certeza o tráfego está melhor.

Stephan: Bom, vamos tentar. Você conhece bem por aqui?

Christian: Acho que conheço um atalho. Vamos virar à direita na próxima esquina.

» Veja a versão em alemão desse diálogo na p. 53.

3.12 COMPRANDO ROUPAS

Vendedora: Bom dia. Posso ajudá-lo?

Senhor: Sim, estou procurando camisetas.

Vendedora: Então, deste lado, por favor. (Levando o cliente para um outro corredor.) Aqui temos algumas... É o que o sr. está procurando?

Senhor: Não, na verdade não. A sra. teria camisas polo talvez?

Vendedora: Mas é claro. Vou mostrá-las para o sr. Que cor o sr. gostaria?

Senhor: Verde ou talvez azul. Não tenho certeza.

Vendedora: O que o sr. acha desta camiseta azul-claro?

Senhor: Sim, esta me agrada. Posso experimentá-la?

Vendedora: Claro. Qual é o seu tamanho?

Senhor: Eu normalmente uso tamanho 44/46.

Vendedora: Bem, aqui está. Os provadores são ali do outro lado.

Senhor: Muito obrigado.

(Alguns minutos mais tarde...)

Vendedora: Serviu?

Senhor: Acho que está um pouco apertada. A sra. tem um número maior?

Vendedora: Um instante, vou verificar. Sim, aqui está o tamanho 46/48, por favor.

Senhor: Obrigado.

(O cliente vai novamente ao provador. Após alguns minutos...)

Senhor: Esta aqui ficou bem. Quanto é?

Vendedora: Ela custa € 27 na liquidação agora. Na semana passada custava € 36.

Senhor: Ótimo! Vou levar.

Vendedora: Bom! O sr. precisa de mais alguma coisa?

Senhor: Não obrigado. Os srs. aceitam cartões de crédito?

Vendedora: Naturalmente!

» Veja a versão em alemão desse diálogo na p. 55.

3.14 UMA GRANDE LIQUIDAÇÃO

Antje: Esta semana começa a grande liquidação de verão nas lojas. Os preços caíram bem.

Ulla: Já? Não podemos perder esta oportunidade naturalmente!

Antje: O que você acha, vamos lá na quinta à tarde. Você está livre?

Ulla: Está perfeito para mim! Eu justamente não tenho nada na quinta a tarde. O que você acha se nós nos encontrássemos às 2 horas da tarde em frente ao KaDeWe?

Antje: Ótimo! Só não podemos exagerar demais e comprar mais do que realmente precisamos.

Ulla: Bom, vamos ver...

» Veja a versão em alemão desse diálogo na p. 58.

4.1 SAIR E DIVERTIR-SE

Axel: E aí, você está com vontade de fazer o quê hoje à noite?

Emma: Não sei. Eu pensei que talvez pudéssemos ir ao teatro novamente.

Axel: Não é uma má sugestão. Vou dar uma olhada no jornal e já vamos ver o que está em

cartaz. Vejamos... Tem uma peça nova em cartaz no Teatro Schiller. Chama-se **Vidas separadas**.
Emma: Parece ser um drama. Você sabe que eu não suporto dramas! Não tem outra coisa?
Axel: O que você acha de **O espião que me traiu**. Recebeu uma crítica favorável.
Emma: A que horas?
Axel: Deixe-me ver... às 18 horas e daí mais tarde às 21 horas.
Emma: Talvez, poderíamos convidar a Ingrid e o Lothar para virem conosco.
Axel: Ótima ideia. Ligue para a Ingrid e pergunte se eles já têm algum programa para hoje à noite.
Emma: É pra já!
» Veja a versão em alemão desse diálogo na p. 61.

4.3 UM ÓTIMO FIM DE SEMANA

Sr. Speyer: Como foi seu fim de semana sr. Kornfeld?
Sr. Kornfeld: Demais!
Sr. Speyer: É mesmo? O que o sr. fez?
Sr. Kornfeld: Bem, na sexta à noite assistimos um filme muito engraçado do Otto. Rimos até as lágrimas. Isso faz tão bem!
Sr. Speyer: É verdade, qual filme era?
Sr. Kornfeld: Otto – der Außerfriesische, já assistiu esse?
Sr. Speyer: Não, ainda não, ouvi dizer que é muito engraçado! E o que mais o sr. fez?
Sr. Kornfeld: No sábado de manhã como de costume fizemos compras na cidade e daí à noite jantamos bem no restaurante grego Akropolis. No domingo fizemos um passeio com amigos no interior. Com este tempo bom foi simplesmente maravilhoso!
» Veja a versão em alemão desse diálogo na p. 64.

4.5 INDO AO CINEMA

Kerstin: Você já assistiu ao último filme de Wim Wenders?
Ulrike: Não, ainda não e você?
Kerstin: Ainda não. Vamos assistir hoje à noite? Está passando no cinema Rex Palast.
Ulrike: Boa ideia, adoro filmes de arte. Vamos comprar os ingressos já pela internet?
Kerstin: Ótimo, já estou comprando!
» Veja a versão em alemão desse diálogo na p. 65.

4.7 O QUE TEM PARA O JANTAR?

Uwe: Olá querida! Tem algo especial para o lanche hoje à noite?
Silke: Não, na verdade só o de costume: pão integral, queijo fatiado, presunto, um pouco de patê de fígado, patê de ricota com cheiro verde... Eu também poderia lhe fazer rapidamente um omelete com cogumelos e uma saladinha. Você está com muita fome?
Uwe: Ah não, deixe tudo isso pra lá! Está gostoso lá fora, que tal um **Döner** com um **Radler** no **Biergarten**.
Silke: Uma ótima ideia! Vou vestir-me rapidinho. Estou pronta num piscar de olhos!
Uwe: Tudo certo!
» Veja a versão em alemão desse diálogo na p. 67.

4.8 NO RESTAURANTE NA PREFEITURA

Maître: Boa noite. O sr. já gostaria de fazer o pedido?
Karl: Sim, o que você vai pedir?
Ilse: Vou querer a truta azul com batatas cozidas e manteiga.
Karl: Certo, uma truta azul com batatas cozidas para a sra. e um filé-mignon grelhado na manteiga com ervas, com nhoque de batata e legumes para mim.
Maître: Então a truta azul para a senhora e o filé-mignon grelhado na manteiga com ervas para o senhor. Como o sr. gostaria seu filé malpassado, no ponto ou bem- passado?
Karl: No ponto, por favor.
Maître: O sr. deseja mais alguma coisa, uma entrada?
Karl: Não, muito obrigado, apenas o prato principal.
Maître: E para beber, o que gostariam de pedir?
Ilse: Um copo de vinho branco Sylvaner e uma água mineral para mim, por favor.
Karl: Eu gostaria de um chope, por favor.
Maître: Um Sylvaner, uma água mineral e um chope. Mais alguma coisa?
Karl: Muito obrigado, é só isso.
Garçom: Está bem, eu já lhes trago as bebidas.
Karl: Obrigado!
» Veja a versão em alemão desse diálogo na p. 69.

4.10 UMA FESTA DE ANIVERSÁRIO

Petra: Estou muito contente que você tenha conseguido vir!
Frank: Eu não deixaria de vir a esta festa de jeito nenhum.
Petra: Vamos entrando. Dê-me seu casaco.
Frank: Onde é que está o Rudi?
Petra: Ele está na cozinha, ele está cortando o pão.
Frank: Desde quando ele te ajuda na cozinha?
Petra: É verdade, de fato, nunca!
Frank: Então, onde está o nosso aniversariante?
Petra: Lá atrás com seus amigos.
Frank: Isto é para o Willy. Só espero que ele ainda não tenha ganhado nenhum deste.
Petra: Ele vai adorar! Por que você mesmo não entrega para ele?
Frank: Mas é claro. Vou começar a cumprimentar o pessoal por aqui...
» Veja a versão em alemão desse diálogo na p. 76.

4.12 UM ÓTIMO DESTINO PARA AS FÉRIAS

Sr. Aguiar: Bom dia! O sr. é que tem sorte, sr. Schmitzke! O sr. vai sair logo de férias, não é?
Sr. Schmitzke: É bem verdade. Mal posso esperar até a próxima semana. Estou precisando mesmo de uma pausa para relaxar.
Sr. Aguiar: O sr. vai viajar?
Sr. Schmitzke: Bem, minha esposa tem uma irmã que mora em Maiorca. Vamos passar duas semanas com ela.

Sr. Aguiar: Maiorca! Isto é um sonho! Tempo bom e quente sempre! É um excelente destino para as férias.

Sr. Schmitzke: Com certeza. Minha filha de 12 anos já está toda ansiosa com a ideia de podermos ir à praia todo dia. Este é na verdade nosso motivo principal para voarmos para lá.

Sr. Aguiar: Primeiríssima escolha! Então desejo ao sr. ótimas férias!

Sr. Schmitzke: Muitíssimo obrigado!

» Veja a versão em alemão desse diálogo na p. 78.

5.1 UMA CONSULTA MÉDICA

Médico: O próximo, por favor. Bom dia, sr. Souza. Qual é o problema?

Sr. Souza: Bom dia, doutor. Eu tenho tido dores de cabeça constantes e às vezes sinto-me tonto.

Médico: O sr. mudou sua dieta de alguma forma?

Sr. Souza: Na verdade, não.

Médico: E o trabalho? O sr. tem trabalhado mais do que o habitual nos últimos dias?

Sr. Souza: Bem, eu não tenho trabalhado mais do que o normal, mas tenho tido muito estresse ultimamente.

Médico: Bem, então vou examiná-lo primeiro. O sr. pode tirar a camisa e deitar-se na cama, por favor?

(Alguns minutos depois...)

Médico: Tudo parece estar bem. Precisamos de um exame de sangue. Vou lhe prescrever também um remédio para as dores de cabeça. O sr. toma três vezes ao dia nas refeições. Aqui está a receita. Não deve ser nada sério. Melhoras e até logo!

Sr. Souza: Obrigado doutor. Até logo!

» Veja a versão em alemão desse diálogo na p. 81.

5.3 SENTINDO-SE DOENTE

Egon: Olá, Manfred! O que há com você? Você não parece estar nada bem!

Manfred: De fato, para ser sincero não estou nem um pouco bem.

Egon: Mas o que você tem?

Manfred: Desde ontem à noite estou com uma dor de cabeça daquelas e tenho o tempo todo a impressão de que preciso vomitar.

Egon: Nossa! Isso é péssimo! O que posso fazer por você?

Manfred: Eu te agradeço, mas acho que você não pode me ajudar. Tenho tomado aspirinas desde ontem à noite, mas isso não fez muito efeito.

Egon: Será que é por causa de comida?

Manfred: Não sei. Não comi nada de incomum nos últimos dias. Mas poderia ser... Se eu continuar me sentindo tão miserável, então não vai ter jeito, vou precisar ir ao médico.

Egon: Sim, faça isso, mas já!

» Veja a versão em alemão desse diálogo na p. 83.

5.5 É MELHOR VOCÊ FAZER REGIME!

Jorge: Puxa! Não acredito que engordei um quilo e meio em uma semana.
Sebastian: Esse é o preço por comer porcaria e fazer pouco exercício!
Jorge: Eu sei... Preciso começar um regime de todo jeito.
Sebastian: Você também deveria se exercitar com mais frequência. Quase não te vi malhando ultimamente. De qualquer forma você deve consultar um médico antes de começar um regime.
» Veja a versão em alemão desse diálogo na p. 86.

5.7 NA DENTISTA

Dentista: E então, tem algo doendo?
Paciente: Há algum tempo este dente tem doído.
Dentista: Talvez o sr. tenha uma cárie. Quando foi a última vez que o sr. consultou um dentista?
Paciente: Há uns três anos. É que eu entro em pânico quando escuto o motorzinho.
Dentista: Não se preocupe, o sr. não vai sentir nada. Simplesmente feche os olhos e tente relaxar.
Paciente: Eu vou tentar.
» Veja a versão em alemão desse diálogo na p. 88.

5.9 MANTENDO-SE EM FORMA

Jörg: Nossa! Como você tem mantido a forma!
Otto: Sim, desde que eu comecei a treinar regularmente.
Jörg: Com que frequência você malha na academia?
Otto: Pelo menos três vezes por semana, mas eu também corro todas as manhãs.
Jörg: Ah é? Ah, se eu tivesse tempo para fazer isso também.
Otto: Bom, você precisa arrumar tempo. Eu também sempre dava a mesma desculpa. Lembre--se apenas de como é importante ter uma vida saudável.
Jörg: Acho que você tem razão!
» Veja a versão em alemão desse diálogo na p. 89.

5.11 DICAS DE UM PERSONAL TRAINER

Mathias: Eu percebo que estou fora de forma. Preciso realmente começar um programa de exercícios. O que o sr. recomendaria?
Personal trainer: Bom, se o sr. não se exercita há muito tempo, a melhor coisa a fazer é um check-up médico primeiro.
Mathias: Exato, eu estava pensando em fazer isso.
Personal trainer: Bom, se estiver tudo bem com o seu exame médico então o sr. pode, aos poucos, começar um programa de exercícios. O sr. gosta de correr?
Mathias: Gosto, só que eu fico cansado muito rápido após alguns minutos.
Personal trainer: Isso é normal, o sr. está fora de forma. Precisa começar devagar e gradualmente correr por mais tempo e aumentar o ritmo.
» Veja a versão em alemão desse diálogo na p. 90.

6.1 UMA NOVA MORADIA

Ella: E então, ouvi dizer que vocês vão se mudar logo mais.

Lea: Sim! Encontramos um apartamento legal com terraço a um quarteirão daqui. É um apartamento de três cômodos. A sala de estar é maior e agora temos um escritório. É exatamente o que a gente estava procurando.

Ella: Vocês realmente precisavam de um apartamento maior.

Lea: É verdade, tínhamos muito pouco espaço.

Ella: Que maravilha que vocês vão ficar por perto.

Lea: Pois é, estamos tão acostumados com o bairro que não podíamos nos imaginar em um outro.

Ella: Me avise se vocês precisarem de ajuda com a mudança. Talvez o Ulrich possa ser útil a vocês com seu furgão.

» Veja a versão em alemão desse diálogo na p. 93.

6.5 MEU AFAZER DOMÉSTICO PREFERIDO

Guilherme: Sua esposa o ajuda no trabalho doméstico?

Martin: Mas é claro! Ela me ajuda sempre que pode. Seu afazer doméstico preferido é lavar a louça e fazer as compras.

Guilherme: Como é que vocês dividem os afazeres domésticos?

Martin: Bem, cada um tem suas preferências, mas quando um não pode o outro tem compreensão e assume a tarefa excepcionalmente conforme as disponibilidades de tempo de cada um. Procuramos simplificar ao máximo a vida.

Guilherme: E vocês ainda têm dois filhos, como é que dão conta de tudo?

Martin: Sim, sempre tem bastante coisa para fazer. Mas nós nos organizamos e as crianças já podem ajudar um pouco, como pôr e tirar a mesa, guardar suas próprias coisas. Essas coisas pequenas já ajudam.

Guilherme: Isso é realmente incrível! Parabéns!

» Veja a versão em alemão desse diálogo na p. 96.

6.7 VOCÊ SEMPRE MOROU EM APARTAMENTO?

Ute: Você sempre morou em apartamento?

Erwin: Não, não. Antes de me casar eu morava em uma casa grande no subúrbio.

Ute: Então isso foi uma grande mudança.

Erwin: No começo foi bem difícil para mim. Eu estava acostumado com muito mais espaço, mas agora já me adaptei.

Ute: Hoje você prefere morar em apartamento?

Erwin: Naturalmente há vantagens e desvantagens, como em tudo na vida. Uma das grandes vantagens é a segurança. Quando viajamos podemos simplesmente trancar a porta e sair. Sem mais preocupações!

» Veja a versão em alemão desse diálogo na p. 99.

6.8 PROBLEMAS COM O APARTAMENTO

Karl-Heinz: Estou ficando de saco cheio de morar nesse apartamento.
Thomas: Qual é o problema agora?
Karl-Heinz: Bom, primeiro o ralo da pia da cozinha está sempre entupido.
Thomas: Você já mandou vir um encanador?
Karl-Heinz: Já, duas vezes até! Mas após alguns dias começa tudo de novo.
Thomas: Vai ver que é porque este apartamento é uma construção antiga.
Karl-Heinz: É verdade, e além disso o ralo do banheiro também não está bom.
Thomas: Para ser sincero, no seu lugar eu procuraria um novo apartamento. Este apartamento está precisando de uma boa reforma feita pelo proprietário.

» Veja a versão em alemão desse diálogo na p. 100.

6.10 FAMÍLIA

Sophie: Ei, Friedrich, então você tem uma família grande?
Friedrich: Sim, certo, eu tenho dois irmãos e uma irmã gêmea.
Sophie: Uma irmã gêmea, que bacana!
Friedrich: É, mas nós não nos parecemos nem um pouco.
Sophie: Vocês se encontram com frequência?
Friedrich: Na verdade, não muito. Um dos meus irmãos mora no exterior, então só o vejo uma vez por ano. Vejo o meu outro irmão e minha irmã com mais frequência. De qualquer maneira, nós nos reunimos todos uma vez por ano, normalmente no Natal.

» Veja a versão em alemão desse diálogo na p. 101.

7.1 DOIS AMIGOS FALANDO SOBRE TRABALHO

Ernesto: O que está acontecendo com você? Você parece preocupado.
Horst: Sim, estou mesmo. Não aguento mais fazer o mesmo trabalho chato dia após dia. Preencher formulários e toda essa papelada, você já sabe a que me refiro.
Ernesto: Você já está procurando um outro emprego?
Horst: Claro, ultimamente já tenho olhado os anúncios de emprego do jornal.
Ernesto: Que tipo de colocação você tem em mente?
Horst: Não faço ideia. Em todo caso algo desafiador. Simplesmente não aguento mais sempre a mesma rotina de trabalho.
Ernesto: Eu bem sei o que é isso.

» Veja a versão em alemão desse diálogo na p. 103.

7.3 VOCÊ PRECISA DIMINUIR O RITMO!

Gustav: Você está todo pálido. Você não está bem?
Eugênio: Não muito.
Gustav: Tire uma folga o resto do dia e relaxe!
Eugênio: Você acha mesmo? Ultimamente tenho passado por uma tal pressão.
Gustav: Às vezes a gente precisa diminuir o ritmo.

Eugênio: Acho que você tem razão! Obrigado pelo conselho.

» Veja a versão em alemão desse diálogo na p. 104.

7.5 UMA ENTREVISTA DE EMPREGO

Entrevistadora: Então, eu vi no seu currículo que o sr. trabalha com publicidade há mais de dez anos.

Candidato: Sim, é verdade. Logo após o meu diploma de faculdade comecei a trabalhar com publicidade.

Entrevistadora: O que o sr. mais gosta em publicidade?

Candidato: Eu gosto principalmente do aspecto criativo. Desde que eu era criança sempre gostei de bolar logotipos e slogans.

Entrevistadora: E por que o sr. gostaria de trabalhar conosco?

Candidato: Eu sinto que, com minha experiência de dez anos na área, poderia contribuir decisivamente com ideias para novos produtos e campanhas de publicidade.

Entrevistadora: O sr. sabe que nós fabricamos guinchos. O sr. está familiarizado com essa linha de produtos?

Candidato: Na verdade eu nunca trabalhei com guinchos, mas tenho certeza que posso aprender tudo a respeito do assunto em pouco tempo. Além disso, vejo como um desafio trabalhar com um novo produto.

Entrevistadora: Entendo...

» Veja a versão em alemão desse diálogo na p. 105.

7.8 O QUE VOCÊ ACHA DO NOVO PRODUTO?

Manuela: E então, o que o sr. acha do novo produto?

Rüdiger: Está fantástico! A fragrância é sem igual, leve e ao mesmo tempo sensual. Há um grande mercado para um perfume desses. Tenho certeza de que vai agradar muito às mulheres.

Manuela: Eu estou realmente muito entusiasmado com este produto. Como o sr. acha que deveríamos formatar a nossa campanha publicitária?

Rüdiger: Bem, deveríamos pensar em colocar alguns anúncios em revistas e magazines e talvez até em outdoors.

Manuela: Estou totalmente de acordo. Mal posso esperar a nossa reunião com a equipe de marketing amanhã.

» Veja a versão em alemão desse diálogo na p. 112.

7.11 VOCÊ PODE PEDIR PARA ELE RETORNAR A LIGAÇÃO?

Telefonista: Viacom International, Schmitz, bom dia!

Hartung: Bom dia, eu gostaria de falar com o sr. Specht, por favor.

Telefonista: Só um instante, por favor. Vou transferir o sr. para a secretária dele.

Hartung: Obrigado.

Secretária: Kraus, bom dia.

Hartung: Bom dia, poderia falar com o sr. Specht, por favor?

Secretária: Sinto muito, a linha está ocupada no momento. O sr. pode esperar ou quer tentar mais tarde?

Hartung: Vou aguardar.

(Alguns minutos depois...)

Secretária: Desculpe mas o sr. Specht ainda está na ligação. Posso transmitir algum recado para ele?

Hartung: Sim, por favor. Meu nome é Hartung. A sra. poderia pedir a ele para retornar a ligação, por favor?

Secretária: É claro. Ele tem o seu telefone?

Hartung: Acho que sim, mas vou passá-lo para a sra. em todo caso. Então meu número é o 662-59-29-84.

Secretária: Então, mais uma vez: 662-59-29-84.

Hartung: Certo. Muito obrigado!

Secretária: Não há de quê. Até logo!

Hartung: Até logo.

» Veja a versão em alemão desse diálogo na p. 116.

7.14 DINHEIRO, A MOLA DO MUNDO

Hermann: Às vezes fico pensando sobre o futuro do dinheiro.

Luise: O que você quer dizer com isso?

Hermann: Se algum dia o dinheiro talvez vai desaparecer. Estou pensando nas notas e moedas, e se alguma outra coisa vai substituí-las.

Luise: Bom, um número crescente de pessoas tem usado regularmente cartões de crédito ou o assim chamado "dinheiro de plástico".

Hermann: Essa é sem dúvida uma tendência, mas eu acho que alguma outra coisa pode acontecer. Estou pensando em todos os novos desenvolvimentos tecnológicos de hoje, nós certamente lidaremos com dinheiro apenas na forma eletrônica daqui a alguns anos.

Luise: É, isso deve mesmo acontecer, mas de qualquer modo o dinheiro sempre terá um papel importante em nossas vidas. Você bem sabe: o dinheiro é a mola do mundo!

» Veja a versão em alemão desse diálogo na p. 119.

7.15 SEM TEMPO PARA PASSAR EM UM CAIXA ELETRÔNICO

Tobias: Olá Max! Você pode me emprestar vinte euros?

Max: Claro. Para que você precisa?

Tobias: Conto mais tarde. Estou com muita pressa agora e não tenho tempo para passar em um caixa eletrônico para sacar dinheiro. Devolvo para você amanhã.

Max: Então tá, tudo certo!

» Veja a versão em alemão desse diálogo na p. 120.

8.1 UM NOVO NAMORADO

Heike: Você está diferente. Você parece mais alegre. Tem alguma novidade?

Cláudia: Está tão na cara assim?

Heike: O quê? Não sei do que você está falando.

Cláudia: Bem, conheci um cara novo.

Heike: Que legal! É por isso então! Um novo namorado! Então conta, vamos! Como é que ele é?

Cláudia: Ele tem altura mediana, nem gordo nem magro. Seus cabelos são castanho-claros e seus olhos verdes. Olha, eu tenho uma foto dele no meu celular.

Heike: Uau, ele parece bonitinho! Como você tem sorte!

Cláudia: Eu sei.

Heike: Quantos anos ele tem?

Cláudia: Dezenove. Ele vai fazer vinte no próximo mês.

Heike: Tanto melhor para você!

» Veja a versão em alemão desse diálogo na p. 123.

8.4 SEPARAÇÕES SÃO SEMPRE DIFÍCEIS!

Christine: O que está acontecendo com você? Você parece arrasada!

Johanna: Eu briguei com o Thorsten. Terminou.

Christine: O que aconteceu? Por que vocês brigaram?

Johanna: Bom, primeiro ele mentiu para mim várias vezes. Daí eu também descobri que ele está saindo com a Júlia. Você sabe, a menina bonitinha da escola. Para mim chega!

Christine: Puxa, não sei realmente o que devo dizer. Isso já aconteceu comigo. Você tem certeza de que vocês não podem fazer as pazes?

Johanna: De jeito nenhum!

» Veja a versão em alemão desse diálogo na p. 127.

8.6 CONVIDANDO UM COLEGA DE TRABALHO PARA JANTAR

Sr. Samzig: Por hoje chega! O sr. tem intenção de fazer alguma coisa hoje à noite?

Sr. Pereira: Não, na verdade não. Eu só queria praticar um pouco de esporte.

Sr. Samzig: Então posso convidá-lo para jantar amanhã?

Sr. Pereira: Será um prazer, é muito gentil da sua parte. Há alguma razão especial?

Sr. Samzig: Não, simplesmente porque nós já trabalhamos juntos há tanto tempo e raramente temos oportunidade de batermos um papo descontraído.

Sr. Pereira: Nisso o sr. tem razão. Aceito de bom grado seu convite. Então até amanhã e muito obrigado. Desejo-lhe ainda uma boa noite!

Sr. Samzig: Obrigado, igualmente!

» Veja a versão em alemão desse diálogo na p. 130.

8.8 FICA PARA A PRÓXIMA

Ulli: Bem, para mim chega por hoje!

Marko: Bom, o que você acha de irmos tomar algo no bar da esquina?

Ulli: Ah não, deixa para a próxima! Estou me sentindo realmente cansado. Hoje só quero ir para casa e sentar na frente da televisão!

Marko: O que é isso? Vamos, não são nem 6 horas. Vamos só tomar um chope. Vai fazer bem a você.

Ulli: Para ser sincero, eu também estou com um pouco de dor de cabeça. Não podemos deixar para amanhã?

Marko: Então tá, você venceu! Melhoras e boa volta para casa!

» Veja a versão em alemão desse diálogo na p. 132.

8.10 VOCÊ DEVERIA SAIR COM MAIS FREQUÊNCIA!

Herbert: Olá Mario! Nossa, você não parece nada bem.

Mario: Estou totalmente esgotado!

Herbert: O que é que está acontecendo?

Mario: Estou com trabalho até aqui! Eu daria meu reino para poder relaxar uma noite de verdade!

Herbert: Então vamos logo! Você precisa é sair de qualquer jeito e encontrar outras pessoas.

Mario: Eu sei, eu preciso... É que eu simplesmente tenho tido trabalho demais para fazer ultimamente e então eu quase não tenho tempo para mim mesmo.

Herbert: Escuta aqui, hoje à noite vamos a uma discoteca, o.k.?

Mario: O quê? Uma discoteca? Não sei, estou me sentindo acabado...

Herbert: Sem desculpas! Eu passo para te pegar às 9 horas. Esteja pronto! No caminho para a discoteca podemos comer uma pizza.

» Veja a versão em alemão desse diálogo na p. 133.

8.12 QUERIA LHE PEDIR DESCULPAS POR CAUSA DE ONTEM...

Arnim: Posso falar com você um instante?

Elke: Bom, então, fale logo!

Arnim: Eu queria lhe pedir desculpas por causa de ontem. Eu não quis te ofender. Me desculpe, por favor.

Elke: Bom, se você quiser saber a verdade, eu fiquei bem chateada mesmo ontem à noite com isso.

Arnim: Eu sei. Eu não deveria ter sido tão maldoso. Lamento mesmo o que eu te disse ontem, não quis dizer aquilo. Você pode me perdoar apesar disso?

Elke: Está bem, todos cometem erros.

Arnim: Você não me leva a mal mesmo?

Elke: Está tudo bem! Vamos esquecer isso!

» Veja a versão em alemão desse diálogo na p. 135.

8.14 É POR ISSO MESMO QUE ADORO ESTE LUGAR!

Dominik: Olha só aquela gata linda ali.

Niklas: Que loucura! Simplesmente linda de morrer, não é?

Dominik: Nesta discoteca sempre tem muitas mulheres bonitas!

Niklas: Eu sei perfeitamente! É por isso mesmo que adoro este lugar!

Dominik: Tomara que a gente tenha sorte hoje à noite!

Niklas: Assim espero também, cara!

» Veja a versão em alemão desse diálogo na p. 136.

9.1 UMA ROTINA DIÁRIA

Arno: Você tem uma rotina diária, Volker?
Volker: Com certeza, eu sempre levanto às 7 horas, me lavo, tomo café da manhã e daí vou ao trabalho às 8 horas.
Arno: E a que horas você começa a trabalhar?
Volker: Por volta das 8:30 quando o trânsito está bom.
Arno: Você lê todos os dias o jornal?
Volker: Não, só leio o jornal nos fins de semana para me colocar a par das notícias, mas assisto o noticiário noturno da TV com frequência.
Arno: Bom, então você não vai para cama muito cedo?
Volker: Por volta da meia-noite.
Arno: Daí você não se sente cansado na manhã seguinte?
Volker: Na verdade, não. Sete horas de sono são suficientes para mim.
» Veja a versão em alemão desse diálogo na p. 141.

9.3 A VIDA NO BRASIL E NA ALEMANHA

Wilhelm: Você já pensou como a vida no Brasil é diferente da vida na Alemanha?
Marco: Sim, a diferença é muito grande. Às vezes me dou conta disso, principalmente quando vejo filmes alemães e observo os personagens, isso para nem falar do clima!
Wilhelm: Veja só as casas, por exemplo. No Brasil, uma casa é totalmente diferente da outra. Algumas são mais velhas e logo do lado tem uma bem moderna. Cada um tem o direito de construir como quer.
Marco: É verdade, na Alemanha isso é regulamentado de outra forma. Quando estive lá percebi como as fachadas, conforme o bairro, são uniformes. Mas o que me fez falta lá foi o jantar quente.
Wilhelm: Ah sim! Na Alemanha come-se à noite na maioria das vezes algo frio, apenas pão integral com manteiga, queijo e embutidos. No inverno toma-se, então, mais uma sopa quente. Mas temos uma refeição principal como vocês aqui, o almoço.
Marco: Bom, o que mais me agrada no Brasil é o tempo bom e quente!
Wilhelm: A mim também, eu adoro dias ensolarados.
» Veja a versão em alemão desse diálogo na p. 141.

9.5 COMO ESTÁ QUENTE AQUI DENTRO!

Eduard: Gente, como está quente aqui dentro! Posso ligar o ar-condicionado?
Bernd: É o que eu também faria, mas está quebrado.
Eduard: Ah não! Como é possível uma coisa dessas!
Bernd: Deve ser consertado logo.
Eduard: Ah, como eu gostaria de poder ir nadar agora!
Bernd: Eu também, por que não vamos à piscina municipal mais tarde?
» Veja a versão em alemão desse diálogo na p. 143.

9.7 SENTINDO-SE CANSADO

Frank: Estou morto. Não podemos simplesmente ir para casa?
Ruth: Preciso ainda comprar uma coisa rapidinho.
Frank: Ainda rapidinho? E o que mais?
Ruth: Sapatos, lembra-se? Eu quero dar uma olhada na nova loja de calçados.
Frank: O que você acha de me sentar no café em frente enquanto você olha sapatos?
Ruth: Ah, puxa querido! Você sabe que eu preciso da sua opinião. Eu me sinto muito mais segura quando você está junto e logo me diz o que fica melhor para mim.
Frank: Então tá bom! Você venceu de novo. Vamos lá, mas vamos resolver isso rápido, certo?
Ruth: Legal, eu te prometo!
» Veja a versão em alemão desse diálogo na p. 144.

9.9 UM DIA DIFÍCIL

Walter: Você parece meio abatido?
Günther: Tive um dia exaustivo.
Walter: Mas o que foi?
Günther: Então, hoje cedo para começar tive um pneu furado quando eu estava indo para o trabalho. Mas não foi só isso!
Walter: O que mais aconteceu?
Günther: Quando eu finalmente cheguei ao escritório, percebi que tinha esquecido minha pasta com alguns relatórios importantes em casa.
Walter: Então você teve de fazer todo o caminho de volta para casa para pegá-la, certo?
Günther: Isso mesmo. E adivinha o que aconteceu então quando eu estava voltando para o escritório?
Walter: Não tenho a mínima ideia!
Günther: Por causa de uma batida o trânsito ficou parado e eu levei mais de uma hora para chegar de novo ao escritório. Isso teve por consequência que eu perdi a reunião com os vendedores.
Walter: Nossa, você teve realmente um dia difícil!
» Veja a versão em alemão desse diálogo na p. 145.

9.11 VOCÊ PODE ME DAR UMA MÃO?

Arthur: Ei, Eugen, você pode me dar uma mão aqui?
Eugen: Mas é claro, o que você está precisando?
Arthur: Você pode me ajudar a mudar estas caixas de lugar?
Eugen: O.k. Onde você quer colocá-las?
Arthur: Ali, do lado da janela.
Eugen: Certo. Vamos lá, vamos levantar! Puxa! Elas estão pesadas mesmo. O que tem dentro delas?
Arthur: Nada além de papelada!
» Veja a versão em alemão desse diálogo na p. 146.

9.13 OBRIGADO PELA CARONA!

Franz: Olá, Jonathan! Para onde é que você está indo?
Jonathan: Franz! Como o mundo é pequeno. Estou justamente indo para o centro da cidade.
Franz: Você deu sorte! Estou indo para lá também. Vamos, entre!
Jonathan: Ótimo! Muito obrigado pela carona! É realmente uma grande ajuda.
Franz: Não há de quê, Jonathan!
» Veja a versão em alemão desse diálogo na p. 147.

10.1 COMO ERA A VIDA ANTES DO COMPUTADOR

Klaus: Você consegue imaginar como era a vida antes de existirem os computadores?
Janina: Não, não consigo nem imaginar. Meu avô tem ainda uma velha máquina de escrever. Eu simplesmente não consigo acreditar que as pessoas usavam uma coisa dessas. Não dá nem para compará-las com os processadores de texto atuais. Os computadores tornaram a vida de todos muito mais fácil.
Klaus: Sim, imagine só como seria a vida sem e-mail.
Janina: Eu envio e recebo e-mails todos os dias. Não posso imaginar minha vida sem eles. Afinal acho que somos uma geração de sorte. A vida é tão mais fácil hoje.
Klaus: Bom, disso não tenho tanta certeza assim. Como você sabe, tudo tem seus poréns. Por causa de todo esse desenvolvimento tecnológico as pessoas trabalham hoje em dia muito mais do que antes.
Janina: É verdade. Se você tiver um laptop os e-mails o perseguirão por toda parte pouco importando aonde você for e as ligações telefônicas também, se você tiver um celular!
» Veja a versão em alemão desse diálogo na p. 149.

10.3 E SE VOCÊ NÃO FOSSE UM WEBDESIGNER?

Birgit: Então, que profissão você teria se não fosse um webdesigner?
Dieter: Minha nossa! Não sei. Não consigo imaginar outra profissão. Talvez eu teria sido um veterinário, pois eu adoro animais.
Birgit: Sério? Você tem bichos de estimação?
Dieter: Mas é claro, eu tenho dois cachorros e um gato.
Birgit: E você é quem cuida deles, certo?
Dieter: Exato. Minha esposa não é muito chegada a animais, então sou eu quem normalmente alimenta e cuida deles.
» Veja a versão em alemão desse diálogo na p. 153.

10.5 ELE ME PARECE UM BOM PROFISSIONAL

Elias: E então, o que você acha do novo funcionário no escritório?
Tom: Acho que ele está se saindo bem. Ele me parece um bom profissional.
Elias: Há quanto tempo ele trabalha com a gente?
Tom: Há umas cinco semanas, eu acho.
Elias: Sério? O tempo passa tão rápido.
» Veja a versão em alemão desse diálogo na p. 154.

10.7 PRECISO DO SEU CONSELHO

Tim: Você tem um minuto?

Luca: Mas é claro. O que há de novo?

Tim: Bem, eu só queria conversar com você sobre algo. Na verdade eu preciso do seu conselho sobre...

Luca: Sou todo ouvidos! Pode falar!

Tim: Você sabe né, que estou prestes a acabar o colegial e que depois eu queria estudar direito como meu pai.

Luca: Sim, você já disse isso, que queria se tornar advogado como seu pai.

Tim: Isso e esse é justamente o ponto. Eu não tenho mais tanta certeza disso...

» Veja a versão em alemão desse diálogo na p. 155.

10.9 POSSO FALAR COM O GERENTE, POR FAVOR?

Vendedor: Bom dia, posso ajudar a sra.?

Gudrum: Bom dia, posso falar com o gerente, por favor?

Vendedor: Claro, mas talvez eu possa ajudá-la se a sra. me explicar do que se trata.

Gudrum: Está bem, eu comprei este liquidificador ontem aqui e fiquei surpresa quando hoje de manhã ele não funcionou direito.

Vendedor: A sra. está com seu recibo?

Gudrum: Naturalmente, está aqui.

Vendedor: Bom, então está tudo bem. Vou buscar um outro para a sra. Um instante, por favor.

Vendedor: Aqui está uma peça nova e para que não haja erros, vamos testá-la já.

Gudrum: Acho isso bom.

Vendedor: Este liquidificador está em ordem. Está funcionando perfeitamente bem. Aqui está.

Gudrum: Muitíssimo obrigada pela sua ajuda. Até logo!

» Veja a versão em alemão desse diálogo na p. 156.

10.11 POR MIM TUDO BEM!

Ruprecht: Que tal se a gente desse um pulo na casa do Igor hoje à noite? Nós não o vemos há muito tempo.

Leopoldo: Boa ideia. Fico me perguntando o que ele tem aprontado nos últimos tempos.

Ruprecht: Às 7 horas está bom para você?

Leopoldo: Pode ser um pouco mais tarde, por volta das 8?

Ruprecht: Tudo bem. Você quer que eu passe e te pegue?

Leopoldo: Sim, seria ótimo. Ei, daí nós poderíamos ir todos juntos comer no restaurante grego. O que você acha?

Ruprecht: Por mim tudo bem! Tenho certeza de que o Igor também não vai ter nada contra. Ele adora comida grega. Você liga para ele?

Leopoldo: Está bem. Até mais tarde! Tchau!

» Veja a versão em alemão desse diálogo na p. 158.

10.13 NOVOS TEMPOS, NOVAS PROFISSÕES!

Caio: Como você imagina o mundo daqui a vinte anos?

Norbert: Puxa vida! Isso é bastante difícil de dizer. Tudo muda tão rápido hoje.

Caio: Você acha que as pessoas não vão mais ficar indo e vindo até o trabalho?

Norbert: Bom, eu posso imaginar sim que muitas pessoas vão trabalhar em casa. Eu já tenho alguns amigos que já trabalham assim hoje.

Caio: E as profissões? Você acredita que algumas delas vão desaparecer?

Norbert: Eu tenho certeza que algo assim vai acontecer. Veja, por exemplo, a profissão do alfaiate, quase não se vê mais alfaiates.

Caio: É verdade. Por outro lado a tecnologia trouxe novas profissões consigo, como, por exemplo, os webdesigners!

» Veja a versão em alemão desse diálogo na p. 159.

VEJA
COMO ACESSAR
O ÁUDIO
p.341

VII. CONTEÚDO DE ÁUDIO: FAIXA E PÁGINA
TRACK UND SEITE

Faixa 1: Introdução/Das Eis brechen p. 15
Faixa 2: Ich glaube, du kennst meine Freundin noch nicht p. 17
Faixa 3: Über das Wetter sprechen p. 25
Faixa 4: Reservierung im Hotel p. 29
Faixa 5: Am Abfertigungsschalter am Flughafen p. 31
Faixa 6: Im Flugzeug p. 33
Faixa 7: Ein Taxi vom Flughafen zum Hotel nehmen p. 36
Faixa 8: Sich im Hotel anmelden p. 38
Faixa 9: Reisen ins Ausland p. 43
Faixa 10: Gibt es ein Postamt in der Nähe? p. 45
Faixa 11: Ein Auto mieten p. 48
Faixa 12: Probleme mit dem Auto p. 51
Faixa 13: Starker Verkehr p. 53
Faixa 14: Kleidung kaufen p. 55
Faixa 15: Ein großer Ausverkauf p. 58
Faixa 16: Ausgehen und Spaß haben p. 61
Faixa 17: Ein tolles Wochenende p. 64
Faixa 18: Ins Kino gehen p. 65
Faixa 19: Was gibt es zum Abendessen? p. 67
Faixa 20: Im Ratskeller p. 69
Faixa 21: Eine Geburtstagsfeier p. 76
Faixa 22: Ein tolles Urlaubsziel p. 78
Faixa 23: Ein Termin beim Arzt p. 81
Faixa 24: Sich krank fühlen p. 83
Faixa 25: Du solltest eine Diät machen! p. 86
Faixa 26: Bei der Zahnärztin p. 88
Faixa 27: Sich fit halten p. 89
Faixa 28: Tipps von einem Sportberater p. 90
Faixa 29: Eine neue Wohnung p. 93
Faixa 30: Meine Lieblingshausarbeit p. 96
Faixa 31: Hast du immer in einer Wohnung gewohnt? p. 99
Faixa 32: Probleme mit der Wohnung p. 100
Faixa 33: Familie p. 102
Faixa 34: Zwei Freunde sprechen über die Arbeit p. 103
Faixa 35: Du musst dich schonen! p. 104
Faixa 36: Ein Vorstellungsgespräch p. 105
Faixa 37: Was halten Sie vom neuen Produkt? p. 112

VIII. ANEXOS
ANHÄNGE

ANEXO 1: TABELA PARA SOLETRAR - BUCHSTABIERTAFEL

	Alemanha	Áustria	Suíça	Internacional[1]
A	Anton	Anton	Anna	Amsterdam
Ä	Ärger	Ärger	Äsch	-
B	Berta	Berta	Berta	Baltimore
C	Cäsar	Cäsar	Cäsar	Casablanca
Ch	Charlotte	Christine	-	-
D	Dora	Dora	Daniel	Dänemark
E	Emil	Emil	Emil	Edison
F	Friedrich	Friedrich	Friedrich	Florida
G	Gustav	Gustav	Gustav	Gallipoli
H	Heinrich	Heinrich	Heinrich	Havanna
I	Ida	Ida	Ida	Italia
J	Julius	Julius	Jakob	Jerusalem
K	Kaufmann	Konrad	Kaiser	Kilogram
L	Ludwig	Ludwig	Leopold	Liverpool
M	Martha	Martha	Marie	Madagaskar
N	Nordpol	Nordpol	Niklaus	New York
O	Otto	Otto	Otto	Oslo
Ö	Ökonom	Österreich	Örlikon	-
P	Paula	Paula	Peter	Paris
Q	Quelle	Quelle	Quasi	Québec
R	Richard	Richard	Rosa	Roma
S	Samuel/Siegfried	Siegfried	Sophie	Santiago
Sch	Schule	Schule	-	-
ß	Eszett	scharfes S	-	-
T	Theodor	Theodor	Theodor	Tripoli
U	Ulrich	Ulrich	Ulrich	Uppsala
Ü	Übermut	Übermut	Übel	-
V	Viktor	Viktor	Viktor	Valencia
W	Wilhelm	Wilhelm	Wilhelm	Washington
X	Xanthippe	Xaver	Xaver	Xanthippe
Y	Ypsilon	Ypsilon	Yverdon	Yokohama
Z	Zacharias/ Zeppelin	Zürich	Zürich	Zürich

[1] Os nomes de países ou cidades estão na forma alemã, como seriam falados.

ANEXO 2: TABELA DE SUFIXOS POR GÊNERO

Esta relação de sufixos, que não é exaustiva, permite deduzir o gênero na maioria dos casos. Quando um sufixo remeter a mais de um gênero está indicado entre parênteses e por uma seta a inicial do gênero ao qual também pertence: (→N)

	Sufixos	Exemplos
Masculino	-al (→N)	Dual, General, Kanal, Plural
	-and	Diplomand, Doktorand, Examinand, Konfirmand, Multiplikand
	-ant	Demonstrant, Emigrant, Laborant, Lieferant, Praktikant
	-ar (→N)	Basar, Bibliothekar, Kommentar, Kommissar, Notar, Singular
	-är	Pensionär, Sekretär, Veterinär
	-at (→N)	Automat, Demokrat, Kandidat, Salat, Soldat, Stipendiat
	-ent (pessoa)	Absolvent, Assistent, Konsument, Präsident, Student
	-eur	Friseur, Ingenieur, Konstrukteur, Masseur, Monteur, Regisseur
	-ismus	Idealismus, Journalismus, Kapitalismus, Optimismus
	-ist	Artist, Journalist, Pianist, Polizist, Spezialist, Tourist
	-iv (→N)	Akkusativ, Explosiv, Indikativ, Konjunktiv, Passiv
	-ling	Däumling, Lehrling, Neuling, Säugling, Schmetterling
	-loge	Biologe, Dermatologe, Graphologe, Ideologe, Philologe
	-nom	Agronom, Astronom, Gastronom, Ökonom
	-or	Autor, Doktor, Faktor, Humor, Moderator, Motor, Professor, Traktor
	-us	Bonus, Bus, Organismus, Rhythmus, Typus, Virus, Zirkus
Feminino	-ei	Bäckerei, Datei, Gärtnerei, Konditorei
	-heit	Freiheit, Gesundheit, Kindheit, Schönheit
	-ie	Familie, Garantie, Kopie, Petunie, Philosophie
	-ik	Hektik, Kritik, Logik, Logistik, Mathematik, Musik, Politik,Technik
	-in	Freundin, Brasilianerin, Spezialistin
	-ion	Diskussion, Funktion, Information, Produktion
	-keit	Ewigkeit, Fähigkeit, Möglichkeit, Pünktlichkeit
	-nis (→N)	Erkenntnis, Erlaubnis, Finsternis, Kenntnis
	-nz	Arroganz, Existenz, Konkurrenz, Provinz, Tendenz, Toleranz
	-schaft	Freundschaft, Gesellschaft, Mannschaft, Wissenschaft
	-tät	Nationalität, Qualität, Realität, Universität
	-thek	Bibliothek, Diskothek, Graphothek, Mediothek, Vinothek
	-ung	Hoffnung, Prüfung, Rechnung, Verantwortung
	-ur	Kultur, Natur, Struktur, Temperatur

Neutro	-al (→M)	Fraktal, Lineal, Material, Original, Portal, Potenzial, Regal, Ritual
	-ar (→M)	Exemplar, Formular, Inventar, Mobiliar, Seminar, Vokabular
	-at (→M)	Attentat, Diktat, Fabrikat, Konsulat, Resultat
	-chen	Brötchen, Häuschen, Mädchen, Märchen, Männchen, Weibchen
	-ett	Duett, Kotelett, Quartett, Skelett, Terzett
	-il	Fossil, Mobil, Textil, Ventil
	-iv (→M)	Adjektiv, Kollektiv, Motiv, Stativ, Substantiv
	-lein	Büchlein, Fischlein, Fräulein, Kindlein
	-ment	Dokument, Element, Instrument, Monument, Parlament **mas:** das/der Moment
	-nis (→F)	Ergebnis, Gedächtnis, Verhältnis, Verzeichnis
	-o	Auto, Büro, Foto, Kino, Konto, Radio, Tempo
	-tum	Altertum, Brauchtum, Datum, Wachstum **mas:**
	-um	Individuum, Museum, Praktikum, Stipendium, Studium, Zentrum der Irrtum, der Reichtum

ANEXO 3: TABELA PARA FORMAÇÃO DO PLURAL DOS SUBSTANTIVOS

Gênero	Terminação Singular	Terminação Plural	Exemplos
Masculino	Consoante	-¨e	Ärzte, Beträge, Höfe, Schränke, Züge
Feminino			Hände, Nächte
Masculino	Consoante,	-e	Briefe, Hunde, Tische, Sekretäre
	-al, -ar, -är,		Ingenieure
	-eur, -iv, -ling		Explosive
Neutro	Monossílabos		Rechte
	Prefixos: Be-, Ge-, Ver-		Bestecke, Geschäfte
	-al, -ar, -at,		Verbote
	-ment, -ett, -il		Exemplare
	-iv, -nis		Dokumente
			Skelette
			Motive
			Ergebnisse
Masculino	Consoante	-¨er	Männer
Neutro	Monossílabos		Bücher, Häuser
Masculino	Consoante	-er	Geister
Neutro			Bilder
Masculino	-el, -en, -er	-¨Ø	Äpfel, Gärten Brüder
Feminino	Consoante		Mütter, Töchter
Masculino	-el, -en, -er	-Ø	Schlüssel, Wagen, Koffer Mädchen, Zeichen, Kabel,
Neutro	-chen, -el, -en, -er		Mittel, Fenster, Semester
Masculino e	Vogal -e -el, -er	-n	Jungen, Biologen, Muskeln, Namen, Vettern
Feminino	(exceto -au, -ei)		Reisen, Inseln, Nummern

Masculino e Feminino	Consoante, -ant, -at, -ent (masc) -ist, -nom (masc) -au (masc/fem) -ei (fem) (exceto -el, -er)	-en	Herren, Menschen Pfauen, Lieferanten, Kandidaten, Journalisten, Astronomen Banken, Zahlen, Zeiten Frauen, Dateien, Konditoreien
Neutro	Consoante		Betten, Hemden, Herzen Ohren
Masculino Feminino Neutro	Todas vogais exceto -e Palavras de origem estrangeira e abreviações	-s	Akkus, Büros, CDs, Cafés, Hotels, Hobbys, Kaffees, Koteletts, Omas, Restaurants, Sofas, Taxis, LKWs, PKWs

ANEXO 4: TABELA DOS ADJETIVOS POSSESSIVOS

Aqui estão exemplificados todos os pronomes possessivos. A cada pessoa gramatical (eu, tu etc.) corresponde uma forma para cada gênero (M,F,N) e uma forma plural (Pl) comum a todos os gêneros dentro de cada caso sintático: nominativo, acusativo e dativo.

Masculino: der Hund (o cachorro), **Feminino: die Katze** (a gata), **Neutro: das Handy** (o celular)

Adjetivos Possessivos	Nominativo	Acusativo	Dativo
Ich	M **mein** Hund F **meine** Katze N **mein** Handy Pl **meine** Hunde, Katzen, Handys	M **meinen** Hund F **meine** Katze N **mein** Handy Pl **meine** Hunde, Katzen, Handys	M **meinem** Hund F **meiner** Katze N **meinem** Handy Pl **meinen** Hunden, Katzen, Handys
du	M **dein** Hund F **deine** Katze N **dein** Handy Pl **deine** Hunde, Katzen, Handys	M **deinen** Hund F **deine** Katze N **dein** Handy Pl **deine** Hunde, Katzen, Handys	M **deinem** Hund F **deiner** Katze N **deinem** Handy Pl **deinen** Hunden, Katzen, Handys
er	M **sein** Hund F **seine** Katze N **sein** Handy Pl **seine** Hunde, Katzen, Handys	M **seinen** Hund F **seine** Katze N **sein** Handy Pl **seine** Hunde, Katzen, Handys	M **seinem** Hund F **seiner** Katze N **seinem** Handy Pl **seinen** Hunden, Katzen, Handys
sie	M **ihr** Hund F **ihre** Katze N **ihr** Handy Pl **ihre** Hunde, Katzen, Handys	M **ihren** Hund F **ihre** Katze N **ihr** Handy Pl **ihre** Hunde, Katzen, Handys	M **ihrem** Hund F **ihrer** Katze N **ihrem** Handy Pl **ihren** Hunden, Katzen, Handys
es	M **sein** Hund F **seine** Katze N **sein** Handy Pl **seine** Hunde, Katzen, Handys	M **seinen** Hund F **seine** Katze N **sein** Handy Pl **seine** Hunde, Katzen, Handys	M **seinem** Hund F **seiner** Katze N **seinem** Handy Pl **seinen** Hunden, Katzen, Handys

wir	M	**unser** Hund	M	**unseren** Hund	M	**unserem** Hund
	F	**unsere** Katze	F	**unsere** Katze	F	**unserer** Katze
	N	**unser** Handy	N	**unser** Handy	N	**unserem** Handy
	Pl	**unsere** Hunde, Katzen, Handys	Pl	**unsere** Hunde, Katzen, Handys	Pl	**unseren** Hunden, Katzen, Handys
ihr	M	**euer** Hund	M	**euren** Hund	M	**eurem** Hund
	F	**eure** Katze	F	**eure** Katze	F	**eurer** Katze
	N	**euer** Handy	N	**euer** Handy	N	**euerem** Handy
	Pl	**eure** Hunde, Katzen, Handys	Pl	**eure** Hunde, Katzen, Handys	Pl	**euren** Hunden, Katzen, Handys
sie	M	**ihr** Hund	M	**ihren** Hund	M	**ihrem** Hund
	F	**ihre** Katze	F	**ihre** Katze	F	**ihrer** Katze
	N	**ihr** Handy	N	**ihr** Handy	N	**ihrem** Handy
	Pl	**ihre** Hunde, Katzen, Handys	Pl	**ihre** Hunde, Katzen, Handys	Pl	**ihren** Hunden, Katzen, Handys
Sie	M	**Ihr** Hund	M	**Ihren** Hund	M	**Ihrem** Hund
	F	**Ihre** Katze	F	**Ihre** Katze	F	**Ihrer** Katze
	N	**Ihr** Handy	N	**Ihr** Handy	N	**Ihrem** Handy
	Pl	**Ihre** Hunde, Katzen, Handys	Pl	**Ihre** Hunde, Katzen, Handys	Pl	**Ihren** Hunden, Katzen, Handys

ANEXO 5: TABELA RESUMIDA DOS PRONOMES

Pronomes Pessoais			Pronomes Reflexivos	
Nominativo	Acusativo	Dativo	Acusativo	Dativo
ich	mich	mir	mich	mir
du	dich	dir	dich	dir
er	ihn	ihm	sich	sich
sie	sie	ihr	sich	sich
es/man	es	ihm	sich	sich
wir	uns	uns	uns	uns
ihr	euch	euch	euch	euch
sie	sie	ihnen	sich	sich
Sie	Sie	Ihnen	sich	sich

ANEXO 6: MODOS E TEMPOS VERBAIS EM ALEMÃO E PORTUGUÊS

Indikativ	Indicativo
1. Präsens ich spreche	1. Presente **eu falo**
2. Präteritum ich sprach	2. Pretérito imperfeito **eu falava**
3. Perfekt ich habe gesprochen	3. Pretérito perfeito simples **eu falei**
4. Plusquamperfekt ich hatte gesprochen	4. Pretérito perfeito composto **eu tenho falado**
5. Futur I ich werde sprechen	5. Pretérito mais-que-perfeito simples **eu falara**
6. Futur II ich werde gesprochen haben	6. Pretérito mais-que-perfeito composto **eu tinha falado**
	7. Futuro do presente simples **eu falarei**
	8. Futuro do presente composto **eu terei falado**
	9. Futuro do pretérito simples **eu falaria**
	10. Futuro do pretérito composto **eu teria falado**
Konjunktiv	
1. Konjunktiv I (der fremden Meinung) er spreche	
2. Konjunktiv II (Irrealis) er würde sprechen	
	Subjuntivo
	1. Presente **que eu fale**
	2. Pretérito imperfeito **se eu falasse**
	3. Pretérito perfeito composto **que eu tenha falado**
	4. Pretérito mais-que-perfeito composto **se eu tivesse falado**
	5. Futuro do presente simples **se eu falar**
	6. Futuro do pretérito composto **se tiver falado**
Imperativ	**Imperativo**
1. Sprich!, Sprecht!, Sprechen wir! Sprechen Sie!	1. Fale, Falemos, Falem!

BIBLIOGRAFIA

BARREAU, A. **Manuel de conversation allemande**. Alleur: Marabout, 1991.

CEGALLA, Domingos Pascoal. **Novíssima gramática da língua portuguesa**. 46ª ed. São Paulo: Companhia Editora Nacional, 2005.

DREYER, Hilke; SCHMITT, Richard. **Lehr- und Übungsbuch der deutschen Grammatik**. Ismaning: Verlag für Deutsch, 1993.

HERZOG, Annelies. **Idiomatische Redewendungen von A-Z. Ein Übungsbuch für Anfänger und Fortgeschrittene**. München: Langenscheidt, 1993.

IGREJA, José Roberto A. **Fale tudo em inglês!** – Um guia completo de conversação. São Paulo: Disal, 2007.

KOPPENSTEINER, Jürgen. **Österreich. Ein landeskundliches Lesebuch**. Ismaning: Verlag für Deutsch, 1994.

LANGENSCHEIDTS GROβWÖRTERBUCH. Deutsch als Fremdsprache. Das neue einsprachige Wörterbuch für Deutschlernende. München: Langenscheidt, 1997.

LATOUR, Bernd. Mittelstufen-Grammatik für Deutsch als Fremdsprache. Org. Dietrich Eggers. Ismaning: Max Hueber Verlag, 1992.

LUSCHER, Renate. **Deutschland nach der Wende. Daten, Texte, Aufgaben für Deutsch als Fremdsprache**. Ismaning: Verlag für Deutsch, 1994.

MOG, Paul; ALTHAUS, Hans-Joachim. **Die Deutschen in ihrer Welt. Tübinger Modell einer integrativen Landeskunde**. München: Langenscheidt, 1992.

PONS Basiswörterbuch Deutsch als Fremdsprache. Das einsprachige Lernerwörterbuch. Vollständige Neuentwicklung. Stuttgart: Ernst Klett International, 1999.

PONS Kompaktwörterbuch. Englisch-Deutsch, Deutsch-Englisch. Org. Prof. Dr. Erich Weis, Neubearbeitung. Stuttgart: Ernst Klett Verlag, 1991.

ROSTOCK, Helmut. **Fehler abc Deutsch–Portugiesisch**. Stuttgart: Ernst Klett Verlag, 1995.

SCHMID, Gerhard Friedrich. **Kleine Deutschlandkunde. Ein erdkundlicher Überblick**. Stuttgart: Ernst Klett Schulbuchverlag, 1994.

SCHRAGE, Clemens. **Brasilianisch für Globetrotter. Kauderwelsch Band 21**. Bielefeld: Peter Rump Verlag, 1992.

WAHRIG, Gerhard. **Deutsches Wörterbuch**. Verlag Mosaik, 1981.

SITES ÚTEIS

http://www.canoo.net/: Portal, dicionário e gramática da língua alemã. Contém indicação de dicionários unilíngues e multilíngues on-line, informações sobre a nova ortografia em vigor desde 2006, flexão, formação e morfologia das palavras e toda a gramática alemã.

http://www.de.thefreedictionary.com/: Vários dicionários unilíngues: alemão, inglês, francês, espanhol, português, entre outros. Apresenta explicações semânticas, sinônimos, exemplos, indica regências para os verbos, expressões idiomáticas. Muito completo.

http://www.dict.cc/: Dicionário on-line inglês-alemão com muitas entradas, expressões idiomáticas, inclusive com citação de títulos de filmes.

http://www.dict.leo.org/: Quatro dicionários bilíngues: alemão-inglês, alemão-espanhol, alemão- -italiano, alemão-chinês. Apresenta muitas possibilidades para tradução, como palavras compostas, expressões, pode-se inclusive ouvir a pronúncia da palavra clicando num alto- -falante. Há também um fórum de discussão sobre questões de tradução.

http://www.dict.tu-chemnitz.de/: Beolingus – três dicionários bilíngues: alemão-inglês, alemão-espanhol, alemão-português (especializado em geologia). Apresenta a tradução com exemplos, sinônimos, palavras compostas, expressões, assim como a pronúncia.

http://www.dwds.de/woerterbuch: Dicionário digital da língua alemã do século XX com quatro janelas simultâneas: uma com explicações detalhadas sobre a palavra (significados, usos, citações, links para palavras compostas) outra com sinônimos, conceitos derivados e gerais, uma terceira com exemplos de textos do próprio dicionário e link, e, enfim, a quarta janela com um diagrama de associações semânticas, que pode ser expandido para uma versão mais completa.

http://www.pons.eu/dict/search: Dicionário on-line multilíngue: inglês, alemão, francês, espanhol, italiano, polonês e russo. Muito completo. Indica o gênero, o plural e a pronúncia. Apresenta expressões idiomáticas e frases-chave coloquiais.

http://www.redensarten-index.de/suche.php: Dicionário de expressões idiomáticas.

http://www.woxikon.de/: Dicionário on-line multilíngue, que apresenta a tradução de uma palavra em várias línguas ao mesmo tempo.

COMO ACESSAR O ÁUDIO

Todo o conteúdo em áudio referente a este livro, você poderá encontrar em qualquer uma das seguintes plataformas de streaming:

Ao acessar qualquer uma dessas plataformas de streaming, será necessária a criação de uma conta de acesso (poderá ser a versão gratuita). Após acessar a plataforma de streaming, pesquise pela **Disal Editora**, localize a playlist deste livro e você terá todas as faixas de áudio mencionadas no livro.

Para qualquer dúvida, entre em contato com **marketing@disaleditora.com.br**

CONHEÇA TAMBÉM:

Acesse: www.disaleditora.com.br

Este livro foi composto na fonte Interstate e impresso em agosto de 2022
pela Paym Gráfica Editora Ltda., sobre papel offset 75g/m^2.